问题 方法 答案

中共山东省委宣传部 编

山东人民出版社·济南
国家一级出版社 全国百佳图书出版单位

图书在版编目（CIP）数据

问题　方法　答案 / 中共山东省委宣传部编 .— 济南 : 山东人民出版社, 2023.11（2024.2重印）
ISBN 978-7-209-14823-8

Ⅰ. ①问… Ⅱ. ①中… Ⅲ. ①社会保障—工作—山东 Ⅳ. ①D632.1

中国国家版本馆CIP数据核字（2023）第192684号

问题　方法　答案
WENTI　FANGFA　DA'AN
中共山东省委宣传部　编

主管单位　山东出版传媒股份有限公司
出版发行　山东人民出版社
出 版 人　胡长青
社　　址　济南市市中区舜耕路517号
邮　　编　250003
电　　话　总编室（0531）82098914
　　　　　市场部（0531）82098027
网　　址　http://www.sd-book.com.cn
印　　装　济南新先锋彩印有限公司
经　　销　新华书店

规　　格　16开（169mm×239mm）
印　　张　19.75
字　　数　260千字
版　　次　2023年11月第1版
印　　次　2024年2月第2次
ISBN 978-7-209-14823-8
定　　价　68.00元

前 言

习近平总书记在党的二十大报告中指出："问题是时代的声音，回答并指导解决问题是理论的根本任务。"这一论述深刻发展了马克思"问题就是公开的、无畏的、左右一切个人的时代声音。问题就是时代的口号，是它表现自己精神状态的最实际的呼声"这一观点。"坚持问题导向"是马克思主义的鲜明特点，是习近平新时代中国特色社会主义思想世界观和方法论的重要内容。

时代是出卷人，我们是答卷人，人民是阅卷人。为深刻把握习近平新时代中国特色社会主义思想的世界观和方法论，不断满足人民对美好生活的向往，交出经得起历史、时代和人民检验的"中国答卷"，本书从"问题""方法""答案"三个维度出发，通过深入调查研究，从群众关心关切的"急难愁盼"中挖掘梳理问题；通过系统学习党的创新理论，从习近平新时代中国特色社会主义思想中领悟方法；通过观照现实，从生动鲜活的各地实践中寻找答案，努力同人民站在一起、想在一起、干在一起，回答好"中国之问、世界之问、人民之问、时代之问"。

多谋民生利，多解民生忧——聚焦问题，听取时代呼声

“江山就是人民，人民就是江山。”“问题篇”聚焦人民群众的真实需求，以来自基层的28个提问为参考，直面一系列长期积累及新出现的突出矛盾和问题。党的十八大以来，我们坚持以问题为导向，攻克了许多长期没有解决的难题，取得了历史性成就，推动了历史性变革，彰显了中国特色社会主义的强大生机活力。站在新的更高历史起点上，展望全面建设社会主义现代化国家的新目标新任务，习近平总书记指出：“我们要增强问题意识，聚焦实践遇到的新问题、改革发展稳定存在的深层次问题、人民群众急难愁盼问题、国际变局中的重大问题、党的建设面临的突出问题，不断提出真正解决问题的新理念新思路新办法。”

聚焦人民生命健康，我们关注食品安全，直击药物残留、非法添加、制假售假等现象，总结法律制度不完善、监管力量不充足、企业责任未落实等原因，系统思考“如何解决吃得好、吃得安全问题”。我们关注医疗保障，直面挂号流程烦琐、排队等待漫长、住院床位紧张、医疗费用高昂等痛点，洞察医疗资源配置不均、医保改革不够深化、医药研发成本过高等本质，努力思索“如何解决看病难、看病贵问题”。我们关注网络安全，重视恶性言论、人肉搜索、群体极化事件等各种“网络暴力”表现，深挖影响心理健康的各种原因，全面思量“如何解决网络暴力问题”，始终把人民生命安全和身心健康放在第一位。

聚焦社会发展变革，我们关注城市化发展，着力回答“如何解决城市新市民、青年人住房问题”“如何解决不动产权证办理难问题”“如何解决老旧小区拆迁改造问题”“如何解决城市停车难问题”“如何解决群众生活环境污染问题”。我们关注农村平衡充分发展，积极回应“如何更好解决农村人居环境问题”“如何解决乡村人才缺失问题”“如何解决农村土地丢荒问题”“如何解决农村取暖问题”“如何解决农村出行问题”。我们关注精神文明建设，高效回复“如何解决网络直播乱象问题”“如何解决农村陈规陋俗问题”“如何更好满足人民群众精神文化需求”“如何更好解决非遗、民俗断档失传问题”。

聚焦人民生活保障，我们关爱妇女儿童，深思“如何解决生得安、育得好问题”“如何解决教育资源不均衡问题”“如何解决农村留守儿童和妇女关爱问题”；我们关心弱势群体，深研“如何解决快速数字化转型给老年人带来的问题”“如何解决社会养老服务不健全问题”“如何解决社会弱势群体合法权益保障问题”；我们关注大众急需，深省“如何解决高校毕业生就业难问题”“如何解决分配不公问题”“如何解决新型就业群体社会保障问题”“如何解决电信网络诈骗以及个人信息安全问题”“如何解决中小微企业和个体工商户经营困难问题”。

乘风以破浪，燃火以明道——习得方法，探索科学之途

方法是打开智慧宝库的钥匙，是驶达真理彼岸的航船。《桂苑丛谈》中记录着“金针度人”的故事：唐代绣女郑采娘于七夕乞巧时得

到了织女赠予的一枚金针，从此以后，她刺绣的技能变得非常神妙。诗人元好问感慨方法的重要性，于是诗云：“晕碧裁红点缀匀，一回拈出一回新。鸳鸯绣了从教看，莫把金针度与人。”后世遂以“金针”比喻秘法、诀窍。金针宝贵，方法难得，这不仅体现在刺绣工作中，更体现在解决发展难题，书写新时代的壮丽答卷上。然而，与“莫把金针度与人”不同，我们更强调方法借鉴与传承的重要性，鼓励“勤把金针度与人”，以科学的方法引领未来实践，以成功的经验点明未知之途。“方法篇”聚焦习近平总书记的重要论述和丰富实践，剖析习近平总书记对关乎民生发展的一系列重大问题作出的重大指示，进而总结在新时代得以继续走好新征程的科学方法。

解题有法，贵在得法。习近平总书记以一个马克思主义者的锐利目光，以一个人民领袖的广阔胸怀，提出了一系列指导实践的根本方法。总书记的脚步踏遍祖国万水千山，总书记的谋划面面俱到，既为发展民生之事部署“过河”的任务，又指导解决“桥或船”的问题，以清醒头脑和敏锐眼光，敢于正视问题、善于发现问题，着眼解决新时代改革开放和社会主义现代化建设的实际问题，作出符合中国实际和时代要求的正确回答，得出符合客观规律的科学认识，形成与时俱进的理论成果，对经济增长乏力、人民健康安全、新型技术风险、区域协调发展、文化传承创新等一系列发展难题作出了科学解答，提供了具有根本指导意义的科学方法。

民生万事，皆在心间；切切之法，行而得之。总书记重视科技发展在守护人民健康中的关键作用，强调人类同疾病较量最有力的武器就是科学技术，人类战胜大灾大疫离不开科学发展和技术创新；总书记重视学校、社会的联动作用，关注学生由学校到社会的场所变化、角色转变，强调要强化就业创业服务体系建设，支持帮助学生们迈好走向社会的第一步；总书记站在建设中华文明传承发展的战略高度，强调要以守正创新的正气和锐气，赓续历史文脉、谱写当代华章，要求共同努力创造属于我们这个时代的新文化，建设中华民族现代文明……

民生无小事，枝叶总关情。民生之事关系重大，事关党和国家事业继往开来、事关中国特色社会主义前途命运、事关中华民族伟大复兴。习近平总书记念兹在兹，聚焦人民生活、深耕群众实践，始终把人民对美好生活的向往作为奋斗目标，以民生问题为切入点，对人民群众“急难愁盼”的一系列问题作出了科学解答，为书写新时代答卷提供了科学指引，为继续走好新征程提供了行动指南。

上下漫漫求索，擘画民生篇章——总结答案，镜鉴时代之问

民之所盼，政之所向。民生稳，民心就稳，社会就稳。“答案篇”聚焦前文所述的主体问题，以全国各地的生动实践为依托，总结成功经验与现实做法，面向未来对进一步优化解决相关问题进行了深入探讨。党的二十大报告指出：“必须坚持在发展中保障和改善民生，鼓励共同奋斗创造美好生活，不断实现人民对美好生活的向往。”新时代十年，我们深入贯彻以人民为中心的发展思想，兜住民生底线、补齐民生短板、办好民生实事，在幼有所育、学有所

教、劳有所得、病有所医、老有所养、住有所居、弱有所扶上持续用力，人民生活全方位改善。

我们坚持全民受益、多维出击，民生保障水平持续提升。“要树立战略眼光，顺应人民对高品质生活的期待，适应人的全面发展和全体人民共同富裕的进程。”针对食品安全问题，我们构建维护食品安全的铜墙铁壁，严格监察、完善法治、谋划战略，奠定民族复兴的健康根基；针对住房问题，我们构筑保障体系、丰富参与主体、维护市场秩序、打造宜居环境，多渠道解决“住有所居”，高质量实现“住有宜居”；针对生活环境问题，我们打好污染防治攻坚战、全面推进生态保护事业、畅通绿色低碳发展之路，坚决落实美丽中国建设战略……

我们坚持深化改革、攻坚克难，民生改革举措行之有效。要“抓住人民最关心最直接最现实的利益问题，抓住最需要关心的人群，多做雪中送炭的事情”。针对医疗难关，我们推进医疗服务资源下沉、稳步提升基本医疗保障能力、更加突出以健康为中心的改革导向，以改革打通堵点，疏解群众烦心事；针对证件办理，我们持续开展“减证便民”行动，成立工作专班、优化办理流程、健全长效机制，以改革瞄准难点，解决群众操心事；针对生育教育问题，我们全面部署配套支持、大力推行经济补贴、优化资源地区配置，完善生育、教育的全方位保障，以改革直击痛点，化解人民揪心事……

我们坚持完善制度、关注公平，民生实事项目稳步推进。“要采取针对性更强、覆盖面更大、作用更直接、效果更明显的举措，实实在在帮群众解难题、为群众增福祉、让群众享公平。”针对分配不公现象，我们坚持“做大蛋糕”与“分好蛋糕”并重，完善分配制度改革，优化收入分配结构，促进基本公共服务均等化，维护社会公平正义，扎实推进全体人民共同富裕；针对弱势群体保护，我们织好编牢保障网，经济补贴、应保尽保、力创岗位等多管齐下，切实保障弱势群体合法权益；针对留守儿童与妇女关爱，我们完善农村留守儿童、妇女、老年人关爱服务体系，坚持政府、学校、社会等多方面齐发力，拓宽留守儿童问题破解路径，让他们感受到家的温暖，为他们撑起一片爱的天空……

关关难过关关过，前路漫漫亦灿灿。过上富足殷实的生活，一直是中国人民千百年来孜孜以求的美好梦想。无论是《尚书》的“敬德保民”还是《诗经》的“汔可小康”，无论是孔子推崇的“仁政”思想还是孟子倡导的“民本”理念，都包含着对人民美好生活的朴素愿望。现在，我们踏上了全面建设社会主义现代化国家新征程，人民对美好生活有了更高的期待和憧憬。新征程上，我们要采取更多惠民生、暖民心举措，着力解决好人民群众“急难愁盼”问题，健全基本公共服务体系，提高公共服务水平，增强均衡性和可及性，扎实推进共同富裕。

面向未来，我们应坚持从顶层设计出发，充分保障群众权益。不断完善强化法律约束，提升社会保障治理效能。社会保障是最大的民生工程，要从立法、执法、司法、守法各环节加强社会保障工作，在法治轨道上推动社会保障事业健康发展。全面提升社会保障治理水平，充分体现改革开放成果由人民共享的发展理念，契合发展新形势，顺应人民新期待。

坚持从人民立场出发，贯彻以人民为中心的发展思想。把改善人民生活、增进人民福祉作为出发点和落脚点，加大保障民生的力度，多谋民生之利、多解民生之忧，突出补短板、解难题、兜底线，全力解决好人民群众普遍关心的收入、就业、社保、医疗卫生等问题，保障民生链正常运转，不断擦亮高质量发展的民生底色，让全体人民共享改革发展成果。

坚持从具体国情出发，统筹做好民生保障和改善工作。经过新时代十年的接续奋斗，我国民生短板加快补齐，民生底线不断筑牢，民生保障事业发展实现历史性跨越和全方位跃升。但是，保障和改善民生没有终点，只有连续不断的新起点。要立足当前、着眼长远，统筹考虑需要和可能，按照经济社会发展规律循序渐进，根据现有条件多做雪中送炭的重点民生工作，把能做的事情尽量做起来，积小胜为大胜，积跬步至千里。

悠悠万事，民生为大。阔步于中国式现代化的新征程中，在以习近平同志为核心的党中央坚强领导下，聚焦各类民生问题，找准“病灶”源头，用心用情用力解决发展不平衡不充分问题和人民群众“急难愁盼”问题，方可推动人的全面发展和全体人民共同富裕取得更为明显的实质性进展。我国的民生保障网必将织得越来越密实，温暖人心的民生答卷必将更加精彩！

目　录

1

如何解决快速数字化转型给老年人带来的问题？

“不收现金，要么找亲戚代付，要么你自己在手机上支付。”工作人员不方便收现金的要求，使得冒雨独自到社区交医保的老人满脸无助，手足无措。无独有偶，一位94岁的老奶奶在儿子儿媳的陪伴下来到离家不远的银行网点，办理激活社保卡的业务。在面对人脸识别验证的要求时，儿子环抱起老人，老人双手撑在机器上艰难地完成了人脸识别。一幕幕令人

揪心的画面，使我们意识到在数字化快速发展的今天，在我们眼中日益便捷的社会生活中，老年人却在“数字鸿沟”里“寸步难行”。

中国共产党自成立以来，始终把人民放在心上，始终坚持以人民为中心的发展思想，“不断实现发展为了人民、发展依靠人民、发展成果由人民共享，让现代化建设成果更多更公平惠及全体人民”[①]。在现代化建设的过程中，数字化技术为人民提供了更加便捷的公共服务，提供了更加舒适的生活方式。但数字化变革技术之“快”与老年人接收信息之“慢”的冲突，使老年人在共享数字化红利的同时遭遇了一系列难题。那么这难题究竟难在哪里呢？**网络购物程序的烦琐**。购物软件飞速发展，为人们的生活带来了极大的便利，人们只需在手机上进行几步操作，坐在家中就能买到需要的商品。网购确实方便了不少老年人，但当遇到货不对版、假冒品牌、做工粗糙等问题时，退换程序的烦琐与复杂给老年人维权带来了极大的困扰。**就医线上挂号的复杂**。为了满足人民群众对医院挂号便利化的需要，缩短看病流程、节省就医时间，医院如今多通过网上APP或微信公众号发放号源，人们足不出户就能在家挂号，极大地节省了候诊时间。由于医院线上挂号的步骤较多，甚至需要固定时间抢号，还不会使用智能手机的老人就医更加艰难。**网络约车出行的困难**。老年人在日常生活中少不了外出，不少老年人感叹外出打车太难。只靠原来的路边招手多打不到车，老年人又不会操作约车软件，也搞不定线上支付，出行只能依靠公共交通工具或私家车。**便民服务技术的不便**。“互联网+政务服务”极大地方便了人们的生活，但也失去了便民服务应有的“温度”。例如，每年的社保认证，虽不用再到现场，但要通过手机进行人脸识别，很多老年人并不熟悉相关程序，无法完成社保认证。**智能家居使用的障碍**。智能门锁、全自

① 习近平：《高举中国特色社会主义伟大旗帜 为全面建设社会主义现代化国家而团结奋斗——在中国共产党第二十次全国代表大会上的报告》，人民出版社2022年版，第27页。

动马桶、扫地机器人、全自动洗衣机等智能家居让人们的生活越来越便捷，但是这些功能繁多、操作复杂的“高科技”家居产品对老年人来说，学习使用比较困难。因此，在一定程度上来说，它们不仅没有帮助老人享受智能生活，反而让他们无从下手，最后只能无奈沦为“花瓶”。

那么，数字技术究竟为何不能为老年人带来应有的便利？究其原因，**一是老年人数字社会化不足**。中国互联网社会化进程压缩，要求人们加速跟上时代步伐。而老年人记忆力减弱、认知功能衰退、学习能力下降，对新技术、新事物的接受与掌握的速度远远落后于新技术更新迭代的速度，因此老年人的数字社会化程度较低。**二是数字信息普及化不足**。受经济、文化和社会等因素的限制，部分老年人所处的地区缺乏基础设施，因此老年人接触数字技术的机会较少，缺乏使用数字设备和互联网的相关经验。**三是智能家居适老化不足**。智能家居研发公司多以年轻人作为主要销售对象，其产品设计对老年人而言并不适用。产品存在设备功能繁多、操作复杂、按键说明文字较小等问题，无法满足老年人的现实需求。**四是与传统服务衔接过渡不足**。数字时代的发展使得诸多行业不断进行自我变革，自助终端操作、餐厅扫码点单、车站网络购票等已成为家常便饭，传统办事窗口越来越少甚至消失。在日常生活场景中，传统服务方式逐渐消失，一些适应或学习能力较弱的老年人办事不断受阻，不能熟练使用智能设备的老年人的基本需求无法得到满足。必须推进传统服务方式与智能化服务创新并行。如何使“银发一代”跟上数字时代前进的步伐，共享数字化红利，满足老年人对美好生活的新期待，关乎“发展成果由人民共享”的实现。

延伸阅读

老人健康，有了智慧“卫士”

80岁的赵佩萍老人独居在上海市杨浦区长白新村街道一幢住了几

十年的大楼里。她总是宽慰孩子“我身体很好，没什么事”，但总心怀焦虑：“一个人在家里，万一有啥情况、人不舒服了，怎么办？”

如今，杨浦区民政部门启建数字化养老院，赵阿婆家里安装了不少智能辅助设备：门口装了门磁感应器，一旦有人开门，它就会亮灯，记录下老人进出家门的时间和频率；厨房里装了烟雾警报器、煤气浓度监测器，烟雾或煤气浓度过高时，它会发出警报；老人床头、卫生间装了急救按钮，紧急情况一键就能将呼救信息发送出去；床上装了智能床垫，可远程监测老人身体状态。这些感应和监测设备全都与杨浦区社会福利院远程联网，通过云信息平台，实现信息共享。一旦发现异常情况，就会第一时间通知到子女、护理员的手机和云信息平台。

〔来源：《智能床垫、康复机器人、体检小屋……上海运用新技术助力医养结合 老人健康，有了智慧“卫士”（关注智慧养老①）》，《人民日报》2020年2月5日〕

共享数字化转型成果，安享幸福晚年

2018年，安徽宿州的一位大爷春运期间曾连续6天一大早就赶去火车站排队，想买一张春运期间的火车票。每次到购票台，工作人员都告诉他：“人工窗口的票已经卖完了，您可以尝试到网上购票。”“俺不会。”大爷哭着对工作人员说，“在这买票，不是背着包就能走了吗？”后来，在好心人的帮助下，大爷才在网上买到了回家的车票。当年轻人奔跑在数字时代的最前端时，有一批人却被遗忘在时代的末尾。

“怎么从网上买东西？”“怎么把手机键盘改成手写键盘？”“打电话时怎么开摄像头？”每次回家时，我们总能听到长辈的疑问。对年轻一代来说再普通不过的操作，却时常困扰着老年人。当“数字化”遇到“老龄化”，我们应坚持问题导向，增强问题意识，直面“数字化”带来的问题和影响，不断提出真正解决“数字鸿沟”的新理念新思路新办法。“落实好老年优待政策，维护好老年人合法权益，发挥好老年人积极作用，让老年人共享改革发展成果、安享幸福晚年。”①习近平总书记高度重视新时代老龄工作，不断提高老年人的获得感、幸福感与安全感。

党的十八大以来，习近平总书记在我国适老化事业方面作出一系列重要部署，逐渐实现数字化与老龄化的同频共振。**如何适应我国社会老龄化的发展趋势？**习近平总书记指出需要完善相关养老服务，“要大力发展老龄事业和老龄产业，有条件的地方要加强养老设施建设”②，“优化孤寡老人服务，推动实现全体老年人享有基本养老服务”③，通过完善的养老事业与养老产业满足老年人的养老需要和日常所需。**如何实现数字技术适老化开发？**习近平总书记从民生角度出发，强调“要把满足人民对美好生活的向往作为科技创新的落脚点，把惠民、利民、富民、改善民生作为科技创新的重要方向”④，使数字技术的创新与发展能够满足不同年龄段对美好生活的需要，让“有碍”变“有爱”。**如何建设社会适老化智能支持体系？**习近平总书记立足整体思维，提出“加强基层组织建设，完善网格化管理、精细化服务、信息化支撑的基层治理平台，健全城乡社区治理体系，为人民群众提供家门口的优质服务和精细管理”⑤，从而为老年人提供智能化、便捷

---

① 《贯彻落实积极应对人口老龄化国家战略 让老年人共享改革发展成果安享幸福晚年》，《人民日报》2021年10月14日。

② 《在新时代东北振兴上展现更大担当和作为 奋力开创辽宁振兴发展新局面》，《人民日报》2022年8月19日。

③ 习近平：《高举中国特色社会主义伟大旗帜 为全面建设社会主义现代化国家而团结奋斗——在中国共产党第二十次全国代表大会上的报告》，人民出版社2022年版，第49页。

④ 习近平：《努力成为世界主要科学中心和创新高地》，《求是》2021年第6期。

⑤ 《牢牢把握高质量发展这个首要任务》，《人民日报》2023年3月6日。

化的社会服务。**如何改善区域间智慧养老设施不均衡的问题？**习近平总书记细致入微，指出“要把提高发展平衡性放在重要位置，不断推动公共资源向基层延伸，构建优质均衡的公共服务体系，建成全覆盖可持续的社会保障体系”[①]，实现智慧养老设施的区域均衡，切实破解“急难愁盼”的智慧养老难题，打通养老服务的“最后一公里”。

儿童是祖国的花朵，老人是社会的财富。习近平总书记一直高度关心社会适老化的问题，始终强调“大力发展老龄事业，让所有老年人都能有一个幸福美满的晚年”[②]，体现了以人民为中心的发展思想，致力于实现人民生活的全方位改善。总书记关于适老化事业的重要论述，符合我国社会老龄化的状况，为“银发一代”融入数字社会，让科技成果惠及更多老年人提供了根本指引。

让老年人跨越“数字鸿沟”

面对我国2.8亿老年人，如何帮助他们跨越“数字鸿沟”？我国多部门多行业采取积极举措，鼓励图书、报刊配备无障碍格式版本，方便老年人阅读；设立智慧长者食堂，为老年人提供上门送餐服务；开设“爱心专窗”，为老

派出所户籍窗口设立“老年人服务绿色通道”

① 习近平：《在深圳经济特区建立40周年庆祝大会上的讲话》，新华社2020年10月14日。

② 习近平：《在2019年春节团拜会上的讲话》，新华社2019年2月3日。

人办理业务提供绿色通道……种种措施保障了老年人共享数字技术发展红利，让老年人在数字时代“养老”变“享老”。党的十八大以来，以习近平同志为核心的党中央高度重视老年人运用智能技术困难问题，出台多项政策，要求各地切实解决老年人在运用智能技术方面遇到的突出困难，更好地帮助他们跨越数字鸿沟，提供多元化产品和服务，加快推进老年人常用的互联网应用和移动终端适老化改造，实施智慧助老行动，实现数字技术的“反哺”。

完善城市数字化转型路径，提升老年数字生活品质。作为全国最早进入人口老龄化且老龄化程度最高的城市之一，上海提出要在城市数字化转型中着力解决“数字鸿沟”问题，倡导各类公共服务“数字无障碍”。上海市经信委、上海市教委、上海市民政局联合社会组织、企业、市民志愿者共同发起“数字伙伴计划”，通过软件开发者重点关注特殊群体需求、相关厂商研发更多适老化产品、各界力量投入为老志愿服务等举措，实现适老化服务“触手可及”，为其他城市数字化转型提供了“作业模板”。

降低数字技术应用门槛，提升数字适老化水平。互联网企业在数字化快速转型中应考虑广大的受众群体，不能只面向中青年，要面向全体社会成员，在“人适应技术”和“技术适应人”之间，尽可能在研发源头就植入“技术适应人”的理念，弥合老年人的“数字鸿沟”，有效引导老年人群体融入数字生活。针对会使用手机的老人群体，开展网站和APP改造。目前，首批66家政府单位、23家互联网企业列入适老化和信息无障碍改造名单。例如，拥有较多老年用户的热门APP都推出了“长辈模式”，这些都给老年人带来了极大的便利，让数字时代更具“温度”。

开展老年智能技术教育，提高融入数字社会能力。将加强老年人运用智能技术能力列为老年教育的重点内容，通过体验学习、尝试应用、经验交流、互助帮扶等，引导老年人了解新事物、体验新科技，积极融入智慧社会。教育部办公厅发布《关于广泛开展老年人运用智能技术教育培训的

老年人学习摄影（图源：中国老年教育网）

通知》，创新线上线下相融合的老年人运用智能技术教育培训模式，鼓励各终身学习平台开设“老年人运用智能技术”专栏，为老年人提供灵活便利的学习平台和优质丰富的学习课程，大力开展教育培训与应用推广。遵循贴近生活、图文并茂、简单易学等原则，征集、开发“互联网+生活”“智能手机应用”“智慧生活”等体现适老化和场景化的全媒体课程资源。到2022年，依托国家开放大学组织推介“智慧助老”专题的优质工作案例100个、教育培训项目200个、课程资源500门，有效解决了老年人“想用不会用”“会用不敢用”的问题。

数字化已成为当前中国社会变迁的显著特征。只要连接网络，人们靠一部智能手机，似乎就可以行走天下。不过，数字化的生活世界并不是平静的，老年人“数字围城”问题日益引人关注。加快数字服务适老化改造，切实解决老年人智能技术运用困难，是积极应对人口老龄化的重要举措。

完善顶层设计，实现数字技术的精准赋能。将数字强国的发展战略和积极应对人口老龄化的国家战略有机统筹结合，从老年群体的主体特征、核心需求和应用场景三个维度出发，进行深入的科学研究和规划指导，分层分类解决老年人在数字生活中的痛点问题，使老年人能够拥抱“数字社会”，乐享“数智生活”。

构建良性关系，促进老年群体的数字融入。推进数字化的适老化建设，更需要充分调动“人”的要素，这儿的“人”不仅指老年人群体本身，也包括日常相处中具有血缘关系的亲人和真实的地缘社区周边的人。他们形成助老共同体，帮助老年人增强互联网的操作与实践技能，实现“人”与“技术”的“双向奔赴”。

强化规范监管，加强数字平台的安全构建。加大对网络诈骗老年人等违法行为的打击力度，对为老服务的专业机构提供指导并规范其发展，切实保障老年人的信息隐私安全和合法权益，为老年人安全使用数字技术系上“安全带”。

老年人防诈骗防非法集资宣传教育活动

加快产业建设，发展老年服务的数字产业。以老年人物质和精神需求为出发点，精准发展为老年人服务的数字产业。切实帮助老年人跨越“数字鸿沟”，解决老年人的生活、健康及养老等问题，提高老年人的获得感、幸福感、安全感，托起幸福“夕阳红”。

延伸阅读

从“受限”到“畅享”，为老年人提供便利化公共服务

“走路不到10分钟，就能到附近的社区助餐点就餐了，只要随身带着社保卡，刷卡吃饭，补贴自动扣除，还能查询余额和消费记录，非常方便。”安徽省滁州市南谯区的72岁老人陈会珍说，“现在除了领退休金，吃饭、看病、买药、坐公交都能用社保卡，政府推行的‘一卡通’非常方便老百姓。”

“为普及社会保障卡‘一卡通’在老年助餐领域的应用服务，我市建设了居民服务‘一卡通’和老年助餐服务信息平台，老年人持注册的第三代社会保障卡可以在全市任一助餐点享受助餐服务，并且系统会依据老人申请的补贴类别，自动划减补贴金额。”滁州市人社局相关负责人表示。据悉，该平台记录老人就餐累计已超过46万人次，累计消费金额达近337万元，累计补贴119万元。

“除了每月用社保卡领取退休金外，最近我交通出行、用餐、逛景点都用社保卡，真的太方便了。”家住江苏省南京市江宁区的张小芳说。退休后，张小芳发现自己正在与社会“脱节”。去医院看病得用手机预约，偶尔乘公交地铁，打开手机扫码，都要求助工作人员，出门处处受限。自从更换了第三代社保卡，张小芳的老年生活开始变得便捷起来。

（来源：《变“数字鸿沟”为“数字红利”——构建老年友好型数字社会步伐不断加快》，《光明日报》2023年8月9日）

2

如何解决吃得好、吃得安全问题？

2022年，一颗酸菜引发了食品安全界的“地震”。央视“3·15”晚会曝光，湖南岳阳多家酱菜生产企业存在收购“土坑酸菜”、生产环境恶劣、超范围使用食品添加剂等严重影响食品安全的行为。在“土坑酸菜”生产的有关视频画面中，所谓的“老坛酸菜”竟是在土坑中腌制而成，不仅毫无干净卫生可言，更有村民直接光脚踩上去，甚至把烟头丢到满是酸菜的土坑中。腌制完毕的酸菜被拉到工厂之后，也被随意堆放在地上，生产环

境更是污秽不堪。更令人担忧的是，被曝光生产“土坑酸菜”的多家企业还为众多知名品牌代加工酸菜制品，也为一些方便面企业代加工老坛酸菜包。或许，“土坑酸菜”在不经意间就流向了人们的餐桌。一篇篇有关食品安全问题的报道，一幕幕生产过程触目惊心的场景，说明我国在食品安全方面仍存在着一定短板，以食品安全助力实施健康中国战略任重道远。

洪范八政，食为政首。一直以来，中国共产党始终把人民群众的健康问题放在最重要的位置。随着中国社会经济快速发展，人们餐桌上的食品种类越来越丰富，食品来源越来越广泛，食用方式越来越多样，但食品安全与健康问题仍然是健康中国建设征程中必须跨越的一道难关。我们有必要探讨，在食品安全方面还存在着哪些突出问题？**药物残留超限量问题易发多发**。在农产品这一食品生产源头环节，部分生产者见利忘义，超标准、无限制使用农药甚至违禁药品，造成食品药物残留超限量。长期食用带有超限量残留药物的食品，会对身体产生不同程度的影响，比如引发食物中毒，甚至诱发各种消化系统癌变，影响生命健康。**非法添加、滥添加等问题屡禁不止**。食品添加剂是现代食品工业的一项重要发明，可以满足人们对食物色香味的更高要求以及食品贮藏的更高追求。然而，部分食品生产者以次充好、违规延长保质期，在食品中超范围使用添加剂，超剂量使用非法添加物，不仅破坏了食品中的各种营养元素，而且严重危害人体健康。**制假售假等问题屡打不绝**。在市场竞争日益激烈之下，一些食品生产经营者为压低成本，知法犯法、制假售假，造成假冒伪劣、虚假宣传等市场乱象，如“地沟油”“假羊肉”“泰国香米”等问题，虽经多年查处仍然存在。尤其是城乡接合部和广大偏远农村地区，居民消费水平低叠加市场监管力量薄弱，售卖“山寨食品”“傍名牌食品”等现象更加突出。

那么，我国食品安全乱象为何难以破局呢？**法规制度不够完善是首要原因**。我国虽然已经出台了食品安全系列法律法规，但食品安全标准体系仍不够健全，甚至某些方面存在标准空白、内容不全面或者检验方法不配套等问题。**监管力量能力不足是核心因素**。从基层情况看，食品安全监管普遍存在人员短缺、执法装备老化、人员素质不强等问题，影响了实际工作效果。监管工具和手段智慧化程度严重滞后，特别是市县级食品检验检测机构大都力量薄弱，检验检测设备仍存在“检不出、检不准、检不全、检不快”等问题。**企业主体责任落实不够是另一重要缘由**。目前发生的大多数食品安全事故，基本是食品生产经营者受利益驱使，道德滑坡、诚信缺失，掺杂使假、坑蒙拐骗造成的，没有落实其作为食品生产经营者的主体责任，相应的制度规范、人员资质、进货把关、加工流程、成品核验等仍存在瑕疵。**各类风险交织叠加也是一大难题**。传统的生物性风险、物理性风险依然存在，环境污染、农业投入品使用等造成的化学性风险日益凸显，加之食品供应链国际化以及第三方检测机构为追求经济效益虚假检验、数据造假现象仍然存在，由此带来的多种潜在风险不容忽视。

守护百姓“舌尖上的安全”

悠悠万事，食为民天。立足新时代，在我国脱贫攻坚战取得全面胜利，历史性消除绝对贫困之后，党和国家擘画了健康中国建设的宏伟蓝图，致力于守护好人民群众的生命健康安全。食品安全关乎国计民生，承载着人们对于美好生活的期待和向往。对这一问题，习近平总书记可谓念兹在兹、始终牵挂，那些“舌尖”上看似寻常的小事，都是总书记心中的大事。**如何保障食品安全监管到位?** 总书记要求“用最严谨的标准、最严格的监管、最严厉的处罚、最严肃的问责”①，“严把从农田到餐桌、从实验室到医院的每一道防线”②，“重点打击农村、城乡接合部、学校周边销

① 《十八大以来重要文献选编》(上)，中央文献出版社2014年版，第673页。
② 习近平在十八届中央政治局第二十三次集体学习时的讲话，2015年5月29日。

售违禁超限、假冒伪劣食品”[1]，致力于源头治理、标本兼治，确保人民群众“舌尖上的安全”。**如何加强企业落实主体责任？**总书记要求“加强平台各市场主体权益保护，督促平台企业承担商品质量、食品安全保障等责任”[2]。**如何完善食品安全标准体系？**他指出：“要完善食品安全标准体系，推动食品安全标准同国际标准对接。要保障各级食品安全监管所需经费，特别是检验检测经费。要完善食品造假行为定罪的司法解释，推动食品掺假使假行为入刑。所有食品安全违法行为都要追究到个人，并向社会公开处罚信息。”[3]

随着人民生活水平的提升，与传统粮食安全更注重粮食数量不同，人民群众不仅需要吃得饱，更需要吃得安全、吃得放心、吃得健康。食物供给既要装满“米袋子”，又要保障“肉案子”“果盘子”“菜篮子”，不仅守住食品质量安全的“底线”，而且追求更营养、更健康、更美味、更快捷的“高线”，以食品安全“小支点”撑起人民美好生活“大幸福”。

构建维护食品安全的铜墙铁壁

食品安全关系每个人的身体健康和生命安全，必须抓得紧而又紧。面对食品安全复杂严峻形势，党中央科学果断决策，持续深化监管体制改革，集中力量加强食品安全监管，在较短时间内有效遏制了问题多发高发态势。特别是党的十八大以来，习近平总书记站在对历史和人民负责的高度，全面加强党对食品安全工作的领导，坚持党政同责、标本兼治，加强统筹协调，加快完善统一权威的监管体制和制度，落实“四个最严”的要求，切实保障人民群众“舌尖上的安全”。

① 习近平在十八届中央政治局第二十三次集体学习时的讲话，2015年5月29日。
② 习近平在中央财经委员会第九次会议上的讲话，2021年3月15日。
③《习近平关于国家粮食安全论述摘编》，中央文献出版社2023年版，第120页。

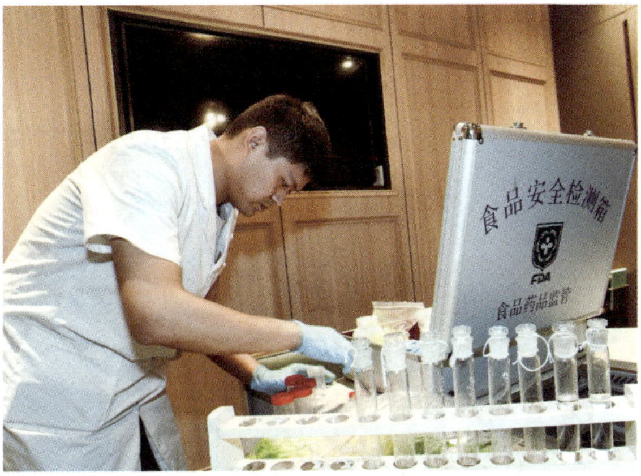

市场监督管理局开展餐饮环节食品安全抽检

推动食品安全监管体制改革，建立全过程严格监管机制。党的十八大以来，在食品安全监管体制深化改革中，国家市场监督管理总局建成，建立了从农产品种养殖、生产、储藏、流通直至餐饮环节的全过程严格监管机制，强调食品生产经营者的主体责任、食品安全的源头治理，以及社会媒体和广大人民群众作为监督食品安全的重要补充，全面推进食品安全监管法治化、标准化、专业化、信息化建设。

持续完善食品安全法制体系，保障食品安全有法可依。2019年，我国在“史上最严”《食品安全法》的基础上，修订发布“最严”食品安全条例——《中华人民共和国食品安全法实施条例》，坚持“四个最严”，细化食品安全法的原则规定，强化对违法违规行为的惩罚，实化针对具体问题的监管举措，优化风险管理制度机制，固化实践中行之有效的做法。

突出健康优先发展战略导向，奠定民族复兴健康根基。党的十八大以来，以习近平同志为核心的党中央坚持人民至上，坚持从更好满足人民美好生活需要出发，更加坚决、全面地保障人民的健康利益，发布《“健康中国2030”规划纲要》，明确“大食物观”导向，将推进健康中国建设上升为全面提升中华民族健康素质、实现人民健康与经济社会协调发展的国家战略。从“吃饱”到“吃好”，再到“吃安全”“吃绿色”，“中国饭碗”正端得越来越好、越来越健康。

延伸阅读

我国食品安全和营养状况十年来变化多多

从吃饱到吃好、吃出健康，老百姓对“吃”有了新期待

党的十八大以来，我国食品污染和有害因素监测已覆盖99%县区；已发布食品安全国家标准1419项，包含2万余项指标；我国18—44岁居民身高显著增加……国家卫生健康委召开新闻发布会，介绍十年来食品安全和营养健康工作进展。

吃得更安全　完善“最严谨的标准”

为重点解决食品安全“标准一大堆、不知用哪个”的问题，十年来，国家卫生健康委组建了含17个部门单位近400位专家的国家标准审评委员会。近年来，按照“最严谨的标准”要求，国家卫生健康委完善了以风险监测评估为基础的标准研制制度。

吃得更放心　强化风险监测和评估

让老百姓吃得安心、放心，食品安全风险监测和评估是“守门人”。国家食品安全风险评估中心主任李宁表示，经过连续十余年组织实施国家食品安全风险监测和评估，初步掌握我国主要食品污染状况和趋势，如发现局部地区部分食品重金属污染、农兽药残留超标、致病菌污染及新的潜在其他风险等食品安全隐患。

吃得更营养　城乡差异逐步缩小

为加强合理膳食指导，国家卫生健康委会同国民营养健康指导委员会17个成员部门组织实施了国民营养计划和合理膳食行动，该行动对改善贫困地区儿童营养状况起到非常大的作用。

（来源：《完善标准、强化监测 我国食品安全和营养状况十年来有新变化》，新华社2022年6月27日）

一直以来，党和国家始终牵挂百姓的食品安全问题，采取系列重大举措，控制系列重大风险，保障人民饮食安全，不断推动健康中国建设。立足新发展阶段，在《“健康中国2030”规划纲要》的指引下，面对人民“吃得安全、吃得好”这一对美好生活的向往，我们仍应继续坚持探索新方法、总结新答案，把握好有效市场、有为政府、有序社会的辩证关系，统筹推进产业发展、政府监管、社会共治，破解食品安全有关难题，全方位保障食品安全。

持续推动食品产业高质量发展。随着我国食品消费结构持续优化升级，国家实行价格激励机制，进一步完善优质优价市场机制，带动食品质

全国蔬菜质量标准中心

量安全水平提升。强化品牌带动效应，深入实施食品领域品牌提升行动，引导企业主动提升自我管理、自我约束的意识和能力。深化标准引领作用，在食品安全国家标准基础上，探索建立食品质量标准体系，以高水平的质量标准引领企业做优做精。

完善食品安全高水平监管体系。健全完善相关法律法规，秉持“严字当头”理念，维护公众健康和社会稳定。严格公正执法流程，坚持依法行政，进一步完善统一的行政执法程序和标准，落实执法公示、全过程记录、重大执法决定法制审核等制度。营造全民守法氛围，加大普法宣传力度，不断增强食品经营者的法律意识、责任意识和广大居民的自我保护能力。加强关键技术研究，大力加强关键检测、监控技术与仪器设备研究开发，提高食品生产监督监管能力。

大力培育全社会食品安全文化。涵养诚实守信文化，推进食品行业诚信体系建设，完善信用承诺、守信核查、失信惩戒、信用修复闭环，营造知信、守信、用信的良好诚信氛围。坚持科学理性思维，客观、公正、科学、理性地认识和看待食品安全问题，要进行客观准确报道，正确引导舆论。培育人人参与意识，畅通投诉举报渠道，充分发挥群众监督、舆论监督的重要作用，注重引导广大消费者积极参与食品安全治理，营造人人关心、人人参与、人人受益的食品安全良好氛围。

延伸阅读

苏州构筑绿色农产品安全防控网

运用绿色技术防治病虫害，减少化学农药使用量，构筑农产品安全网。近年来，苏州市农业绿色防控工作成效明显，连续多年被评为江苏省绿色防控推进先进市。

夏去秋来，苏州高新区通安现代农业园西街水稻种植示范区内，农作物长势喜人。绿油油的稻田中，一个个白色“小灯笼”点缀其间。农技人员告诉记者，这些“小灯笼”是害虫诱捕器，“这些诱捕器具有专业性强、保护害虫天敌、绿色环保等特点，使用后，水稻虫害用药量明显减少。”

据苏州高新区通安现代农业园相关负责人介绍，西街水稻种植示范区实现病虫害绿色防控技术到位率100%，化学农药使用量减少20%以上，农产品农药残留检测合格率100%。

太仓市研究出台1个农药减量实施方案、制定7套病虫绿色防控技术模式。2022年，全市主要作物绿色防控覆盖率达69.1%，绿色防控产品使用占比84.3%，病虫害综合防控效果达96.03%。

苏州市农业农村局相关负责人表示，该市将注重政策扶持引导，加大示范推广力度，推进重大病虫害绿色防控技术集成升级，为发展绿色农业、生态农业、高效农业提供支撑。

（来源:《苏州构筑绿色农产品安全防控网》，新华社2023年9月11日）

3

如何解决看病难、看病贵问题？

2018年7月，一部口碑炸裂的电影横空出世，它就是豆瓣评价高达9.0分的《我不是药神》。该影片主要讲述了主人公程勇帮助慢性粒细胞白血病患者从印度代购仿制药格列宁的故事，真实呈现了普通老百姓在面对疾病时的无助和困境。影片中，一位老太太在警察曹斌抓捕程勇时颤颤巍巍地喊道：我病了三年，四万块钱一瓶的正版药，我吃了三年，房子吃没了，家人被我吃垮了。现在好不容易有人卖效果一样的药，只需500

（孙喆 拍摄）

元，你们还抓他，我只是想活下去，我不想死！老太太的声声哀求，不仅道出了癌症患者求医问药时的窘迫与无奈，更道出了我国长期以来存在的“看病难、看病贵”的现实问题，道出了不断增强人民群众的获得感、幸福感、安全感的任重道远。

一直以来，中国共产党始终把人民群众的健康问题放在心上，经过多年的积极探索和改革，我国全民医疗卫生体系逐步完善和健全，人民群众的就医问题得到了一定解决，但“看病难、看病贵”现象仍是健康中国建设征程中必须跨越的一道难关。所谓的“看病难”究竟“难”在何处？“看病贵”又“贵”在哪里呢？**烦琐的挂号流程**。我国人口基数庞大，优质医疗资源大都集中于市级以上医院，基层医疗条件不足以满足广大群众的就医需要，导致基层医院门可罗雀，而“超级医院”门庭若市。知名大医院“一号难挂”，名声在外的专家号更是“千金难求”，如何拿到就医的“入场券”是横亘在群众就医之路上的头号难题。**漫长的排队等待**。在就医过程中，无论是缴纳费用、检查化验还是接受治疗，“排队三小时，看病三分钟”已成常态。据调查显示，中国患者的排队时间占据了平均就诊时间的75%以上，而面诊时与医生沟通的平均时间却不足10分钟。**紧张的住院床位**。目前，医院床位资源紧张已是常态，多数三甲医院，尤其是一线、省会城市的大医院和多发疾病科室，等待七八天才能办理住院的情况屡见不鲜，走廊加床、席地而躺的现象也是家常便饭。**高额的就医费用**。令群众困窘不堪的不仅是烦琐的流程和漫长的等待，更有那令人望而却步的高额医药费。2018年，一条“天价医药费”的帖子曾冲上热搜。一位家住武汉的女士说，父亲住院61天花费已达104万元。当时大家纷纷感慨，一张住院收费单据便可击倒95%的家庭。“一人生病，全家沦陷”，“十年努力奔小康，一场大病全泡汤”是很多遭遇重大疾病家庭的真实写照。

那么，“看病难、看病贵”现象为何难以破局呢？**医疗资源配置不均**

是首要因素。尽管我国幅员辽阔，资源总量储备丰富，资源配置却不尽均衡，医疗资源也不例外。各地医疗水平参差不齐，优质医疗资源和服务主要集中在大城市、大医院，边远地区和基层医疗资源不足问题异常突出。**医保改革不够深化是掣肘“看病难、看病贵”的核心原因**。目前，各类医疗保险存在覆盖面不够广泛、覆盖水平相对较低等问题，且部分药品医保自费比例偏高、医保报销设有起付线、外地就医报销比例下降等，导致患者在求医选择、门诊就医、住院治疗等环节面临困难。**此外，医药研发成本过高也是一大难题**。药物研发是一个耗时长、耗资多、风险高的行业，药品耗材费用和新技术研发运用成本的增加客观上拉高了看病费用。肿瘤科的特殊药品，骨科、神经内科、神经外科、心内科、ICU的特殊耗材费用平均可占住院费用的35%左右，而这些特殊药品和耗材花费大都无法通过医保报销或者报销比例很低。一直以来，如何推出系列切实有效的办法措施以真正解决“看病难、看病贵”问题，关乎人民群众美好生活的实现。

把人民生命安全和身体健康放在第一位

“救护车一响，一头猪白养；住上一次院，一年活白干。”

广为流传的顺口溜，是对人民群众怕生病、病不起的生动诠释。

人民健康是立身之本和立国之基，是民族昌盛和国家强盛的重要标志。冰天雪地，白雪皑皑；赤日炎炎，海天云蒸。从黄沙漫天的革命老区，到“贫瘠甲天下”的贫困山区，习近平总书记的步伐踏入百姓家里，真情融入群众心田。“看病方便不方便？”“医疗费用贵不贵？”围绕基层老百姓看病就医的难点、堵点，总书记始终念兹在兹，给出了一系列“治病良方”。

怎么保证人民群众的公共卫生健康？习近平总书记站在国家战略高

度，关切公共卫生体系建设，要求“改革和完善疾病预防控制体系”“提升疫情监测预警和应急响应能力”“完善公共卫生应急法律法规”“深入开展爱国卫生运动”，致力于织牢织密公共卫生防护网，保障人民群众的基本健康。**怎么防止因病返贫、因病致贫?** 总书记忧盛危明、居安思危，要求“所有贫困人口都参加医疗保险制度，常见病、慢性病有地方看、看得起，得了大病、重病后基本生活过得去”①，“要建立健全家庭医生签约服务制度，让群众患病后第一时间问诊自己的家庭医生，实现‘小病在基层、大病到医院、康复回基层’的合理就医秩序”②，让贫困群众看病不用愁，以医疗健康托举共同富裕。**怎么让人民群众病有所医、医有所药?** 总书记心怀“国之大者”，指出“人类同疾病较量最有力的武器就是科学技术，人类战胜大灾大疫离不开科学发展和技术创新”③，提出要加快医学科技攻关，为人民群众健康提供坚实的科技支撑和保障。

哪里有困难，哪里就有牵挂。习近平总书记一直高度重视增进人民健康福祉，始终强调要“把人民群众生命安全和身体健康放在第一位”④，体现了对人民生命健康安全的无上关切，彰显了大党大国领袖的博大人民情怀。总书记关于维护人民健康的重要论述，为解决人民群众“看病难、看病贵”问题提供了科学方法和根本遵循。

延伸阅读

“总书记与我们基层医务工作者心连着心”

安抚孩子、询问病情、调整位置……江苏省镇江市丹徒区世业

① 习近平:《在解决“两不愁三保障”突出问题座谈会上的讲话》,《求是》2019年第16期。
② 习近平在全国卫生与健康大会上的讲话，2016年8月19日。
③ 习近平:《为打赢疫情防控阻击战提供强大科技支撑》,《求是》2020年第6期。
④《习近平谈治国理政》(第四卷)，外文出版社2022年版，第91页。

镇卫生院一楼，头发花白的全科医生袁润智正忙着问诊。2014年12月，习近平总书记来卫生院调研的场景，袁润智仍历历在目。袁润智说：“习近平总书记健步走来，亲切地握住我的手，总书记的手很温厚。作为基层医务人员，我心里感觉很温暖。”当天，习近平总书记仔细了解远程医疗系统。袁润智回忆：“我向总书记汇报，患者在镇卫生院也能远程享受市里三甲医院的服务，省时省力省钱。总书记笑着说：‘这是一种很好的优质资源下沉方式，能解决一部分问题。’”

组建全科专科门诊，把专家请到岛上服务，成立远程会诊中心，遇到疑难杂症，随时能与江苏省人民医院、镇江市一院开展多学科云诊断。小病不出岛、大病有保障，经过不断地“交作业”“改作业”，镇卫生院诊断水平不断提升，村民就医踏实又省钱。截至2022年初，卫生院门诊年接诊5.6万人次，比7年前增加了40%，基层就诊率达83.73%。

与习近平总书记握手的珍贵照片，袁润智一直保存在诊室。问及当时的感受，他说：“非常激动，也感到责任重大。总书记与我们基层医务工作者心连着心！”

（来源：《做党和群众信赖的健康守护者——回访江苏镇江市丹徒区世业镇卫生院医务人员》，《人民日报》2022年1月20日）

让百姓看得上病、看得起病、看得好病

“每一个小群体都不应该被放弃”“底价是不能改的，请拿出最大的诚意为老百姓让利”“给患儿让10块钱，他们就可以多喝几瓶牛奶”，这是一场国家医保局与药企代表的“灵魂谈判”，连续8次交涉，国家医保局将市值近70万元的罕见药以3.3万元的价格纳入医保，过程让人为之揪心

动容，结果让人为之热泪盈眶。价格谈判分厘的变化，叠加庞大的患者基数，都意味着巨大利益的调整，其难度可想而知。每一次谈判的努力，都是为了让人民群众用得上药，看得起病，让普通老百姓不再为疾病所累，让《我不是药神》中罹患绝症者求药无门人、有药没钱治的悲剧不再上演。党的十八大以来，中国共产党始终将人民生命健康放在心上，把让百姓看得上病、看得起病、看得好病作为自己的行动目标，为守护人民群众的生命健康，为推进健康中国建设而采取了一系列伟大举措，取得了一系列突出成就。

医疗服务资源下沉，群众看病难问题有效缓解。党的十八大以来，国家卫生健康委努力推动医疗服务重心下移、资源下沉，更好满足人民群众看病就医需求，群众看病难问题有效缓解。针对群众异地就医流向和重点疾病，全国已设置12个专业类别的国家医学中心，同时在医疗资源薄弱的地区设置76个国家区域医疗中心，推动优质医疗资源扩容和下沉。国家区域医疗中心建设项目实施以来，有1400余项诊疗技术平移至输入省份，填补了300多项省域医疗技术空白。疫情防控期间，为进一步扩大医疗资源和医疗服务的供给，截至2022年12月14日12点，全国二级以上医院开设发热门诊超过1.4万个，基层医疗卫生机构设置发热门诊或者发热诊室超过3.3万个，着力保障特殊时期群众正常看病就医需求。

基本医疗保障能力问题稳步提升，群众看病贵问题得以减轻。党的十八大以来，我国推进组织药品耗材集中采购和使用，公立医院全部取消药品和耗材加成，基本医保保障能力稳步提升。截至2023年初，国家组织药品集采共8批，333种药品中选，平均降价超50%，集采心脏支架、人工关节等8种高值医用耗材平均降价超80%；连同地方联盟采购，累计减负约5000亿元。开展药品谈判议价工作，平均降价超过50%。在山西省清徐县，长年受脑缺血折磨的吴村农民谭瑞成在县医院“踏踏实实看好了病”。以往，尽管新农合可以报销55%，到大城市住院的治疗费用仍然让谭瑞

医保卡全省“一卡通行”，打通了职工医保个账资金使用的区域限制，极大地方便了人民群众（王立群 拍摄）

成“负担不小”。现在，县医院的医疗水平大大提高，他的治病费用从超过4000元降到了2490元，报销后个人只出500多元。新冠肺炎疫情发生后，国家为患者实施免费救治。一些危重症患者治疗费用几十万元甚至上百万元，全部由国家承担。从过去的看病贵、治病贵到现在的看得好病、治得放心，党和国家大力深化医药卫生体制改革，有力促进了药品和耗材价格回归合理水平，大大减轻了群众看病贵的负担。

以健康为中心的改革导向更加突出，健康中国战略正逐步实现。党的十八大以来，以习近平同志为核心的党中央坚持以人民为中心，把人民健康放在优先发展的战略地位，树立“大健康、大卫生”理念，提出了新时期卫生健康工作方针，发布了《“健康中国2030”规划纲要》，将健康中国上升为战略。从以治疗为中心向以健康为中心转变，是整个医疗卫生体系转型发展的战略任务和现实选择，是医疗卫生体系实现中国式现代化的根本标志。以大健康理念为引领，把预防放在更加突出的位置，实施健康中国行动，“每个人是自己健康第一责任人”的理念更加深入人心，加强重大疾病防治和慢性病健康管理，改革完善疾控体系，发挥中医药独特优势，开展医养结合，卫生健康事业发展的方式和工作模式不断创新。

从新中国成立初期全国仅有3000多所各类卫生机构，到2022年我国建成世界上规模最大的医疗卫生体系，一直以来，党和国家始终牵挂百姓的看病就医问题，冒严寒踏冰雪、赴深山访老区，察实情、作部署，不断推动健康强国建设。立足新发展阶段，面对“好看病、看好病”的更高需求，我们仍应继续坚持探索新方法、总结新答案，全方位全周期保障人民健康。

锚定健康中国，立足实际实现“医疗现代化”的时代追求。坚持把解决看病难、看病贵问题作为强国建设的切入口，深化医疗卫生事业改革，把解决看病就医问题与国家发展战略同设计同部署，使其与新发展理念相一致，与新发展阶段相契合，与新发展格局相协调，推进中国式现代化在医疗卫生领域得到深化拓展。

坚定人民立场，站稳脚跟实现“人民健康”的根本目标。“现代化最重要的指标还是人民健康，这是人民幸福生活的基础。”[1]破解民生难题还应扑下身子，到田间地头去，到街巷楼栋中，与各行业群众交朋友，同各地区患者共谈心、听呼声、察情绪，抓住“看病难、看病贵”的不同表现，探索最实际、最合理的解决方案。

深化医疗改革，增能蓄力实现“病有所医”的民生承诺。一方面不断深化医疗、医保、医药联动改革，完善医疗服务体系，建立多元医疗保障制度，推进药品价格形成机制改革，让看病吃药不再是老百姓的“揪心事”“烦心事”。另一方面不断深化医疗卫生领域要素、主体和制度开放，完善国家医学中心和国家、省级区域医疗中心体系建设，创新中西医结合的发展模式，提高医药领域的自主研发和生产能力。

推进资源下沉，优化配置实现“优质医疗资源”的全面覆盖。发挥大型公立医院辐射带动作用，下沉医疗资源到基层，推动完善分级诊疗制度；确定各级各类医疗卫生机构的功能定位，形成相互交叉多方兜底的医疗服务网络；强化医疗质量管理和专科建设，增加优质服务供给，改善倒三角式资源配置失衡，进一步推动医疗均衡发展。

---

① 《习近平的小康情怀》，人民出版社、新华出版社2022年版，第303页。

国家健康医疗大数据中心（北方）实景

发展数字医疗，补齐短板实现“卫生健康共同体”的共同期待。充分利用数字技术，创新移动医疗、智慧医疗、远程医疗、精准医疗等医疗形式，建立统一标准的居民电子健康档案、电子病历、交互式卫生信息平台、远程诊疗、远程教育和健康咨询平台等医疗资源，构建跨部门、跨层级、跨区域的数字医疗监管机制，增强医疗保障的公平性、协同性，切实提升看病就医的获得感、幸福感、安全感。

延伸阅读

三明医改：一座小城的华丽转身

小城居民的医保账户由连年“贴钱”到如今“年有结余”，基层医院的医护人员由曾经薪水微薄到现在收入翻番，全市医保基金由连年严重亏空到如今多年保持盈余，福建三明市何以华丽转身、破茧成蝶？答案，要在三明医改中揭晓。

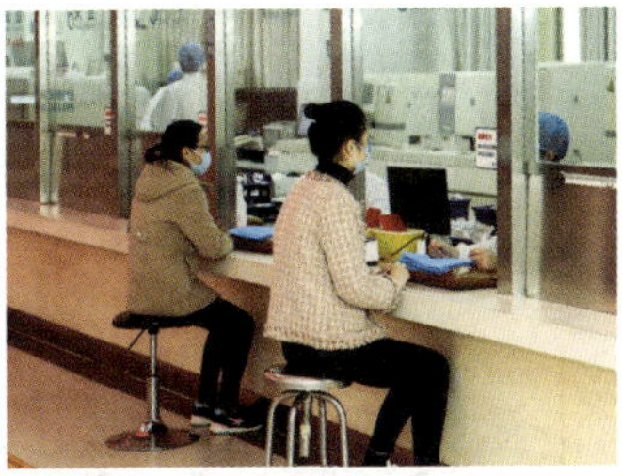
正在抽血化验的患者（杨超　拍摄）

三明是依托老工业起家的城市，“未富先老”问题一度颇为严重，医疗费用每年呈两位数增长，医保基金亏空，药价虚高不下。2012年，在本土医保基金面临“穿底”风险的情况下，三明医改正式拉开了帷幕。在全面调研、综合分析后，三明医改以药品耗材治理改革为突破口，全面取消药品加成，切断药品回扣渠道，省下的费用被用于提高群众报销比例和调整医务人员收入。十余年间，从最初单纯的治混乱、堵浪费、整治以赚钱为中心，到建章程、立制度、转向以治病为中心，再到治未病、大健康、构建以健康为中心，三明医改在制度建设上久久为功、持续发力，每一步都正中改革靶心，更为全国医改实践探索了宝贵经验。

以“破”为“立”，以“改”促“进”。从患者看病难看病贵、医生忙盈利、医保基金“穿底”，到“百姓得实惠，医院得发展，医生受激励”，三明医改的“小账本”里书写着健康中国的大变革。面向未来，作为全国样板的三明医改仍将不断深化，攻坚克难、大胆创新，向着以人民健康为中心的改革目标大步前进。

〔来源：《持续深化医改　守护人民健康（现场评论）》，《人民日报》2022年4月26日〕

4

如何解决生得安、育得好问题？

“生儿容易，养儿难。”36岁的高斌是北京一家网络媒体的编辑，月收入1万多元，家中没有老人帮忙，妻子产后辞职在家。“三孩政策”实施以后，他粗略算了一笔账：儿子今年4岁，入托民办幼儿园，每月托儿费花掉收入的1/4。如果妻子再生一个孩子，去大医院产检和分娩已经是一笔不小的开支，而在孩子出生之后，请月嫂和置办奶粉、纸尿裤、衣服、玩具等各类用品同样花销不小，之后家庭还要面临入托难、择校贵等

系列难题。高斌不禁直呼“育儿成本太高”。当前，这样的情况在多地愈发普遍，道出了我国许多家庭在生育方面面临的现实问题。

人口问题既是家事，也是国事，是基础性、全局性和战略性的问题。当前，我国生育水平逐年走低，育儿焦虑不断蔓延。那么，生儿养儿究竟难在哪里呢？**新生儿出生前，生育花销大**。随着经济社会的发展与医疗卫生水平的进步，许多家庭会选择去知名度高的医院进行孕产检及待产等，医疗支出费用较高；同时，随着当代年轻人育儿观念的进步，产妇们普遍在备孕时就会参加各种胎教班，备孕阶段的教育支出同样不少。**新生儿出生后，养育照料难**。生儿育女通常是在许多年轻人刚刚成家立业之后，他们尚面临着较大的工作压力，很难有充足的时间精力照顾孩子，那么生儿之后谁来育儿，便成了一个需要解决的问题。若选择由祖父祖母辈来照顾，那么老人自身的身体状况是否允许？即便老人身体健康且有意愿照顾孙辈，如果老一辈父母与新一辈父母之间的育儿观念发生分歧，那么又该如何解决？若选择由“月嫂”或保姆之类的专职人员照顾孩子，那家庭是否能够承担这笔不小的支出？即便经济条件允许，父母又如何信任并确保非亲非故的外人能够尽心照顾孩子？**新生儿长大后，教育投入多**。“再苦不能苦孩子，再穷不能穷教育”，这是无数个中国家庭的育儿观念。除了孩子的吃穿用度等基本开支，许多家庭为了更好地便利孩子的学习与生活，会购买或租赁昂贵的学区房；此外，随着教育观念的更新，许多家庭更加注重孩子的全面发展，孩子往往会参加各类兴趣课程、校外研学以及假期夏令营，这些都需要投入不少的费用。

面对这些现实问题，如何才能“生得安、育得好”呢？**就“生儿”问题来看，年轻人的生育观念已发生转变**。在“晚婚晚育”“少生优生”的大环境下，比起建设成功的家庭，青年人会更注重自我价值的实现与自身能力的提升。传统家庭生活对部分年轻人的吸引力正逐渐减弱，对他们而言，走入婚姻、生儿育女已经由幸福生活的必然条件变成了自由生活的

在图书馆阅读的母女

阻碍负担。**就“养儿”问题来看，照顾孩子的时间成本和经济成本较高**。家庭照料孩子主要存在以下三种做法：第一种，祖辈代际照料孙辈，但随着家庭规模的减小，年轻的夫妻在结婚后更倾向于自己生活，代际照料难以实现；第二种，全职妈妈放弃工作照顾孩子，但这样一来家庭经济收入降低，长此以往易导致女性家庭地位降低，家庭矛盾加剧；第三种，雇佣专职保姆照顾孩子，但专职保姆普遍价格高昂，普通家庭承担这一支出的经济压力较大。**就“育儿”问题来看，孩子成长过程中的教育培养成本高昂**。除了孩子衣食住行等方面的支出，在“竞争从孩子开始”的当下，一个孩子的诞生往往意味着家庭生活成本的大幅增加乃至翻倍。当前社会竞争日益激烈，教育内卷现象也愈演愈烈，在经历选校、择校之后，还有学业辅导、兴趣特长培养等方面的教育支出。生儿养儿之后如何育儿，以及如何负担育儿的各类成本，这些顾虑也成了“生不起、养不起”问题出现的重要原因。因此，我们需要深刻关注年轻人的内心想法和现实境遇，切实解决其后顾之忧，让广大年轻人可以安心生孩子、放心养孩子。

强化政策保障，降低生育养育教育成本

人口问题始终是我国面临的全局性、长期性、战略性问题。以习近平同志为核心的党中央始终高度重视人口问题，在党的二十大报告中，习近平总书记针对人口问题提出了思路对策，指出：“优化人口发展战略，建立

生育支持政策体系，降低生育、养育、教育成本。”[①]

怎样让适龄人群“生得安”？ 习近平总书记高度重视人口生育政策的完善，指出：“各级党委和政府要加强统筹规划、政策协调和工作落实，依法组织实施三孩生育政策，促进生育政策和相关经济社会政策配套衔接，健全重大经济社会政策人口影响评估机制。”[②]随即，党中央统揽发展全局决定放开“三孩政策”，允许一对夫妻生育三个子女，并相继取消社会抚养费等制约措施。**怎样让适龄人群“养得起”？** 习近平总书记指出：“要建立健全生育支持政策体系，大力发展普惠托育服务体系，显著减轻家庭生育养育教育负担，推动建设生育友好型社会，促进人口长期均衡发展。”[③]**怎样让适龄人群“育得好”？** 习近平总书记关注人口高质量发展，针对配套支持政策的落实，在政治局会议中指出：“要将婚嫁、生育、养育、教育一体考虑”，“提高优生优育服务水平，发展普惠托育服务体系，推进教育公平与优质教育资源供给”[④]。生育政策的放开与配套政策的逐步完善，切实让年轻人既想生、又敢养。

党的十八大以来，以习近平同志为核心的党中央高瞻远瞩、运筹帷幄，对新时代人口工作提出一系列科学判断，作出一系列重大部署，推动我国人口工作迈上新台阶。习近平总书记关于人口工作的重要论述，充分体现了他对人口问题的深刻认识、对人口发展规律的准确把握，蕴含着深

---

① 习近平：《高举中国特色社会主义伟大旗帜 为全面建设社会主义现代化国家而团结奋斗——在中国共产党第二十次全国代表大会上的报告》，人民出版社2022年版，第49页。

② 《中共中央政治局召开会议 听取“十四五”时期积极应对人口老龄化重大政策举措汇报 审议〈关于优化生育政策促进人口长期均衡发展的决定〉》，《人民日报》2021年6月1日。

③ 《加快建设以实体经济为支撑的现代化产业体系 以人口高质量发展支撑中国式现代化》，《人民日报》2023年5月6日。

④ 《中共中央政治局召开会议 听取“十四五”时期积极应对人口老龄化重大政策举措汇报 审议〈关于优化生育政策促进人口长期均衡发展的决定〉》，《人民日报》2021年6月1日。

生育政策革新（张健 拍摄）

远的战略思维、强烈的使命担当、真挚的为民情怀，为做好新时代人口工作指明了方向，提供了遵循。

延伸阅读

发放育儿补贴，一种实实在在的民生福祉

济南印发《济南市优化生育政策促进人口长期均衡发展实施方案》，推出一揽子举措鼓励生育，其中最引人关注的一点是：本市户籍按照生育政策于2023年1月1日以后出生的二孩、三孩家庭，每孩每月发放600元育儿补贴，直至孩子3周岁。此外，二孩、三孩家庭还可在公积金贷款、子女入学、分娩医疗费医保报销等方面得到实惠。

鼓励年轻人生育，关键是要打消人们“不敢生、不愿生”的顾

虑。这就要降成本，需要相关制度、政策及时跟进。“发钱”可以说是最直接有效，也是最让人有获得感的办法。以济南的政策为例，对于生育二孩、三孩的家庭来说，在家庭开支增加的情况下，每孩每月600元的育儿补贴，等于是政府帮“买奶粉”，在经济条件相对拮据一些的家庭中，这笔补贴可谓雪中送炭。

虽然这600元决定不了生与养，但是能让人们从中感受到来自政府的诚意和实惠，体现城市的温度。更好地鼓励生育，就是需要这样“实打实”的制度设计与物质保障。济南此番直接发放育儿补贴，既“给力”也很“痛快”。

（来源：《发放育儿补贴，一种实实在在的民生福祉》，《济南日报》2023年1月13日）

完善生育支持措施，减轻家庭生养负担

人口发展是关系一个民族存续繁荣的大事。党的二十大报告指出，要优化人口发展战略，建立生育支持政策体系，降低生育、养育、教育成本。人民的生养问题，不仅关系着每一个家庭的幸福生活，更关系着中华民族伟大复兴的民族梦想。立足新时代，从依靠“人口红利”转变为依靠“人才红利”，这是中国延续经济奇迹的关键动力。党的十八大以来，以习近平同志为核心的党中央高度重视人口问题，始终坚持以人民为中心、以均衡为主线、以改革为动力、以法治为保障，实施人口与发展综合决策，科学把握人口发展规律，坚持计划生育基本国策，作出逐步调整完善生育政策、促进人口长期均衡发展的重大决策，着力优化“生”的环境，破解“育”的困难，有力解决了家庭生养负担难题，取得了一系列突出成就。

全面部署配套支持政策，实现“生得安”。《中华人民共和国国民经济和社会发展第十四个五年规划和2035年远景目标纲要》提出，增强生育政策包容性，推动生育政策与经济社会政策配套衔接，减轻家庭生育、养育、教育负担，释放生育政策潜力。近年来，国家先后印发了《中共中央 国务院关于优化生育政策促进人口长期均衡发展的决定》《中华人民共和国人口与计划生育法》《关于进一步完善和落实积极生育支持措施的指导意见》等指导方案，将婚嫁、生育、养育、教育一体考虑，提出了覆盖全生命周期的一揽子支持举措，显著降低生育、养育、教育成本，持续提高优生优育服务水平，满足群众多元化的生育需求，切实解决育龄夫妇的后顾之忧。在人口结构转变的关键时期，国家宣布实施三孩生育政策，科学把握发展规律，积极回应社会期待，适时作出重大决策。

大力推行经济补贴政策，实现“养得起”。全国各地根据自身财政状况及人口发展情况，对适龄生育家庭给予一次性生育奖励、补贴等。此外，部分省份将医疗、保健等方面在内的服务折算成现金予以发放。直接给予经济补贴，可以在第一时间保证生育家庭不会因为没钱就医而选择终止妊娠，最大限度保证孕产妇与新生儿的生命安全与健康。不断提高子女教育专项附加扣除额度，由每个子女每月1000元提高到2000元，将3岁以下婴幼儿照护专项附加扣除标准由每个婴幼儿每月1000元提高到2000元。

不断保障生育制度落实，实现“育得好”。生育假期制度落实落地，产假、哺乳假、配偶陪产假及育儿假等生育假期制度体系基本完善。加快完善普惠托育服务体系，2020年至2023年共安排中央预算内投资约36亿元，新建48个地市级以上托育综合服务中心，33个城市（区）被命名为第一批全国婴幼儿照护服务示范城市。2023年《家庭托育点管理办法（试行）（征求意见稿）》发布，不少地区通过深入开展普惠专项行动，建立并完善普惠托位运营补助制度等，不断扩大托育服务供给，为更多家庭带来便利。

从提升全民受教育程度到全面提高人口素质，一直以来，党和国家始终重视人口问题，着力提高人口整体素质，努力保持适度生育水平和人口规模，加快塑造素质优良、总量充裕、结构优化、分布合理的现代化人力资源，加快推进我国由人口大国到人才强国转变。立足新发展阶段，针对我国人口发展新特点、人员结构新格局，我们仍应继续坚持探索新方法、总结新答案，持续完善生育支持政策体系建设，合力破解“生不起、养不起”难题，推动建设生育友好型社会，促进人口长期均衡发展。

推动政策体系不断完善，让适龄生育人群“有奔头”。贯彻落实《中华人民共和国人口与计划生育法》，采取财政、税收、保险、教育、住房、就业等支持措施，切实减轻家庭生育、养育、教育负担，健全完善义务教育、妇女就业、住房、生育等方面服务的保障机制，更加注重从全周期、全过程的视角设计生育支持政策措施。

推动补助体系不断完善，让适龄生育人群“有甜头”。给予生育一孩、二孩、三孩家庭不同程度的生育补助，尤其是对一孩、二孩家庭建立普惠性补助制度，按照一孩、二孩、三孩设立不同档次，按月发放育儿补助，减轻年轻人生育压力与经济顾虑。此外，针对医院繁多的产检项目，为孕妇提供相应补助，进一步提高年轻人生育意愿。

推动保障体系不断完善，让适龄生育人群“有干头”。持续提高多胎家庭在住房、教育、医疗上的优惠和补贴，重点在住房和教育上加大对二孩、三孩家庭的政策倾斜。加强执法监督，引导企业严格按照《中华人民共和国劳动法》和《女职工劳动保护特别规定》，保障女职工权益，解决年轻一代后顾之忧。

推进养育体系不断完善，让适龄生育人群“能出头”。大力发展普惠托育服务体系，优先支持市、县两级建设一批承担指导功能的示范性托育机构，鼓励和引导社会力量兴办托育机构，重点建设“家门口”和“单位

推动普惠性幼儿园建设（王立群 拍摄）

门口”托育机构，补齐社会托位短板，推动实现“幼有所育”，破解幼儿“无人养”难题。

推进教育体系不断完善，让适龄生育人群“有盼头”。持续提高学前教育普及普惠水平，落实政府投入为主、家庭合理分担、其他多种渠道筹措经费的保障机制，加大对家庭经济困难儿童入园的资助力度。持续落实课后服务学校全覆盖，保证课后服务结束时间与家长下班时间相衔接，构建家校育人“同心圆”。

延伸阅读

逐步降低生育、养育、教育成本

——打造生育友好型社会，各地在行动

“现在我们家每月能领到500元的育儿补贴，尿不湿基本不用自己掏钱了。”四川省攀枝花市东华街道居民杨先生介绍说，家中二孩每月共计花费1000多元，包括尿不湿、奶粉、玩具衣物等，500元的补贴可覆盖一半的育儿支出。从2021年起，攀枝花市在全国率先推出为生育二孩及以上的本市户籍家庭发放育儿补贴金政策，每月每孩发放500元，直到孩子3岁。当地还制定实施《打造友好生育环境城市响亮名片八条措施》，构建起涵盖孕、娩、养、育、住的生育服务保障体系。

早上8时30分，江苏省南京市江北新区产业技术研创园内，31岁的陈女士抱着未满1岁的女儿来到一座写字楼里的抚育安托育中心。“多亏有了托育中心，我才能带着女儿来上班，下班了再来接。”这个托育中心能够接收6个月至3岁的婴幼儿，目前累计接收婴幼儿400多名。受惠于去年2月印发的《江苏省关于优化生育政策促进人口长期均衡发展实施方案》等政策利好，去年江苏新增普惠托育机构95家。

“打造生育友好型社会，是提升人们生育意愿的关键。”党和政府正努力通过系统的、长远的、全面的生育友好制度建设、基础设施建设和社会环境建设，让更多愿意生育的适龄人群“生得起”“养得好”。

〔来源：《打造生育友好型社会，各地在行动》，《人民日报》（海外版）2023年2月6日〕

5

如何解决教育资源不均衡问题？

在感动中国2020年度人物颁奖盛典上，张桂梅用一双贴满膏药的手，举起了沉甸甸的奖杯。她扎根在滇西的贫困山区之中，几十年如一日，用坚守点亮了乡村女孩的人生梦想。2008年，张桂梅在当地党委、政府及社会各方支持下创建了丽江华坪女子高级中学，这是全国第一所全免费的女子高中。然而创办之初，由于条件艰苦，学生基础差，教师们先后辞职，只剩下6名具有党员身份的教师苦苦支撑。怀揣着“教好一个姑娘，能改变

（赖鑫琳 拍摄）

三代人”的信念，张桂梅忍受着病痛的折磨，在严格教学管理、改善教学条件的同时，奔波在大山之间完成一次次家访，一直行走在劝说家长让孩子上学读书的路上。张桂梅校长和她学生的故事让无数人动容，但在感动之余，无数网友不禁发出这样的感叹：张桂梅校长的坚守与付出，不仅是在向贫困落后地区陈旧观念“宣战”，更反映出我国教育资源不均衡的问题。

中国共产党历来重视教育事业的发展，尤其是改革开放以来，党始终坚持把教育放在优先发展的战略地位，探索开辟了中国特色社会主义教育发展道路。但对标新时代加快建设教育强国的要求，对表人民群众对教育的期盼，我们的工作仍存在诸多问题，其中较为突出的一点就是教育资源不均衡。**区域之间教育资源不平衡。**我国东部地区和中西部地区之间的发展存在诸多差异，教育资源的差异就是其中之一。总体来看，东部地区的教育资源普遍比中西部地区丰富。近年来，中西部地区的教育事业虽然在规模、数量和质量方面都呈现稳步上升的态势，但受到地理、历史、经济等因素的限制和影响，与东部发达地区相比在各方面仍存在很大差距。**城乡之间教育资源不平衡。**近年来，随着城乡教育一体化的深入发展，城乡之间教育的差距虽不断缩小，但仍在人力教育资源、物力教育资源、财力教育资源以及文化教育资源等方面存在不平衡的问题，乡村地区学校教学设备较为陈旧，师资力量不足、师资队伍不稳定，或是教育观念和教学方法相对落后，整体教学质量不高，许多优质生源和优秀教师更多地流向了城镇学校。**校际教育资源不平衡。**当前，我国教育资源不平衡的问题在同一地区不同学校之间尤为突出，即“重点”与“非重点”学校存在显著差别。政策、经费、生源等各类优质教育资源过度集中于少量学校，造就了重点学校的显著优势和突出的吸引力，这虽然带来了显著的成绩和较高的升学率，但也造成了家长们的“择校困难”恐慌，更加剧了资源失衡和教育不公。

在推动教育事业高质量发展的今天，教育资源不平衡的问题为什么难以根除？**经济因素是根本。**一个地区的社会经济发展水平直接影响当地

乡村里的课堂（赖鑫琳 拍摄）

教育事业的发展，这是造成我国不同区域之间、城乡之间教育资源不平衡的关键因素。在我国，受地理位置、自然资源等条件的影响，东部地区的经济发展水平明显高于中西部地区，尤其是受改革开放政策的影响，更加剧了不同区域间的差距。**相关政策统筹尚存在不足**。当前教育资源配置已经取得显著效果，但对于一些痛点难点问题的症结，相关政策还缺乏针对性，没能将落后地区、薄弱环节的教育资源短板彻底补齐。**历史因素也不容忽视**。自新中国成立伊始，我国教育领域就有办重点学校的历史传统，一些政策文件也对重点学校的人员配置、教育经费投入、办学条件等作出了十分明确的“倾斜”性规定，不可避免地扩大了城乡、校际在资源配置和教育质量上的差距，导致了教育公平的缺失。

坚持以人民为中心发展教育

教育是国之大计、党之大计，党的十八大以来，习近平总书记站在新时代党和国家事业发展全局的高度，把教育事业摆在更加突出的优先发展战略地位，多次到托儿所、幼儿园、小学、中学、职业学校、高等学校考察并同师生们座谈，对推进教育改革发展提出了一系列重要论断。习近平总书记指出要坚持以人民为中心发展教育，强调要不断促进教育发展成果更多更公平惠及全体人民，在把教育“蛋糕”做大的基础之上，努力把教育“蛋糕”分好。

教育公平是社会公平的重要基础。“坚持以人民为中心发展教育，加快建设高质量教育体系，发展素质教育，促进教育公平”[①]，“努力让每个孩子都能享有公平而有质量的教育”[②]，不仅是习近平总书记带领中国人民向教育资源不均衡问题的宣战，更体现了中国共产党人坚持“以人民为中心”发展教育的决心和信念，把每个社会成员享有同等的教育资源、教育质量，看作促进社会公平正义的重要举措。**基础教育具有重要地位。**习近平总书记以系统的战略思维，深刻把握基础教育在国民教育体系中的特殊地位，强调“基础教育搞得越扎实，教育强国步伐就越稳、后劲就越足”[③]，并进一步明确了“要推进学前教育普及普惠安全优质发展，推动义务教育优质均衡发展和城乡一体化”[④]的方向。**加大教育投入，优化资源配置。**为了把教育这块“蛋糕”做大、分好，习近平总书记花费了大量精力，提出了许多管用的实招。他提出：“要优化教育资源配置，逐步缩小区域、城乡、校际差距，特别是要加大对革命老区、民族地区、边远地区、贫困地区基础教育的投入力度，保障贫困地区办学经费，健全家庭

---

① 习近平：《高举中国特色社会主义伟大旗帜 为全面建设社会主义现代化国家而团结奋斗——在中国共产党第二十次全国代表大会上的报告》，人民出版社2022年版，第34页。

② 习近平：《决胜全面建成小康社会 夺取新时代中国特色社会主义伟大胜利——在中国共产党第十九次全国代表大会上的报告》，人民出版社2017年版，第46页。

③ 习近平：《扎实推动教育强国建设》，《求是》2023年第18期。

④ 习近平：《扎实推动教育强国建设》，《求是》2023年第18期。

困难学生资助体系。”[①]在开展具体工作的过程中，要扩大基本公共教育服务的覆盖面，重视农村义务教育，推动城乡义务教育一体化发展，同时利用好教育信息化这一先进手段。习近平总书记指出：“我们将通过教育信息化，逐步缩小区域、城乡数字差距，大力促进教育公平，让亿万孩子同在蓝天下共享优质教育、通过知识改变命运。”[②]习近平总书记提出的许多政策举措，都是基于全面而又深刻的调查，他曾在全国“两会”期间专门提到四川凉山彝族自治州的“悬崖村”，持续关注当地教育条件改善的情况，也曾奔赴西部革命老区的希望小学，实地考察办学情况。

教育资源不平衡的问题，事关人民群众的教育获得感，习近平总书记始终坚持以人民为中心的发展理念，努力破解关键难题，以深切的人民情怀和科学的战略思维，为新时代破题教育资源不平衡提供了根本遵循，让做大、分好教育“蛋糕”这一艰巨任务，有了可靠有效的方法手段。

延伸阅读

“悬崖村”教育之变

大山间的钢梯（图源：昭觉县人民政府网站）

2017年3月8日，中共中央总书记习近平在参加十二届全国人大五次会议四川代表团审议时，特别提到了凉山彝族自治州昭觉县的“悬崖村”，为孩子们教育条件和出行安全感到揪心。“悬崖村”距昭觉县城72公里，辖4个农牧服务

① 《全面贯彻落实党的教育方针 努力把我国基础教育越办越好》，《人民日报》2016年9月10日。

② 《习近平致国际教育信息化大会的贺信》，《人民日报》2015年5月24日。

社，最高海拔2300米，最低海拔628米，该村勒尔社坐落在悬崖之上，上山需要攀爬17条藤梯，落差达800米，“悬崖村”因悬崖壁立而得名，两百多年来居住在此的彝族同胞以藤梯与外界保持联系。中央、省、州高度重视“悬崖村”脱贫攻坚工作，昭觉县以习近平新时代扶贫开发战略思想为统揽，狠下“绣花”功夫，在解决出行难、上学难、生活难、增收难等具体问题上发力，推动“悬崖村”实现了大变化。近年来，“悬崖村”把教育作为脱贫奔康的治本之策，切实阻断贫困代际传递。实施“一村一幼”“一社一幼”建设，山上山下分别设立幼教点、幼儿班，山上29名小孩在家门口就可接受学前双语教育；投资1351.39万元，将学校改扩建成能容纳400人的全寄宿制村小，新建钢架结构教学楼2300余平方米、钢架结构学生宿舍楼及食堂1700余平方米、校园运动场硬化600平方米、绿化600平方米；村小实行全寄宿制封闭式管理，每生每年补助4500元，确保寄宿学生吃得饱、学得好。目前，“悬崖村”及邻近村458名学生在村小就读，各年级去年春季学期语文、数学平均分较“走读”时均提升了10分到20分不等。每年都有4名来自公益机构的爱心支教老师在村小支教。

（来源：《“悬崖村”：一个“云端上的小康村”》，《凉山日报》2018年2月13日）

努力让每个孩子都能享有公平而有质量的教育

“山里的孩子一个都不能掉队”“不能让贫困家庭的孩子输在起跑线上”“努力让每个孩子享有受教育的机会”，这是庄严的承诺，也是奋进的方向。为了实现这个目标，“特岗计划”“公费师范生计划”“乡村教师支持计划”……一系列专项计划向乡村及贫困地区倾斜。党的十八大以来，中央财政累计投入779亿元，为中西部地区乡村学校补充103万名教师，覆盖了中西部地区22个省份的1000多个县、3万多所学校。一位又一位像张桂梅一样的燃灯人选择主动扎根到条件艰苦的偏远山区，到祖国需要的地方去，点亮乡村孩子的心灵，用知识改变贫困山区孩子命运，用教育阻断贫困代际传递。以习近平同志为核心的党中央始终把教育摆在优先发展的战略位置，国家财政性教育经费优先向农村地区、边疆民族地区、革命老区、边远贫困地区教育发展倾斜，城乡义务教育一体化稳步推进，区域、城乡、校际差距逐步缩小，高校招生持续向中西部和农村地区倾斜，学生资助制度不断健全，一幅学有所教、人人出彩的“教育画卷”灿然展开。

改善薄弱学校办学条件，缩小区域之间教育差距。党的十八大以来，国家先后实施义务教育“全面改薄”、乡村小规模学校和乡镇寄宿制学校建设、义务教育薄弱环节改善与能力提升等工程项目，创造良好的教学、文化、生活环境，重点加强农村学校建设，99.8%的学校办学条件达到基本要求。相比10年前，生均教学用房面积提升了1/3，生均仪器设备数量增长了两倍，互联网接入率从25%提升至近100%，大班额、大通铺等问题基本解决。此外，全国中小学（含教学点）联网率达100%，未联网学校实现动态清零，国家数字教育资源公共服务体系已将32个省级平台全部接入，教育信息化水平大幅提高。

推进师资配置均衡化，缩小校际办学质量差距。党的十八大以来，国家以推进师资配置均衡化为重点，加快缩小校际办学质量差距，完善交流轮岗保障与激励机制，加快推动县域内校际师资均衡配置，完善集团化办学和学区制管理办法及运行机制，加快实现集团内、学区内校际优质均衡。2021年，中西部欠发达地区优秀教师定向培养计划启动实施，每年将为脱贫县及中西部陆地边境县中小学校培养1万名左右师范生。2022

基础设施全面“提档升级”，学生正在崭新的微机室上3D打印课

年，义务教育巩固率达95.5%，资源配置、人员构成有了巨大提升，师生结构不断优化，教师质量有所提升。全国共有普通小学14.91万所，在校生1.07亿人，专任教师662.94万人，学历合格率99.99%，其中专科及以上学历比例为98.9%；共有初中5.25万所，在校生5120.6万人，专任教师402.52万人，学历合格率99.94%，其中本科及以上学历比例为91.71%。

落实教育均衡发展政策，全面保障教育优质发展。党的十八大以来，我们党践行以人民为中心的发展思想，将教育发展成果更多更公平地惠及全体人民，我国基础教育发生了格局性变化，取得了历史性成就。教育公平改革成果在基础教育阶段最为突出，截至2021年底，我国已建档立卡辍学学生实现动态清零，全国2895个县全部实现义务教育基本均衡，建立以政府为主导、学校和社会积极参与的学生资助政策体系，普惠性幼儿园在园幼儿比例达87.8%，实施“两为主、两纳入、以居住证为主要依据”进城务工人员随迁子女入学政策，实施国家支援中西部地区招生协作计划，农村深入实施义务教育学生营养改善计划。从全面普及到优质均衡，我国教育改革向着公平而有质量的目标大步迈进。

在我们这样一个幅员辽阔、人口众多的国家，推进教育事业是一项艰巨复杂的系统工程，但在中国共产党的领导下，我们已经取得了显著的进步，也摸索出一些适合我国社会实际的经验。面向未来，教育资源不均衡的问题仍需继续破题，我们要以更加公平均衡的教育资源分配促进教育现代化，走好教育强国建设的历史新征程，奋力开拓教育强国建设新局面，为中国式现代化提供强有力的支撑。

优化教育经费投入，提高经费保障水平。充分发挥教育经费保障教育发展、推动教育改革、推进教育公平、提高教育质量的政策引领作用。在全面落实教育经费“两个只增不减”要求的基础上，探索教育经费差异化补偿机制。要充分考虑农村地区尤其是偏远地区距离主城区较远，教师交流轮岗、外出培训等花费的时间成本和经济成本比城镇学校高的问题。再根据距离远近、交通便利程度等指标对教师进行差异化补偿，最大限度地减少因地理区隔所导致的城乡交流阻碍。

加快教育信息化建设，推动资源均衡分配。随着信息化、数字化、智能化的加快发展，教育信息化成为当前教育改革的重要着力点。在未来推进教育均衡发展过程中，必须充分发挥教育信息化对教育资源均衡分配的促进作用，通过推进教育新基建实现教育资源配置生态转换，构建基于信息化、数字化、智能化的学校管理体系和教学服务体系，不断完善教育优质均衡发展的支撑性条件。

强化教育公平监管，保障资源分配秩序。发挥教育公平监管对教育资源公平分配的保障作用，完善相关政策法规，明确教育资源的分配原则和标准。政府应当根据教育资源的需求和社会公平的原则，制定合理的政策法规，确保资源的公平分配，避免不合理或偏颇的资源配置。

加强师资队伍建设，实现师资均衡配置。以推进师资配置均衡化为重点，加快缩小校际办学质量差距。在师资培养方面，落实乡村教师公费定向培养招生计划等招生培养政策，定点向教育资源落后地区输送高质量教育人才，弥补师资队伍差距。在师资流动方面，实施教师有序交流轮岗行动计划，完善交流轮岗保障与激励机制，加快推动县域内校际师资均衡配置。完善集团化办学和学区制管理办法及运行机制，加快实现集团内、学区内校际优质均衡发展。科学设计教师交流轮岗起止年限，充分考虑学科等教育规律性因素以及教师职业倦怠等职业特点，提高教师轮岗制度科学性、可行性。

延伸阅读

宁夏加快教育信息化建设
推动教育优质均衡发展

宁夏回族自治区坚持以习近平新时代中国特色社会主义思想为指导，全面贯彻党的教育方针，落实立德树人根本任务，以“互联网+教育”示范区建设为契机，着力推动教育理念更新、模式变革、体系完善，加快教育高质量发展，努力办好人民满意的教育。

建好数字平台基座，促进城乡一体化发展。通过统谈统付、以租代建等方式，推进教育专网建设，形成1个省级核心节点、28个市县枢纽节点专网体系，自治区各学校互联网200M以上带宽接入率、无线网络覆盖率均达到100%。制定教育大数据、平台接入等技术标准，推动教育类平台互联、数据互通、应用协同。建设宁夏教育云，注册用户达269万，覆盖教职员工、学生、家长等，实现知识生产、资源共享、学习支持、监测评价、管理决策等全过程服务。整合汇聚4800万件优质数字教育资源，覆盖基础教育全学段各学科，确保优质资源全域全员共享。为全区中小学校配齐数字黑板、教学一体机等智能教学设备，推动专递课堂、名师课堂、名校网络课堂等常态化按需应用；推动区内城乡学校结对帮扶，与区外优质学校跨省互助，开展远程同步备课、同步授课、同步教研，有效缓解农村学校英语、音体美教师结构性短缺等问题。

深化教育教学改革，拓展数字化育人资源。改革教学模式，把人工智能、虚拟现实、智能感知等新技术引入课堂，创设体验式、沉浸式教学情境，开展线上线下混合式教学，实现课堂教学从单向到互动、从平面到立体、从传统到智能的变革升级。转变学习方式，建设宁夏数字学校，普及网络学习空间，开通1100余所“云上学校”，集聚3000余名教师，上线6500余节同步教学课程，开展网络教学、在线辅导。创新教研形式，开通1300余个课程社区，组建600余个名师网络工作室，常态化开展网络教研、联片教研、协作教研等活动，有力推动教研工作提质增效，进一步提升教师专业能力。

（来源：中华人民共和国教育部网站）

6

如何解决高校毕业生就业难问题？

2023年“春招”期间，“什么原因导致大学生就业难”这一词条冲上热搜，吸引大量年轻人，尤其是高校毕业生的关注。不到一天的时间里，词条的阅读次数快速升至3216.4万，引发广泛讨论。近年来，我国高校毕业生数量连年增长，自2022届突破千万后，2023届更是再创新高，约达1158万。高校毕业生群体数量的激增为社会发展提供了充足的人力资源，但也在一定程度上激化了市场就业岗位与毕业生就业需求之间的供需矛

盾，毕业生就业难、难就业的问题更加凸显。2021年，中国青年网校园通讯社曾面向5762名在校大学生开展关于就业的问卷调查，结果显示：近八成大学生认为现在就业难，超八成希望找对口专业工作。面对不断扩大的毕业生规模，面对年轻人找对口工作、找好工作的迫切需求，如何解决好高校毕业生就业难问题，如何写好千万毕业生“就业答卷”，是摆在我们面前亟须解决的现实问题。

党的二十大报告指出，在新时代赶考路上要促进高质量充分就业，这就需要着力解决“高校毕业生就业难”这一极为复杂却又万分重要的问题。**所谓“难”，在于难以提升的就业率**。近年来，包括“985”“211”“双一流”在内的多数高校都面临着就业率走低的问题。2023年全国高校毕业生规模达1158万人，而根据国家统计局公布的数据，全国就业率为78.5%，这意味着仍有超过20%的劳动力无法获得就业机会。**所谓“难”，在于难以匹配的就业岗位**。“工作一般都能找到，难在找不到满意的工作”“学的专业和做的工作没有关系”，这是目前许多高校毕业生的共同感受。毕业生找不到适合的工作，用人单位需求与毕业生求职意愿不完全适应、不完全匹配，使得就业难度居高不下。**所谓“难”，在于愈发激烈的就业竞争**。随着高等教育的普及，高学历高层次人才越来越多，他们在促进各行业发展进步的同时，也加重了“内卷”现象。2024年国考计划招录2.6万名应届高校毕业生，报名首日就有超11万人提交申请，这种“内卷”背后其实是极为激烈的就业竞争和艰难的职业发展。**所谓“难”，在于不均衡的就业情况**。根据各类研究数据，多数高校毕业生在就业地选择上，偏向于北京、上海、广州、深圳等经济较发达的一线城市，而西部偏远地区关注人数较少；在就业单位选择上，越来越多的毕业生选择政府部门、国有企事业单位、上市公司，较少有人选择民营私企等小微企业。无论是何种不均衡的就业问题，都是更充分更高质量就业道路上的“挡路石”。

仔细思考“就业难”背后的原因，**高校“培养”体系的不健全是首要**

因素。不久前，多名科学家、企业家联合署名，呼吁重视改变工程人才培养中的“工科理科化”现象，其典型特征是用理论科学的方法解决工程问题，重视论文发表，忽视实践创新。这种现象其实不仅出现在工科领域，它广泛存在于高等教育管理体系当中。自2012年教育部提出“内涵式发展”以来，我国高等教育体制虽不断改革，但仍未完全跳出传统“填鸭式”“死记硬背”的人才培养模式。教育体制改革的不深入，造成纯理论型人才培养过多、应用型人才培养不足的教育结构失衡情况。**市场“招工”体制的不科学是关键因素**。随着高校毕业生人数的逐年增多，用人单位成为就业市场当中的主动方。面对摆在面前的众多简历，各大单位在人才选择和聘用上盲目追求高学历。高职高专毕业生可以胜任的工作要招本科生，本科生能胜任的工作要招研究生，造成了“人才资源高消费”和学历歧视问题，提高了毕业生就业的难度。**供需双方“找工”理念的不合理是重要因素**。一方面，当前在高校毕业生群体当中兴起了“慢就业”之风，毕业生为了寻找薪资待遇更高、更适合自己的工作，放缓求职步伐，推迟了就业时间。另一方面，用人单位普遍认为高校学生有理论、无实践，需要花费时间和金钱进行培训，不能带来“现时利益”，为了减少成本，就不再为高校毕业生提供岗位或是采取降低薪资水平等措施。广大毕业生是新时代青年，他们承担着强国建设、民族复兴的艰巨任务。如何实现高校毕业生的高质量就业是关乎新时代青年成长成才、关乎人民幸福的关键之问与迫切之问。

促进高质量充分就业

就业是民生之本，中国共产党始终把就业作为最大的民生工程、民心工程、根基工程，把推进高校毕业生高质量充分就业作为重要的使命任务。新时代十年，从2013年的天津之行，专程调研大学生就业问题，到2022年的四川考察，仔细察看就业数据，解决好高校毕业生这一重点群体的就业问题，支持帮助青年学子迈好走向社会的第一步，始终被习近平总书记挂念心间。“现场来了哪些企业？提供哪些岗位？学生就业情况如何？”总书记坚持用温暖的语言和具体的行动让“我们对高校毕业生就业问题特别关心”这份承诺掷地有声。

促进高校毕业生就业是我国持续推进“稳就业”的重中之重。**如何保障高校毕业生就业？**习近平总书记提出“注重高校毕业生就业工作”①，“切实做好以高校毕业生为重点的青年就业工作”②，“千方百计帮助高校毕业生就业”③，“要强化就业创业服务体系建设，支持帮助学生们迈好走向社会的第一步”④，强调要提供全方位公共就业服务，促进高校毕业生等青年群体多渠道就业创业。**如何实现更充分、更高质量就业？**总书记要求“进一步挖掘岗位资源，做实做细就业指导服务，学校、企业和有关部门要抓好学生就业签约落实工作，尤其要把脱贫家庭、低保家庭、零就业家庭以及有残疾的、较长时间未就业的高校毕业生作为重点帮扶对象”⑤，“统筹做好毕业、招聘、考录等相关工作，让他们顺利毕业、尽早就业”⑥，要求构建全方位一体化的精准就业服务体系，做学生满意的民生工作。**如何树立正确就业观？**总书记勉励广大青年，“志存高远、脚踏实地，转变择业观念，坚持从实际出发，勇于到基层一线和艰苦地方去，把人生的路一步步走稳走实，善于在平凡的岗位上创造不平凡的业绩”⑦，鼓

---

① 《习近平关于统筹疫情防控和经济社会发展重要论述选编》，中央文献出版社2020年版，第85页。
② 《习近平的小康情怀》，人民出版社、新华出版社2022年版，第289页。
③ 《习近平书信选集》(第一卷)，中央文献出版社2022年版，第286页。
④ 《习近平关于青少年和共青团工作论述摘编》，中央文献出版社2017年版，第101页。
⑤ 《深入贯彻新发展理念主动融入新发展格局 在新的征程上奋力谱写四川发展新篇章》，《人民日报》2022年6月10日。
⑥ 《习近平关于统筹疫情防控和经济社会发展重要论述选编》，中央文献出版社2020年版，第85页。
⑦ 《习近平总书记系列重要讲话读本》，学习出版社、人民出版社2014年版，第114页。

励广大毕业生“到基层和人民中去建功立业，让青春之花绽放在祖国最需要的地方”[1]，以青春之名在择业中践行家国情怀，在就业中实现远大理想。

从南到北，从春夏到秋冬，习近平总书记脚步不停止、关注不停歇，走进企业问新入职大学生：“收入怎么样？来这里工作满意吗？”走进高校问应届毕业生：“都是学什么专业的？想去哪里工作？”走进边疆问“90后”大学生村官：“将来留在这里吗？”总书记在基层调研和与大学生的交谈中关于促进高质量充分就业的论述，体现了“就业是最大的民生”的根本遵循，彰显了以人民为中心的发展思想，为解决高校毕业生“就业难”提供了旗帜方向和科学方案。

延伸阅读

“我们对高校毕业生就业问题特别关心”

宜宾学院招聘会现场（罗顺 拍摄）

一枝一叶总关情，一点一滴践初心。细看数据、悉心询问、强调重点……2022年6月正在四川考察的习近平总书记来到宜宾学院，实地考察高校毕业生就业工作。校内电子屏幕上，展示着宜宾学院毕业生去向落实率的柱状图，总书记仔细察看，反复询问具体数据。“就业数据要扎扎实实，反映真实情况。”他严肃指出，“现在有些学校为了追求高就业率，弄虚作假，搞‘拉郎配’，签了再说。这样不行，不能糊弄上级部门，更不能糊弄

① 《习近平书信选集》（第一卷），中央文献出版社2022年版，第34页。

学生。”在宜宾学院求实会堂内，现场来了哪些企业？提供哪些岗位？学生就业情况如何？总书记详细询问企业招工需求和毕业生签约率等情况。总书记强调，当前正是高校毕业生就业的关键阶段，要进一步挖掘岗位资源，做实做细就业指导服务，学校、企业和有关部门要抓好学生就业签约落实工作，尤其要把脱贫家庭、低保家庭、零就业家庭以及有残疾的、较长时间未就业的高校毕业生作为重点帮扶对象。

（来源：《温暖的瞬间｜“我们对高校毕业生就业问题特别关心”》，新华社2022年7月28日）

为青年就业创业铺路搭桥

“这个学生很自律，你真的可以考虑！”

“我们的学生学习能力很强，综合素养很高。”

“如果错过了这个学生，你真的会后悔！”

2023年2月，浙江理工大学经管学院的党委副书记李孝明带领两名辅导员亮相直播间，尝试“直播带人”。几位老师在直播会场拿着学生的简历，向用人单位推荐优秀学生，亲自为学生代言。观看直播的毕业生们还可以现场投递简历，开启了一场“空中双选会”。每一声用力的宣传都致力于为应届毕业生成功就业增加一份可能，每一次用情的指导都旨在为广大青年的人生选择多提供一个方向。一直以来，党和国家坚持落实落细就业优先政策，把高校毕业生就业作为稳就业的重中之重，为解决就业难之问，为着力做好保障和改善民生的头等大事，进行了不懈的探索和奋斗。

拓展就业空间，保障青年“就好业”。为保障高校毕业生实现更充分更高质量就业，我国全面推动补贴落地，积极“访企拓岗”，精准有效实施减负稳岗扩就业各项政策措施。2023年，全国工商联会同教育部、人力资源社会保障部共同启动“百城万企”民企高校携手促就业行动，组织1万家以上民营企业在100个以上高校集中的城市举办专场招聘活动。据不完全统计，共有10.2万家民营企业在155个城市参与线上线下活动，提供岗位信息222.5万条，为高校毕业生提供更多就业选择。

优化就业服务，保证青年“就好业”。高校毕业生是国家宝贵的人才资源，是就业工作所服务的重要群体。一直以来，我国不断健全就业指导服务体系，不断强化就业育人实效。2022年，教育部主导打造了24小时365天“全时化、智能化”的“国家24365大学生就业服务平台”，为毕业生和用人单位提供更优质的“互联网+就业”服务。2023年寒假期间，平台推出“重点领域企业高校毕业生网络招聘会”“‘同心共筑’联合网络招聘会暨少数民族毕业生专场”等10场次全国性专场招聘活动。截至2月19日，参会用人单位超过9900家，提供岗位信息55万余条。

国家24365大学生就业服务平台

拓宽基层天地，注入青春“新力量”。基层一线是吸纳高校毕业生就业的重要渠道。党的十八大以来，我国推出了“特岗计划”、“三支一扶”计划、“西部计划”等一系列基层就业项目，并不断做好相应保障工作。2023年中央财政拟支持基层服务项目招募10万余名高校毕业生。一些省市还结合实际，在中央下达名额基础上适当扩大招募规模，31个省区市和新疆生产建设兵团实际发布“三支一扶”招募名额4.31万人，“西部计划”地方项目预计实施规模将超4万人，吸纳更多毕业生到基层服务，极大缓解就业难的压力。

创新工作方式，激发就业“新活力”。2022年“双十一购物狂欢节”

广西“招聘夜市”现场（李汶峰　拍摄）

期间，在教育部学生服务与素质发展中心指导下，阿里巴巴与生态商家共同发起了“天猫双11招聘季”，60万个就业岗位作为限定商品上架，其中的“大学生专场”共发布4.26万个校招岗位。与此同时，各地开展不同形式就业助力工作，例如广西启动“招聘夜市”，让招聘企业“摆摊”亮岗，求职者“逛街”择业，给求职增添了一种工作时间外沟通的轻松感，打造出“人才经济”与“夜市经济”双轮驱动模式，实现了就业、创业和经济的良性互动。以新颖的工作方式，为参会企业及人才架起沟通桥梁，为毕业生提供更多岗位资源。

教育部数据显示，2022年，全国高校毕业生人数首次破千万。2023年，全国高校毕业生规模预计1158万人，同比增加82万人，再创新高。而在2000年，全国高校毕业生人数仅为100.9万人，20多年间实现超10倍增长，让毕业生就业“卷”出新高度。大学生就业关系民生福祉、经济发展和国家未来，解决高校毕业生就业之难题是企业、高校乃至全社会的共同责任。未来，继续解决高校毕业生就业难，要以贴合学生实际为基本要求，多措并举赢实效。

深化教育改革，推进“人才培养”有力度。解决高校毕业生“就业难”的问题，首先要改变社会关于大学生“有理论、无实践”的认知。一方面高校要主动出击，洞悉市场新需求，紧抓就业新形势，及时调整人才培养方案，加强职业生涯教育，避免“体内循环”“闭门造车”现象。另一方面高校要积极作为，采取校企合作、订单式培养、定向式培训等模式，使高校人才培养与用人单位需求之间无缝对接，推动创新链、产业链、人才链、教育链融合发展，提高求职就业效率。

丰富就业渠道，推进“高质量充分就业”有深度。积极开展“校园招聘月”“就业促进周”等岗位开拓和供需对接系列活动，大力拓宽市场化社会化就业渠道。积极探索“人才夜市”“就业集市”等线下招聘活动，积极组织“云招聘”“直播带人”等互联网求职活动，以创新思维解决就业难题，以数字化赋能就业发展，为毕业生提供更多岗位资源。积极宣传“三支一扶”、农村特岗教师、大学生志愿服务西部计划等基层岗位信息，为促进高质量充分就业注入青春力量。

优化就业手续，推进“改革发展”有精度。各部门各单位要把“深化‘放管服’改革”落实到高校毕业生就业工作当中，坚决落实取消就业报到证、健全毕业去向登记制度、规范档案转递等方面的新举措，推广使用全国高校毕业生网上签约与毕业去向登记平台，实现求职、签约、登记、查询、反馈等“一站式”线上办理，改善求职就业手续和流程，减轻因高求职成本而造成的“慢就业”“懒就业”现象，为毕业生就业提供最大便利。

健全就业体系，推进“民生服务”有温度。完善担保贷款及贴息、税收优惠、创业补贴等政策，提供产业培训、项目推介、孵化服务等“一条龙”服务，确保创业支持“不断线”。抓住重点群体，为脱贫家庭、低保家庭、零就业家庭高校毕业生，以及残疾高校毕业生和长期失业高校毕业生提供“一人一档”“一人一策”精准服务，确保就业保障“不断线”。以就业服务“不断线”织密织牢高校毕业生就业服务保障网，以高质量充分就业持续增进民生福祉。

延伸阅读

打call新科技：西安高新区再掀双创新格局

作为西安“双创”的领军者，高新区创业园不断深挖在孵企业、孵化机构、创业企业招聘需求，多次走进西安交通大学、西北工业大学、陕西科技大学、西安工程大学、西北大学助企揽才觅人，并积极开办线上、线下联动的“人才夜市”“人才集市”等系列活动，为参会企业及人才架起沟通桥梁，让企业招聘到合适的人才，也让相当一部分年轻人在创业企业实现就业梦想。

“不仅是嘉会坊，西安高新区创业园共有16个孵化基地，总面积超过150万平方米，一大批科技型中小微企业借助于科技创新创业平台茁壮成长，一大批人才通过创新创业平台实现了创业梦就业梦。”西安高新区创业园负责人表示，多年来这些孵化基地累计为社会提供就业岗位3万余个，其中给高校毕业生创造的就业岗位已达上万个之多，为实现六稳六保贡献了高新力量。

面对企业和人才之间的需求不对等的难题，创业园摸索出了一套行之有效的方法。创业园在系统化梳理企业用人需求的基础上，做出三点努力：一是凭借高新品牌，企业组团前往高校招聘；二是加强输出强度、破除信息壁垒；三是加强校企互动，立足长远成效。通过这套“组合拳”，高新区60家生物医药企业与西安交通大学、西北大学、西北工业大学、西安电子科技大学、陕西科技大学、陕西中医药大学等数十所院校建立合作关系，吸引广大实习生到辖区生物医药企业进行校外实践，为毕业生提供了1700余个岗位。

（来源：《让高校毕业生高质量就业，西安高新区创业园放大招！》，看见高新2022年7月13日）

7

如何解决社会养老服务不健全问题？

2019年的央视春晚上，蔡明、潘长江、葛优等表演的小品《“儿子”来了》，从老人花8000元购买“养生床垫”开篇，反映了不法分子利用亲情手段欺骗老年人，诱其购买巨额养生器材和保健品来牟取暴利的现实。葛优饰演的保健品销售员，极力鼓吹自己的产品包治百病，为了把产品推销出去，他大打亲情牌，喊蔡明“妈妈”，叫潘长江“爸爸”。蔡明和潘长江饰演的

老年夫妻在其“糖衣炮弹”的引诱下丧失了理智，对骗子深信不疑，除去购买了8000元的保健床垫外，还准备购买18万元的“太空舱”，并险些被骗走房产证。小品虽幽默，却是我国社会热点问题的微缩，不仅提醒儿女们要经常陪伴父母，给予父母精神和生活上的关爱，还映射了当前我国社会养老服务不够健全的问题。然而，满足老百姓对社会养老服务的新期待、新要求与推动构建更高水平、更高质量的社会养老服务都需久久为功。

党的十八大以来，各级民政部门胸怀“国之大者”，站在党和国家战略全局高度谋划和推进养老服务各项工作，聚焦解决亿万老年人“急难愁盼”问题，推动居家社区机构相协调、医养康养相结合的中国特色养老服务体系日趋成熟定型，努力让亿万老年人期待的美好生活成为现实。但伴随老龄化现象日趋严重、空巢老人养老需求激增，社会养老服务不够健全的问题，仍是国家治理体系和治理能力现代化全局中加快推进养老服务高质量发展必须攻克的难关。

那么，亿万老年人的“急难愁盼”问题具体体现在何处？**农村养老资源较为短缺**。目前，我国的养老公共服务供给在规划安排、资源配置、制度建设等方面存在重城市而轻农村的特点。相对于城市机构养老、社区养老、以房养老等多样化的养老路径选择，多数农村老年人还主要依靠家庭养老、邻里照料及土地养老，养老资源相对匮乏，有限的养老资源配置也呈现碎片化、分散化的状况，大大削弱了养老服务的可及性。**养老机构护理床位不足**。《北京市深入推进医养结合发展的实施方案》明确，到2022年，本市养老机构护理型床位占比不低于50%。这从侧面说明两个问题：一是护理型床位不能满足现实状况的需要，需要国家出台相关政策进行引导；二是未来新增床位的重点之一在于护理型床位的新增。**空巢失能老人无处可去**。空巢老人的起居生活一般只能依靠自己，并且只有身心健康的空巢老人才可以自理起居生活。一些身体状况欠佳的空巢老人，在起居生活的自理上存在着一定的难度；那些完全丧失生活自理能力的独居老人，更是难以照顾自己的起居生活。**专业养老服务人才匮乏**。按照我国失能老人与护理员4∶1的配置标准推算，我国至少需要200多万名护理员。然而，截至2021年底，全国现有养老护理从业人员仅50万。养老人才培养体系不健全、职业发展空间有限、社会地位低等原因，导致我国养老专业化人才严重匮乏，养老行业面临招人难、留人难、发展难的困境。

那么，社会养老服务滞后的原因是什么呢？**社会养老服务供需不平衡**。据预测，到2035年左右，我国60岁及以上老年人口将突破4亿，在总人口中的占比将超过30%。届时，我国平均每3人中就至少有1人是老年人。中国倡导的多元主体与多元服务的社会养老服务政策不断推进，但社会养老服务的发展却始终面临供需不适配的现实困境。**社会力量有效参与度不足**。虽然近几年来政府持续鼓励和扶持社会力量进入养老服务领域，但民办的养老机构运营依然面临用地、融资、运营、用人等困难，难以真正为社会养老服务提供有效的供给。**医养结合存在结构性失衡**。当前医疗卫生与养老服务并未实现完全衔接，医养结合服务质量不够高。在需求方面，现存的医养分离模式无法满足部分不能自理与年龄较高老人及时就诊的需求。而供给方面，老年人迫切需要的医疗诊治、保健护理和日常生活照料结合不紧密，居家和社区养老服务不健全、养老机构内设医疗设施功能不完善。**社区居家养老服务发展受限**。社区因自筹经费能力不强，基本依靠财政拨款，所以资金有限。一些社区服务站点因缺乏后续资金和人员，为居家老年人提供的养老服务内容单一，不能满足老年人多样化的养老需求。因此，解决老年人“急难愁盼”问题、不断健全社会养老服务，是实现老年人幸福生活的重要保障。

推动实现全体老年人享有基本养老服务

最美不过夕阳红。温馨的环境，安详的生活，需要将养老服务保障

幸福院里的笑声（王泽斌 拍摄）

工作做实做细，让千千万万老年人老有所养、老有所依、老有所乐、老有所安。民生无小事，养老服务更无小事。“老有所养”是习近平总书记时刻牵挂的民生大事。“提高养老院服务质量，关系2亿多老年人口特别是4000多万失能半失能老年人的晚年幸福，也关系他们子女工作生活，是涉及人民生活质量的大事。”[①]2023年春节前夕，习近平总书记在视频连线看望慰问基层干部群众时指出，“尊老爱老是中华民族的优良传统和美德。一个社会幸福不幸福，很重要的是看老年人幸福不幸福”[②]。近年来我国综合国力不断发展提升，为我们“实施积极应对人口老龄化国家战略，发展养老事业和养老产业，优化孤寡老人服务，推动实现全体老年人享有基本养老服务”[③]奠定了雄厚的物质基础。

① 《习近平主持召开中央财经领导小组第十四次会议》，新华社2016年12月21日。

② 习近平：《向全国各族人民致以新春的美好祝福 祝各族人民幸福安康 祝愿伟大祖国繁荣昌盛》，《人民日报》2023年1月19日。

③ 习近平：《高举中国特色社会主义伟大旗帜 为全面建设社会主义现代化国家而团结奋斗——在中国共产党第二十次全国代表大会上的报告》，人民出版社2022年版，第49页。

党的十八大以来，习近平总书记在应对人口老龄化、构建养老服务体系方面作出一系列重要部署。**怎么全面认识人口老龄化发展趋势？**总书记心怀家国、初心如一，阐明认识老龄工作“事关国家发展全局，事关亿万百姓福祉”[①]，要求积极创造条件让老年人坐上“发展的快车”，“共享改革发展成果、安享幸福晚年”[②]。**怎么落实养老保障措施？**总书记高瞻远瞩、细心谋划，强调“要完善养老和医疗保险制度，落实支持养老服务业发展、促进医疗卫生和养老服务融合发展的政策措施”[③]，也“要通过清单的形式，为各级政府履职尽责和老年人享有相应权利提供明确依据，政府做到承诺必达，老年人实现‘照单点菜’”[④]。**怎么构建养老服务体系？**总书记善解民忧、善谋全局，强调“要推动养老事业和养老产业协同发展，发展普惠型养老服务，完善社区居家养老服务网络，构建居家社区机构相协调、医养康养相结合的养老服务体系”[⑤]。**怎么推进养老服务高质量发展？**总书记关切现实、眷注民情，提出“要加大再分配力度，强化互助共济功能，把更多人纳入社会保障体系，为广大人民群众提供更可靠更充分的保障，不断满足人民群众多层次多样化需求，完善覆盖全民、统筹城乡、公平统一、可持续的多层次社会保障体系”[⑥]。

习近平总书记心怀“国之大者”，把解决好人民群众最直接、最关心的现实问题作为干事创业的出发点。习近平总书记关于养老服务工作的重要论述，符合我国人口老龄化国情和实际，揭示和遵循了我国社会养老服务发展的一般规律，为解决人民群众养老问题提供了科学方法和根本遵循。

---

① 《中共中央国务院关于加强新时代老龄工作的意见》，人民出版社2021年版，第1页。
② 《习近平关于尊重和保障人权论述摘编》，中央文献出版社2021年版，第132页。
③ 《习近平关于社会主义社会建设论述摘编》，中央文献出版社2017年版，第92页。
④ 《党的二十大报告辅导读本》，人民出版社2022年版，第446页。
⑤ 《习近平的小康情怀》，人民出版社、新华出版社2022年版，第352页。
⑥ 《习近平著作选读》（第二卷），人民出版社2023年版，第449页。

延伸阅读

守护“有福之州”的“幸福老人”

2023年1月18日，癸卯春节即将来临之际，习近平总书记在与福建省福州市社会福利院视频连线时指出，“尊老爱老是中华民族的优良传统和美德。一个社会幸福不幸福，很重要的是看老年人幸福不幸福。我国社会老龄化程度越来越高，一定要让老年人有一个幸福的晚年，要大力发展养老事业和养老产业，发展公办养老机构和普惠型养老服务，特别要强化对特困、低保、高龄、失能老年人的兜底保障。要适当组织开展文体活动，丰富老年人精神文化生活”。

在连线那天，刘小兰穿着红色羽绒服，戴着红围巾，坐在布置得“福气满满”的现场，心里头既紧张又高兴。“我跟总书记说我们老人在这里生活得很好、很幸福，请他放心。”回想起半年多前的一幕幕，刘小兰的心里暖暖的，“总书记对我们这么关心，真的很感动也很难忘。”参与连线的高鹤鸣老人也有同样的感受。“总书记说‘一个社会幸福不幸福，很重要的是看老年人幸福不幸福’，很幸运我们成为‘有福之州’的‘幸福老人’。”高鹤鸣说，他和妻子在福利院住了将近12个年头，感觉福利院“非常温馨，就像家一样”。

（来源：《跟着总书记看中国｜守护“有福之州”的“幸福老人”》，人民网2023年8月14日）

构建多层次养老服务格局，疏通养老服务最后一公里

党的十八大以来，以习近平同志为核心的党中央从国家发展全局和

亿万百姓的福祉出发，加强顶层设计和制度体系建设，密集出台一揽子政策措施，全国各地积极跟进，推动社会养老服务高质量发展驶入“快车道”。

社会养老保障覆盖更广，养老保障制度更加健全。截至2022年末，全国基本养老保险参保人数达到10.53亿人，参保率达到95%，实现全覆盖的发展目标。近年来，我国推进机关事业单位养老保险制度改革，建立统一的城乡居民基本养老保险制度，有力地促进了社会公平。在建立企业职工基本养老保险基金中央调剂制度的基础上，我国从2022年起实现企业职工基本养老保险全国统筹，有效解决各地区养老保险基金收支不平衡的问题。我国持续完善退休人员养老金待遇调整机制，提高退休人员养老金水平，其中企业退休人员人均养老金水平已超过3000元。我国建立个人养老金制度，于2022年11月在36个城市或地区先行实施，在多层次养老保障体系建设方面取得重大突破，有效满足了不同群体的多元化养老需要。

推动补足农村养老短板，养老服务均等化水平提高。农村老年人的养老需求具有自身的独特性，是亟待解决的民生不平衡不充分发展的问题之一。解决农村养老问题，需要大力倡导养老家庭化、社区化、专业化的服务模式。上海堰泾“幸福老人村”属于干部领导型互助养老模式，即村干部通过动员各种社会资源参与社会养老服务，并主导互助养老服务的运作过程。资金来源于各级政府财政补贴、村集体收入、社会慈善募捐等。“幸福老人村”在完整保留农村老宅原样结构的基础上，通过探索内部设施改造和功能植入，在市郊乡村建设一座“接地气”的养老社区。堰泾村的房屋设施，以农民宅基地使用权房屋为主，主创者将农民闲置下来的宅基地住房租用下来，按照日金折算，也为农村老人提供了一个增收途径。

积极打通医养结合难点，精准供给服务能力提升。近年来，广东省老年人口日益增长，针对庞大的养老需求，广东积极探索高质量满足不同老

养中有医，医中有养，医养结合新模式为群众幸福加码

年群体的多样化养老需求的发展路径。佛山市顺德区均安镇积极探索出“四个不离”的特色养老，打造基层医疗卫生机构“家门口”医养结合新模式，实现“养老不离社区、养老不离家门、养老不离医院、养老不离亲情”；江门市整合乡镇卫生院和养老机构，合二为一，将独居的困难老人纳入托管，组建家庭医生团队上门提供随访服务，开创了农村医养结合“两院一体”新模式；韶关四一九医院面向失能、失智及长年“带病生存”的老年人构建“医养一张床，全院一张床”医康护养整合照护模式。医养签约合作，医疗卫生服务延伸到“家门口”“社会门口”等多元模式加快发展，社会养老服务供给能力不断增强，服务质量不断提高。

居家、社区、机构共发力，建起社会养老新模式。在第一届北京养老服务行业发展四季青论坛中，北京市按照“培育一类主体，构建两种模式，实现全面覆盖”的总体思路，开展创新居家养老服务模式试点，实现机构养老向居家社区机构养老协调发展的战略转型，为全国居家养老服务的难点破解和工作创新提供了“北京方案”。首先，发挥社区养老的依托保障功能。社区养老是以老年人需求为导向加强社区建设，以社区养老为依托保障，给予老年人日间照料、生活护理以及精神慰养，以上门服务、社区日托、建立老年活动中心为主要形式，让老年人从家门口走到小区门口就能够享受到养老服务。其次，规范机构养老产业良性运行。在居家养老、社区养老和机构养老三种养老模式中，机构养老居于“补充”地位，其服务对象是能够入住机构的极少数老年人。为了满足各老年阶层个性化的需求，我们必须规范机构养老产业良性运行，弥补居家养老服务和社区养老服务的不足。

老人们在日间照料中心享受按摩服务（张健 拍摄）

党的十八大以来，我国养老服务制度框架不断完善，养老服务设施基本实现城乡全覆盖，社会化养老服务体系实现了“从无到有”的突破。但随着老龄化程度日益加深，全面构建社会养老服务、满足养老服务需求，仍然是我们未来很长一段时间努力的方向。

筑牢“全面保障”，发挥政府兜底线、保基本的主导作用。政府要落实兜底责任，全面发挥主导作用。建立更加完整的基本养老服务清单，统一纳入基本公共服务体系。在全国范围内普及全国统一的老年人能力评估标准，使各级政府部门科学掌握本辖区老年人的失能状况和护理需求。建立以农村空巢老人、留守老人为重点的定期探访制度，及时掌握老年人基本信息和养老服务需求，实现精准识别和有效供给。

推动“全老健康”，增强智慧养老助力医养康养的可及性。我们要兼顾数字素养程度不同的老年群体的需求，让数字素养高的老年人可以通过智能化通道获取智慧康养服务，也要进行“反向设计”，让数字素养低的老年人通过传统渠道获取服务，帮助老年人消除“数字化鸿沟”和“信息化壁垒”。医院可向老年患者推荐互联网医院平台，对接具有政府资质认定的智慧医疗服务或“互联网+护理服务”。贯彻落实《关于切实解决老年人运用智能技术困难实施方案的通知》，强化支付市场监管，加大对拒收现金、拒绝银行卡支付等歧视行为的整改整治力度，切实解决老年人运用智能技术困难。

立足"全民参与"，构建养老服务多元主体协同共治格局。这需要全体社会成员共同参与，打造共建、共治、共享的老年友好型社会，为提高老年人的社会参与水平提供政策支撑和良好的社会环境。党和政府、社会、家庭、个人等各方主体加强沟通协作，发挥多元主体联动协调优势。巩固家庭养老传统，完善家庭支持政策，鼓励不同年龄群体参与养老互助，实现老龄社会的代际和谐。

扩大养老服务人才供给，扎实推动"进得来""留得住"。要持续健全养老服务人才培养体系，扩大培养规模，形成高效的人才输送渠道。要在不同层次教育中拓展专业设置，全面覆盖养老机构管理、老年康复护理、康复用具研制等相关领域，扩大养老服务人才培养规模。通过加强校企合作、建设实训基地等方式推动相关人才培养。未来还应及时总结推广有效经验，出台相关激励政策，进一步挖掘社会力量在养老服务人才培养方面的潜力。

延伸阅读

"人民之城"理念绘出"幸福之城"画卷

"走，去食堂！"时至饭点，段峰招呼几个老伙伴一起走进了社区的食堂。

"每天这里面人都不少，有时候不想在家里做饭了，就会过来买点，像我们这样的老人还享受优惠呢。"今年70岁的段峰是河北雄安新区容东片区南文营社区的一名回迁群众，自打社区食堂开业，他也成了"老主顾"。

“红烧鲫鱼、肉片豆腐、西红柿炒鸡蛋、清炒菜花，4小份菜外加4个馒头，算上七五折的优惠，我们付14块钱就行。”一边说着，段峰一边把餐盘放到了桌子上，“这儿做的花样多，口味也不赖，挺好！”

2023年5月10日，习近平总书记赴河北雄安新区容东片区南文营社区考察。他先后来到社区党群服务中心和社区食堂。总书记强调，我一直牵挂着回迁群众，看到大家生活好，我很欣慰。建设好雄安新区，重要的是衔接好安居和乐业，让群众住得稳、过得安、有奔头。要同步推进城市治理现代化，从一开始就下好“绣花”功夫，积极推进基本公共服务均等化，构筑新时代宜业宜居的“人民之城”。离开前，总书记深情地对聚拢而来的群众说：“我在河北工作过，对河北有一份乡情。看到这里的群众生活好，我很高兴！”

（来源：《跟着总书记看中国｜“人民之城”理念绘出“幸福之城”画卷》，人民网2023年9月7日）

8

如何解决城市新市民、青年人住房问题？

2021年8月，在“努力实现全体人民住有所居”新闻发布会上，住房和城乡建设部有关负责同志指出，现在大城市有70%的新市民和青年人是靠租房来解决住的问题。然而，租金付得起的房子区位比较远，区位比较好的租金又比较贵，这成为新市民、青年人买不起房和租不好房的一个现实困难。“不是说愿意去市场上租房，是没得选。”一位26岁在民营企业工

作的已婚男士解释，首先买不起房，“起码现在买不起”，其次对于公租房，“政府（组织）的没资格申请，自己企业没有相关资源，集租房更是没听说过”。如此，部分青年人既无力买房也无法申请物美价廉的公租房，只能处于“夹心层”，把从市场渠道租房作为次优选择。青年人住房“夹心层”现象，折射出城市新市民和青年人的住房窘境，而解决住房问题，关乎人民群众生活质量的提高，关乎人民群众满足感、幸福感、获得感的提升。

伴随新型城镇化向纵深推进，越来越多的新市民与青年人来到城镇就业、生活，当前这个群体约有三亿人。新市民与包括应届、往届毕业生在内的青年人一道，为城市现代化建设注入新的活力、新的动能。但与此同时，新市民、青年人的住房问题几乎已成为大城市发展的“通病”。整体来看，目前新市民、青年人等群体的住房问题主要表现在以下几个方面。**租房质量参差不齐。**“一套40平方米的一室一厅能住8个人，90平方米的房更是有入住近30人的。”“蜗居”现实在我国多处上演，部分房东忽视租房质量盲目切割室内空间，导致租户在狭小空间内常常面临装修、消防、防盗等硬性条件不符合标准的情况。此外，部分小区的配套设施和服务跟不上租户的需求，带来不好的租房体验。**购房成本负担较重。**购房成本在大城市持续攀升，给新市民和青年人带来了巨大的压力。新市民和青年人难以承担高昂的房价和购房成本，因此，其刚性购房需求受到严重限制。**维权问题日益复杂。**租房市场中存在黑中介、假房源、二房东、合同不规范等现象，租户权益难获保障；部分已购房群体遇到楼体质量不过关、延期交房甚至暴雷烂尾等问题，导致其虽买房却未能妥善安家入住。

让老百姓住上更好的房子，为人民群众创造高品质的生活，是中国共产党和政府的重要责任。近年来，党牢牢抓住安居这个基点，将解决青年租房问题作为重要工作之一，加快建立多主体供给、多渠道保障、租购并举的住房制度。在新市民和青年人群体中，为何城市住房问题的关注度居高不下？**首先，住房供需结构失衡。**以人为核心的新型城镇化战略的实施，促进了农业转移人口的市民化，进城务工、创业的农村劳动人民迫切需要更为舒适的居住条件，以应届、往届毕业生为主要代表的青年人群体面临着毕业租房买房和就业选择的双重考验，而合适的住房资源供应量尚未满足新市民和青年人的自住需求。**其次，租赁体系失调**。解决青年租房难题，建立良好的租赁供给体系是关键。现阶段，在租房市场中，私房出租占比近50%，长租公寓占比21%。超过70%的青年群体主要靠市场渠道租房，青年租赁住房的多元供给趋势已经初步形成。然而市场具有极大的不确定性，一方面与掌握更多房源、议价能力更强的租房机构相比，青年人更易处于弱势地位；另一方面租房市场规模大、运行复杂、资金风险性大，对政府调控与监管提出了更高要求。**最后，住房存量向增量转化慢**。随着我国社会发展水平不断提高，住房矛盾正逐步从总量短缺向结构性供给不足过渡。据此，城市发展规划也由大规模增量建设转向存量提质改造和增量结构调整。但其转化进程仍在起步阶段，城市建设的品质和安全与人民群众在新时代新阶段对美好生活的向往不相适应。解决好城市住房问题中频频出现的痛点、难点，不仅是新市民、青年人对住有所居的迫切所盼，也是实现全体人民共同富裕的必然要求。

房子是用来住的、不是用来炒的

住房是民生之依，住房问题牵动着人民群众的切身利益和其对美好生活的追求与向往。习近平总书记在党的二十大报告中强调“坚持房子是用来住的、不是用来炒的定位，加快建立多主体供给、多渠道保障、租购并举的住房制度”[①]，主要传达了坚持“房住不炒”、实现“住有所居”的发

① 习近平：《高举中国特色社会主义伟大旗帜 为全面建设社会主义现代化国家而团结奋斗——在中国共产党第二十次全国代表大会上的报告》，人民出版社2022年版，第48页。

展目标，彰显了总书记对住房领域发展不平衡不充分问题的深刻洞察以及对人民群众基本住房需求的深度关切。

党的十八大以来，以习近平同志为核心的党中央高度重视人民群众的住房问题，在住房市场调控、发展住房保障事业等方面作出了一系列重要部署。**如何解决“没房住”难题?** 习近平总书记坚持治国有常，利民为本，强调“加快推进住房保障和供应体系建设，是满足群众基本住房需求、实现全体人民住有所居目标的重要任务，是促进社会公平正义、保证人民群众共享改革发展成果的必然要求”①，逐渐形成以公租房、保障性租赁住房、共有产权住房为主体的住房保障体系，同时“要处理好政府提供公共服务和市场化的关系、住房发展的经济功能和社会功能的关系、需要和可能的关系、住房保障和防止福利陷阱的关系”②。住房作为一种商品，要能够有效满足人民群众的社会需求。**如何跳出“买不起”困境?** 习近平总书记立足国家战略全局，把握好“从总量不足转向结构性矛盾”这一住房市场矛盾变化，提出“要从实际出发，综合运用金融、土地、财税、投资、立法等手段，加快研究建立符合国情、适应市场规律的基础性制度和长效机制，抑制房地产泡沫，防止出现大起大落”③，更好满足广大群众的刚性和改善性住房需求。**如何破除“租不到”窘境?** 习近平总书记怀揣为民之心，强调“加快发展和规范住房租赁市场”④，“实现住有所居的重大民生工程”⑤，“要重点发展公共租赁住房，加快建设廉租住房，加快实施各类棚户区改造”⑥，致力于使全体人民住有所居，托举起更多人的安居梦。

---

①《习近平谈治国理政》，外文出版社2014年版，第192页。
②《习近平谈治国理政》，外文出版社2014年版，第193页。
③《习近平谈治国理政》(第二卷)，外文出版社2017年版，第368页。
④《习近平关于社会主义社会建设论述摘编》，中央文献出版社2017年版，第94页。
⑤《习近平关于社会主义社会建设论述摘编》，中央文献出版社2017年版，第94页。
⑥《习近平关于社会主义社会建设论述摘编》，中央文献出版社2017年版，第81页。

高庄社区棚户区改造

将住房定位为用于居住而非投机炒作，反映了党以人民为中心的执政理念。习近平总书记的重要指示和部署，揭示了新时代我国住房政策的价值取向与实践导向，表明政府致力于满足人民的基本住房需求，统筹了住房的经济功能和社会功能，以满足不同层次的住房需求。在党的领导下，中国正积极加强住房保障和供应体系建设，为人民提供更好的居住条件。

延伸阅读

持续推进保障性租赁住房供给，为民生保障添温度

悠悠万事，民生为大。"十四五"期间，我国将继续坚持房子是用来住的、不是用来炒的定位，努力实现全体人民住有所居。

"在外面租房，月租2000元左右，对于刚毕业的年轻人来说有一定压力。这里房租只要1000元左右，减轻了我的负担。"2022年

初江苏省无锡市首批保障性租赁住房成功落地，该项目可为1500名青年人才解决住房问题。

〔来源：《持续改善民生 增进人民福祉（稳字当头 稳中求进）》，《人民日报》2022年7月20日〕

黄海之滨，胶州湾畔，青岛市人民政府办公厅印发《关于加快发展保障性租赁住房的实施意见》。该《实施意见》针对新市民、青年人群体特点，实现保障性租赁住房不设收入门槛，坚持“小户型、低租金”，让新市民、青年人“租得上、租得起、住得好”。

（来源：《让新市民和青年人“租得起、住得好”》，《青岛日报》2022年6月23日）

广西壮族自治区正积极引导各类主体发展保障性租赁住房，努力缓解新市民、青年人等群体住房困难。截至2023年5月，广西累计建设（筹集）保障性租赁住房项目11.11万套，努力让人才在城市“进得来、留得住、住得好”。

（来源：《广西：扩大保障性租赁住房供给助力新市民、青年人“住有所居”》，新华网2023年6月23日）

多渠道解决“住有所居”，高质量实现“住有宜居”

党的十八大以来，以习近平同志为核心的党中央在住房问题的解决上强调政府的“补位”作用，加快推进住房保障和供应体系建设，完善住房保障基础性制度和支持政策，扩大保障性租赁住房供给，不断健全住房市场体系，推进长租房市场建设，将解决好新市民、青年人的住房问题作为一项供给侧改革重点任务予以重视。在全国各地住房保障工作的不懈探索和切实推动下，不同类型、不同收入能力人群的基本住房需求得以满足，无数新市民、青年人的“安居梦”得以实现。

构筑住房保障体系，促进保租房纵深发展。保障性租赁住房与公租房、共有产权住房共同构成我国的住房保障体系。保障性租赁住房往往以小户型为主，租金低于同地段同品质市场租赁住房，主要解决符合条件的新市民、青年人等群体阶段性住房困难问题，因而是住房保障体系的重中之重。“十四五”期间，北京市重点发展保障性租赁住房，计划通过集体经营性建设用地、非居存量房屋改建、产业园区配套用地、企事业单位自有土地、新供应国有土地、存量房屋转化等多种渠道，建设筹集房源40万套。近两年，全国已开工建设保障性租赁住房256万套（间），能够解决700万新市民、青年人的住房困难；“十四五”期间，计划建设筹集870万套（间），能够帮助2600多万新市民、青年人改善居住条件。

鼓励多元主体参与，探索住房租赁中国模式。以品质供给为基石，由“金融推力”“多元主体”两轮驱动的中国特色住房租赁发展模式正在形成。由于我国住房租赁市场有多层级、广规模的特点，开发及运营主体呈现多元化趋势。从供给端的多元参与度来看，近年来，地产系、中介系、金融系等各类企业布局住房租赁业务的积极性明显提升，长租公寓产品线逐渐丰富，住房租赁市场环境与产品品质得到明显改善。在保租房支持政策推动下，市场化长租公寓企业也积

公寓内景

极参与保租房的建设运营。2016年万科将全国的青年长租公寓品牌统一为“泊寓”，目前在33个城市运营管理长租公寓21.5万间，累计服务超60万人。同年，龙湖集团推出集中式长租公寓品牌“冠寓”。截至2022年末，“冠寓”在全国范围内开业11.6万间，累计服务近50万人。

健全租赁市场法律，维护住房租赁市场秩序。法律法规是经济制度和社会制度运行的环境条件。近年来，随着互联网平台的助力，我国住房租赁市场发展迅猛，城市住房供应结构正逐步由“重售轻租”向“租售并举”转变。然而，住房租赁市场中租赁关系不稳定、市场秩序不规范等现象时有发生，严重影响了租赁利益相关方的合法权益。为促进住房租赁市场的健康有序发展，租赁市场立法迫在眉睫。2022年9月，北京市出台《北京市住房租赁条例》，将“住有所居、房住不炒、租购并举、职住平衡”等写入地方立法，在聚焦培育发展住房租赁市场的同时，严格规范市场秩序，针对居民投诉举报较多的克扣租金押金、个人二房东、群租房等市场乱象，均提出了具体规范要求。一系列关于出租、承租等全方位各方面的细化条例内容受到好评，也为全国性的立法提供了借鉴。

打造宜居租赁环境，实现“住有宜居”战略愿景。在租房成为实现住有所居重要途径的前提下，更舒适的租房条件是新市民、青年人对美好生活在“住”的向度上的具体期待。为满足新市民、青年人等群体的工作与生活需求，深圳市近年来不断探索居民可负担、企业可持续的保障性住房发展模式，逐步提高保障性住房的交付标准，打造高效集约、极简优质的宜居环境，切实关注租赁群体的归属感、体验感。例如，深圳市通过合理确定保障性住房租售价格标准，以期有效减轻新市民、青年人的房租负担；通过开展保障性租赁住房小户型设计竞赛，不断提升小户型住房美感和工艺度；通过丰富医疗卫生、文化娱乐等公共配套设施，推动基本公共服务的均等化，有效助力青年人日常生活便捷化。

长期以来，住房问题一直是我国民生领域的热门话题。从人民群众的需要来看，住有所居、行有所歇是人民群众在城市中安心奋斗的基本“刚需”。政府和相关部门要发挥好“补位”作用，重点解决新市民、新青年的住房问题。

坚持改革创新，建立人、房、地三位一体的联动新机制。坚持房住不炒，并以此为出发点，不断地扎紧房地产市场调控制度的笼子，特别是扎紧防止“炒”的方面，切实防范和化解市场风险。从经济角度看，大城市住房困难本质是可支付性不足，很重要的原因在于供需错配，因此在人口流入规模大的城市要切实落实好“人地房”挂钩，增加有效供应，加强房地产金融调控，并通过基本公共服务均等化和城乡融合发展缓解大城市住房压力。尤其是，在重点城市，住宅用地供应实施两集中政策，即向保障性住房和租赁住房建设倾斜，有利于向市场传达土地充足保障的正面信息，降低土地市场竞争热度，进而实现稳地价、稳房价、稳预期目标。

坚定人民立场，兼顾住房民生商业双重属性。党的二十大报告指出：“加快建立多主体供给、多渠道保障、租购并举的住房制度。”[①]租购并举是指对具备购房能力的常住人口，支持其购买商品住房；对不具备购房能力或没有购房意愿的常住人口，支持其通过住房租赁市场租房居住。政府利用分类解决的思路，在掌握不同子群体需求的同时，有效制定出相应策略，多渠道为新市民群体提供更贴合的住房解决方案。对于收入较高的新市民群体，市场机制被视为解决住房问题的首要方式，解决“住得好”问题；对于新就业大学生群体，应注重利用市场机制，依托城市人才引进等

---

① 习近平：《高举中国特色社会主义伟大旗帜　为全面建设社会主义现代化国家而团结奋斗——在中国共产党第二十次全国代表大会上的报告》，人民出版社2022年版，第48页。

政策，对其首次购房时在信贷、财税上给予一定的支持，解决“买得起”问题。与此同时，增加公共部门的租赁住房供给，与市场渠道形成有效竞争，政府加强供给符合青年需要的小户型、低租金、租期灵活的房源，解决“租得起、租得到”问题；对于在城市稳定就业的收入较低群体，应着重提供稳定的租赁体系，加强租赁住房的供给、管理和信息服务，保障租户的相应权益，解决“有房住”问题。

巩固发展理念，推进住房租赁市场规范化。发展住房租赁市场有利于充分发挥住房的居住属性。加快转移人口的市民化进程，是实现以人为核心的新型城镇化的客观要求。为解决新市民、青年人的基本住房需求，加快完善住房租赁市场是重中之重。我国住房租赁行业已进入规范化发展阶段，我们一方面需进一步大力培育管理型专业化租赁机构，鼓励市场细分化，推动住房租赁市场真正成为高质量发展、高品质生活、高效能治理的示范领域。另一方面，倡导住房租赁企业坚持做优做久做强做大的发展路径，走职业化专业化发展道路，始终坚持诚信经营服务。

坚守社会公平，完善住房保障体系。在新型城镇化推进中，我们建立满足新市民多样化需求的阶梯式住房保障模式，完善住房保障体系，实现社会公平。政府要帮助部分符合条件的农民工落户中小城市，并逐步纳入城镇住房保障体系。在保障形式上，政府既可以通过具有产权性质的住房，如共有产权住房，即政府与个人共有产权，帮助有一定经济实力但暂时买不起房的“夹心层”居民提前实现“住房梦”，也

常盛社区居民打起腰鼓，庆祝乔迁新居

可以通过政策性租赁住房、公租房的形式，满足居民的居住需求，保障其居住权益。

延伸阅读

青年住房保障再升级：山东省推出“青年优居计划”

为不断完善青年住房保障体系，山东省将实施“青年优居计划”，通过实施“青年优驿”“青年优徕”“青年优购”项目，解决青年在过渡住房、租房、购房三方面的现实困难，进一步解决青年群体住房困难，满足青年多样化住房需求，推动全省域青年发展友好型城市建设。

针对青年求职季过渡住房困难问题，山东将为来鲁求职应届毕业生提供“限时免费”“短期低价”过渡住房及政策解读、岗位推介等配套服务。其中，在经济园区、中央商务区、产业园区等青年求职集中区域，广泛整合酒店、宾馆、公寓等资源，推出“青年优驿”，预计2023年全省驿站将达到680处。在“长租房”方面，山东充分整合各级国有平台公司持有的保障性租赁住房、人才房等各类房源，打造面向青年价格优惠、配套完善、服务贴心的公益性集中住房租赁项目——“优徕青年社区”。

2023年内，山东将在7市、15县（市、区）首批打造完成19处“优徕青年社区”，可提供房源4003套。青年朋友可通过“青春山东”APP，享受查询政策、房源匹配、线上直租等便捷功能。据了解，在原有优惠和政策性补贴基础上，将再给予青年市场价格10%左右专属租房补贴，最大限度让利青年。

（来源：《我省今年将实施青年优居计划》，《济南日报》2023年5月14日）

9

如何解决不动产权证办理难问题？

红底烫金，灼灼国徽，60岁的王阿姨抚摸着自家的不动产权证书久久不愿放手：“住着宽敞的回迁楼，再拿上这个大红本，心里更踏实了。”2021年12月，北京市昌平区南邵镇景昌南街4号院第一批20套房、19户取得个人不动产权证书，意味着本市“三定三限三结合”定向安置房在不动产权证办理方面的一大进展。“三定三限三结合”定向安置房是北京市拆迁安置房的一种类型，受历史遗留问题影响，此类房屋相关手续办理不

力的情况成为许多拆迁户的隐忧愁结。2021年，北京市把解决不动产历史遗留问题作为“我为群众办实事”的重要切入点，切实解决群众“急难愁盼”大事。推动不动产权证办理规范化、便利化关乎人民群众的切实利益与生活幸福感，因此必须予以重视。

近年来，我国积极推进不动产登记制度改革，不动产统一登记使不动产权证办理越来越便利。但在某些地区，不动产权证“办理难”仍是一个难啃的“硬骨头”。其“骨头”之“硬”体现在哪些方面呢？**办证部门“断档”难接续**。不动产权证的办理涉及住建、税务、消防等多个部门，部门之间业务办理时存在信息获取的差失，办理程序复杂且严格，申请人往往需要跑多个部门，走复杂的流程，有时甚至会因部门之间“踢皮球”而来回跑腿。**办证材料繁复**。办理不动产权证，申请人需要提供身份证明，不动产权属来源证明，登记原因证明，房地产界址、空间界限和面积等相关文件。部分房地产商因办企不规范造成相关文件缺失，进而导致购房者缺少相关材料，无法办证。**办证速度慢**。申请人在办证过程往往会遇到：或是跑腿部门数量多，身心交瘁力难及；或是材料繁多备不齐，独守文件空悲叹；抑或是卷宗挤压，办证效率低下。即使法律规定不动产权证办理的法定时间为30天（涉及集体土地的60天），然而历史遗留问题难处理，工作人员拖延推诿速度慢。

多年问题难化解，不动产权证“办理难”缘由何在？**房地产开发企业经营不规范是根源**。部分房地产开发商因建设手续不全、配套设施建设不完善、项目烂尾、违规建房等导致项目无法通过验收，住房未能交付，达不到办证条件。有时同一项目同时存在房屋、土地、规划、法院查封等多个问题，盘根错节，办证问题难以解决。**相关职能部门衔接差是重要原因**。不动产登记涉及多个部门，需要住建、自然资源、规划、财政、税务、法院、公安、消防、行政审批、发改等多个部门配合，任一环节出现问题，都会导致证书难以办理。相关职能部门衔接差，多数情况下表现为办理流程繁复，而部门职责分工不明，致使不动产权证办理处于“宕机”“停摆”状态。**业主**

准备的材料不全是端由。不动产权证的申请需要购房合同、物业专项维修基金、权属转移涉税证明、土地申请材料等，然而部分购房者因保管不善导致材料遗失。百姓落户、上学、房屋买卖，安居乐业皆系民生，奈何不动产权"办证难"，怎忍半生积蓄转头空，因而化解不动产办证难题迫在眉睫。

延伸阅读

我国全面实现不动产统一登记

"我国全面实现不动产统一登记。"2023年4月25日，自然资源部部长在全国自然资源和不动产确权登记工作会议上宣布这一消息，引发社会广泛关注、热议。

全面实现不动产统一登记，是有关不动产的一项重要制度突破。这意味着经过10年努力，从分散到统一，从城市房屋到农村宅基地，从不动产到自然资源，覆盖所有国土空间，涵盖所有不动产物权的不动产统一登记制度全面建立。

作为一个国家的社会经济基础数据，不动产物权信息至关重要。2010年6月，住建部启动全国个人住房信息系统联网工作。2013年3月，党中央、国务院决定建立不动产统一登记机构，提出将分散在多个部门的不动产登记职责整合，实现登记机构、登记簿册、登记依据和信息平台"四统一"改革任务。整合不动产登记职责、建立不动产统一登记制度，是一项事关不动产的基础性工作，也是完善社会主义市场经济体制、建设现代市场体系的必然要求，尤其是对进一步健全归属清晰、责权明确、保护严格、流转顺畅的现代产权制度，进一步夯实社会主义市场经济基础，具有深远意义。

（来源：《全面实现不动产统一登记的深远意义》，《南方日报》2023年4月26日）

持续开展“减证便民”行动

“房无证，居不安。”

不动产权证直接关系群众的切身利益，与老百姓生活息息相关，不动产权证办理难，直接影响人民群众的获得感、幸福感、安全感。习近平总书记一直高度重视解决人民群众办证难的问题，反复强调持续开展“减证便民”行动，解决好群众办事难、办事慢、来回跑、不方便等突出问题，体现了对人民群众的殷殷关切，彰显了总书记深厚的为民情怀。

党的十八大以来，习近平总书记在创新不动产登记工作，解决群众办证难等方面作出一系列重要部署。产权是人民群众的安心剂，是社会主义市场经济的基石，而不动产登记是产权保护的重要制度，因此习近平总书记在党的二十大报告中特别强调要“完善产权保护”[①]制度。不动产登记作为一项基本的公共政务服务，必须持续改革，加快完善，全面保护人民群众的不动产权利。习近平总书记指出，“要推出更多更高质量的服务举措，着力解决好群众办事难、办事慢、来回跑、不方便等突出问题，让人民群众有更多更直接更实在的获得感”[②]。不动产登记事关产权保护，涉及千家万户，影响各行各业，务必高度重视。打通不动产权证“落袋”的“难点”“赌点”，习近平总书记强调，“要大力提倡‘马上就办’的工作精神，讲求工作时效，提高办事效率”[③]，切实维护好群众的合法权益，让居民享受更为贴心暖心的办证服务。创新化解不动产权证办理难的举措，习近平

① 习近平：《高举中国特色社会主义伟大旗帜 为全面建设社会主义现代化国家而团结奋斗——在中国共产党第二十次全国代表大会上的报告》，人民出版社2022年版，第29页。

② 《坚持政治建警改革强警科技兴警从严治警 履行好党和人民赋予的新时代职责使命》，《人民日报》2019年5月9日。

③ 《习近平带着我们“马上就办”》，《人民日报》2018年9月24日。

总书记指出,“要运用信息化手段推进政务公开、党务公开……加快推进电子政务,构建全流程一体化在线服务平台,让百姓少跑腿、信息多跑路,更好解决企业和群众反映强烈的办事难、办事慢、办事繁的问题”[①]。加快化解“办证难”的问题,标本兼治,进一步完善历史遗留项目长效治理机制。

居民在社区服务中心办理办证手续

习近平总书记的这些重要论述,聚焦人民群众办证难的客观实际,想群众之所想,急群众之所急,做人民公仆,为人民办事,深刻体现了以人为本这一科学发展观的本质和核心,为新时代破解不动产权证办理难问题提供了科学方法和根本遵循。

创新服务模式,打通办事通道解决办证难题

“一个主权国家内的所有不动产都应该有一份自己的‘账本’和全套数据库。”“不动产是人民群众最重要的财产,不动产登记关系千家万户的重大财产利益和财产安全。”“对于不动产这种非常重要的财产权利,依法通过登记的方式明确其归属,事关我们每一个人。”2023年4月25日,一场事关维护人民群众权利的会议正在进行。“我国全面实现不动产统一登记”,便是此次会议的最大突破,这标志着我国不动产统一登记制度全面建立。每一项制度的制定,都牵涉着大量民众的切身利益,每一项制度的

① 《习近平关于网络强国论述摘编》,中央文献出版社2021年版,第24页。

落实，都是为了全力维护群众的合法财产权益，主动化解群众“望证兴叹”的难题，让更多的普通百姓拿到“红本本”，吃下“定心丸”。党的十八大以来，以习近平同志为核心的党中央始终坚持以人民为中心的发展思想，把人民群众的切身利益放在一切工作的首位，将解决群众办理房产证遗留问题作为一项重要的政治任务和民生工程，为切实保障人民群众合法权益、提升人民群众的安全感、满意度而采取了一系列伟大举措，取得了一系列突出成就，打通办事通道解决办证难题。

成立工作专班，牵头解决不动产办证“难”的问题。党的十八大以来，各市委、市人民政府高度重视群众“办证难”问题，成立工作领导小组，并抽调部门精干力量组成工作专班，统筹推进各项工作，负责全市不动产权登记发证工作的协调、指导和监督，着力解决好群众关心的民生实事。各县（市）区政府也分别对应成立领导小组和工作专班，建立了“市县联动、以县为主、部门协作”的工作机制，上下协同、凝聚合力，全力突破堵点难点问题。面对历史遗留的“办证难”问题，牡丹江市委、市人民政府成立解决历史遗留问题“办证难”领导小组，主要领导亲自挂帅，主管副市长和市中级人民法院院长牵头协调，会同市委组织部、市委政法委、市纪委监委督导工作推进，形成了党委政府统筹统管、部门联动配合、各方力量合力推进的良好工作格局。2023年以来，全市43个项目5.4万户不动产历史遗留“办证难”问题全部解决，并在省内率先破解涉法涉诉类项目办证难题。

优化办理流程，减轻群众不动产办证“愁”的负担。党的十八大以来，全国各地积极配合国家的“放管服改革”政策，精简办事流程，简化证明材料，有效实现办证工作“加速度”，减轻人民群众负担。2019年3月9日，国务院办公厅印发《关于压缩不动产登记办理时间的通知》，提出：2019年底前，流程精简优化到位，全国所有市县一般登记、抵押登记业务办理时间力争分别压缩至10个、5个工作日以内；2020年底前，力争全部压缩至5个工作日以内。同日，自然资源部官方网站发布26项不动产登记类型流程优化图，指导各地通过优化流程，提高登记效率，压缩登记时间，着力解决不动产登记办理环节多、流程不清晰、反复提交材料等问题，切实便民利企。围绕让群众“少跑路、少排队、快速办”的目标，宜春市不动产登记中心在提供全天候、全方位服务的同时，通过设立“登记+交易+税务+银行”综合平行受理模式，实现“一窗受理、内部流转、并联审批、限时办结”的集成化服务，由“一个门”办证变为“一个窗”办证，解决了窗口间联动性差、重复排队、反复递交资料等现象。同时，取消不必要的材料和环节，合并相近资料和环节，将原来的“受理、初审、复审”三审制变为“受理（初审）、核定”二审制，办事效率提高40%，每宗业务节省成本73元。

借助科技力量，满足群众不动产办证“急”的诉求。党的十八大以来，在不动产登记改革中，“互联网+”模式在不动产登记中应用广泛，各市自然资源局不断深化“互联网+不动产登记”改革，全面推动不动产登记提速增效，跑出为民服务“加速度”。2020年7月，自然资源部研究制定了《“互联网+不动产登记”建设指南》，进一步规范和提升“互联网+不动产登记”服务水平，实现企业和群众“最多跑一次”，甚至“一次也不跑”的目标。云南省借助科技力量，一方面全面推进“互联网+不动产登记”推广应用工作，推动全省各地登记平台与省级平台金融机构接口互联互通，实现线上查询结果、自动使用电子签章，大幅提高了群众办事的便利感和满意度；另一方面，通

让群众“最多跑一次”

过“云南省不动产登记”服务平台，及时推送信息、跟踪管理、为群众答疑解惑，同时联通云南“互联网+不动产登记”端口，在线提供不动产信息查询、办理进度查询、查询证明验真等服务功能，助推全省不动产登记办事服务便民利民。截至2022年底，微信服务公众号总关注量为33623人，共提供不动产登记业务办理进度查询92145次，提供“云南互联网+不动产登记”平台业务办理查询共计44280次。随着“互联网+不动产登记”改革不断深化，我国不动产登记已驶入“快车道”。

健全长效机制，实现群众不动产办证“盼”的期待。党的十八大以来，全国各市自然资源局本着化解矛盾、优化服务的宗旨，将解决不动产登记历史遗留问题作为一项惠民生、暖民心、利长远的民生工程来抓，用心用情用力为群众办实事、解难题，建立健全长效机制，督促推动各责任单位扛牢主体责任，查找薄弱环节，解决具体问题，巩固改革成果。为从源头解决不动产“登记难”问题，山西陆续建立健全长效机制：针对房屋从交付到领证周期过长的现象，推行“房证同交”“地证同交”“新建房预售资金监管”等制度，同时研究解决房地产企业代收税费、高价代办、强制代办等突出问题；针对国有企事业单位法律意识欠缺问题，召开国有企业协调推进会，提高国有企业改革后的市场经济意识、法人观念；推进实施工程建设项目竣工联合验收，压减审批时间，建立健全房地产领域专项投诉、受理、核实、处罚等全流程规范管理。山西这一系列长效举措，为从根本上破解不动产权证办理难问题奠定了良好的基础。

交付即发证

目前，全国约3000个大厅、4万个窗口、10万人的登记队伍，每天为40万群众和企业提供各类登记服务，10年来累计颁发不动产权证书7.9亿多本、不动产登记证明3.6亿多份，电子证书证明3.3亿多本。一直以来，党和国家始终将托举民生幸福，作为不变的初心和永恒的使命，做好对接、理顺矛盾、多方发力、对症下药，集中攻关办证难等群众反映强烈的城建领域历史遗留的突出问题。新时代面对新矛盾，面对不动产权证“办理难”“难办理”等问题，我们仍应继续坚持探索新方法、总结新模式，全方位全周期为人民群众的幸福生活保驾护航。

锚定“应登尽登”目标，把准解决“办证难”问题方向。全国各地推进不动产登记工作要坚持从客观实际出发，整合资源、摸清底数；要一地一策，分类推进，压缩时间，提高效率。同时，把实事求是贯穿到不动产登记工作的全过程，以问题为导向抓落实。各自然资源和规划局要全面查清辖区内宅基地、集体建设用地等相关的基本信息，认真梳理各类不符合登记条件的原因，分类做好统计工作。

加快完善相关立法，填补解决“办证难”问题漏洞。土地、房屋等不动产是企业和群众最普遍、价值最高的财产。法律最基础的功能是保证社会秩序。为促进不动产市场规范发展，保护个人财产权，制定一部精准细致的不动产登记法，是进一步巩固不动产统一登记成果的必然要求，有助于推动不动产登记制度法治建设开启新篇章，有助于依法高效解决群众的“急难愁盼”问题，有助于为实现好、维护好、发展好人民群众根本利益提供强有力的法治保障。

健全登记业务标准，破解群众“办证难”问题痛点。努力构建便捷高效、便民利民的不动产登记工作体系，推动不动产登记窗口设置更加合理、登记流程更加科学、服务模式更加优化、制度规范更加健全、工作开展更加高效、作风建设更加优良。例如，在政务服务大厅设立综合受理窗口，工作人员统一受理各相关办理事项，一次性收取所需全部材料，人工分发给各相关部门分别办理，并由同一个窗口发放办理结果，由此消除群众在不同部门间反复跑手续的烦恼。每年将解决群众“办证难”工作纳入政府民生“实事”，逐年逐步开展专项工作，避免问题矛盾积累。

普及“能上尽上”模式，挖掘群众“办证难”问题热点。近年来，全国“互联网+”风起云涌，互联网日益与诸多行业、领域、业态融合，成为结构优化的新动力。因此，要积极探索“互联网+不动产登记”新模式，推动实体大厅向网上大厅延伸，推进网上咨询、预约、申请、查询、反馈等服务事项“能上尽上”，不断提升群众不动产登记便利化水平。

落实登记精准监督机制，探索群众“办证难”问题堵点。对于不动产登记过程中的不作为、慢作为、乱作为等问题精准发力，国家要加大惩处力度，以坚强有力的纪律保障，为化解办证难问题“保驾护航”。着力加强房地产预售资金监管，加快研究制定“交房即交证”实施方案，结合“多测合一”“多验合一”等措施，严把竣工验收、严格预售管理等，提前启动不动产登记程序，实现业主在收房的同时取得不动产登记证书，力争从根本上杜绝新增问题。

延伸阅读

银川破解不动产权“办证难”

2022年6月8日一大早，银川市兴庆区大新镇大新家园居民王海霞来到社区递交房产材料，准备办理不动产权证。自2015年入住以来，因部分审批手续不全而不能办理不动产权证成为她的一块心病。在接到办理不动产权证的通知时，王海霞的第一反应却是质疑：“办证哪有那么容易？那么多年都没办下来！”直到看到邻居们陆续拿到了不动产权证，王海霞才赶快行动了起来。“政府真能解决这件事！没想到办事效率还这么高！大家这下心里踏实了。”交完资料，王海霞高兴地告诉记者。王海霞的材料将由社区工作者送出，在相关部门流转。一周内，她只需要按照通知到银川市民大厅办税、领证即可。

银川市按照先易后难原则，落实“一小区、一方案、一专班”工作要求，综合运用“证缴分离”“绿色通道”“一站式”办理、上门服务、跟进督办等举措强力推进。针对房地产领域不动产登记证办理难等突出问题，银川市切实把破解“办证难”问题作为“我为群众办实事”实践活动的重要内容，启动专项行动，成立工作专班。4月27日以来，已办理首次登记68212套，总体完成率38%，达到办证条件45669套，为群众办理不动产权证7420本。

（来源：《银川全力破解不动产权“办证难”》，《宁夏日报》2022年6月9日）

10

如何解决老旧小区拆迁改造问题?

要说2022年的开年催泪大剧，非小说改编的《人世间》莫属。不仅因为其情节贴近生活、温暖人心，更因为它深刻反映了人民现实生活中真实存在的问题。在剧中，光字片的拆迁改造是周家老大周秉义的一桩心事。作为副市长，他为民办实事、办好事，回到家乡为生他养他的地方作贡献。其中，在进行棚户区拆迁与改造时，拆迁补偿问题、回迁房问题、户口问题等各种各样的难题涌现。很多居民更是为

（杨超 拍摄）

了在拆迁中多得补偿款，玩起了假离婚的套路，甚至有人连夜在自家院里盖了二层楼。面对这些问题，周秉义夙夜在公，为妥善安置拆迁居民鞠躬尽瘁。周秉义所为是中国共产党人坚持始终把人民群众放在心上的生动缩影，而电视剧中存在的关乎旧小区拆迁改造的问题也是人民现实生活中的真实难题。

随着中国人口老龄化愈加严重，越来越多的老旧小区逐渐暴露出管理失序和安全隐患等问题，无法满足居民的日常生活需求。首先，老旧小区存在“无人管”情况。随着城镇住房制度改革不断推进，老旧小区房屋产权形式逐渐形成了复杂的所有权结构，例如有房改房、承租公房、回迁房和商品房等，由此造成了房屋产权界定模糊不清的问题，部分小区处于无人管理和维护的状态。其次，老旧小区房屋宜居性能较差。大部分老旧小区普遍缺少电梯，缺少独立厨卫，养老服务设施缺乏，小区管网老化，失修失养，“跑冒滴漏堵”现象严重，停车设施配置严重不足。此外，部分建筑存在结构安全性能差、防火性能差等质量安全问题，影响居民正常生活。

老旧小区拆迁改造不仅是重大民生工程和发展工程，关系千家万户的切身利益，而且是对人口老龄化所造成的一系列经济社会问题的积极应对，对满足人民群众日益增长的美好生活需要、促进可持续发展具有十分重要的意义。

长期以来，中国共产党持续推进城镇老旧小区拆迁改造，加快消除住房和小区安全隐患，全面提升城镇老旧小区居住环境、设施条件、服务功能，推动建设安全健康、设施完善、管理有序的完整社区。然而，目前老旧小区拆迁改造仍存在尚未突破的难点。**改造资金存在缺口**。老旧小区改造所需资金巨大，政府财政资金有限，无法全部承担。社会资本难以引入，目前有限的社会投资主要集中在有经营收益的项目中，比如快递柜、养老中心等。老旧小区大部分居民虽对所在小区改造意愿强烈，但因经济能力的限制，居民无力承担改造费用，所以老旧小区改造工程难以推进，社区也难以有效开展安装电梯、扩大社区公共空间等个性化改造项目。**多方协同机制缺乏**。老旧小区改造离不开政府、社区、居民和社会组织等多方主体的参与协作，这样才能实现协同治理的目标。但在实际推进过程中，政府主导、其余主体参与不足问题突出，致使不同的主体之间缺乏有效的沟通和合作。居民意见难以统一，改造方案要充分考虑居民的意见和需求，部分居民对改造项目心存怀疑。高先生所在小区大多是六七十岁的老年人，上下楼梯非常不方便，因此楼上的住户要求安装电梯。但对高先生这样的一楼住户来说，安装电梯有百害而无一利，采光、通风和房价都将受到影响。住一楼的高先生联合其余一楼住户将楼上告上法庭，要求其余业主停止加装电梯。**后期维护和管理难度大**。即使对城镇老旧小区实施了改造，如果没有相应的维护和运营管理机制，改造后的效果也难以长期保持。目前，老旧小区居民往往没有付费购买服务的习惯，实施改造后需要缴纳物业费，居民思想认识需要转变。

那么，为什么老旧小区拆迁改造难以推进、改造效果难以达到预期呢？首先，改造涉及业主众多，不同人群对改造内容、改造形式、时间节点、时间长短、费用分担等意见不同。老旧小区改造具有公益性质，回报率低、收益少，社会资本参与的积极性普遍不高，多元化的资金筹措机制尚不成熟。其次，老旧小区改造通常需要对小区的供电、供水、燃气等配套设施进行修缮升级，在对小区道路和立面出新时又会牵涉配电、配水管网的迁改，涉及多个项目部门，部门之间协作难度大，协调过程复杂，难以形成合力。此外，居民参与仍以被动参与为主，大部分小区采取自上而下的治理模式，由居委会征集业主意见，居民参与流于形式。最后，老旧小区改造并非一劳永逸，若没有长期维护和运营管理机制，改造效果很难长期保持。从现实情况来看，老旧小区改造虽然提升改善了小区的硬件设施，但基础设施相对落后、业主满意度相对偏低，以及物业服务费标准偏低、收缴率偏低等现实问题仍然存在。这些问题的存在和持续发酵，必然会影响小区的物业服务质量，从而使小区物业服务工作走向恶性循环。在已有基础上，我们只有积极探索可持续的长效管理机制，形成共商、共建、共治、共享的社会治理模式，才能彻底将老旧小区改造好。如何有效解决这些问题，全面推进老旧小区拆迁改造，更好满足人民群众对美好生活的向往，已然成为我们党必须重视、亟待解决的重要课题。

老旧小区改造是关系民生福祉的重要工作

党的十八大以来，习近平总书记站在统筹中华民族伟大复兴战略全局和世界百年未有之大变局的高度，科学把握城市发展大势，深刻洞察城市发展规律，就城市工作作出一系列重要论述，深刻揭示了中国特色社会主义城市发展规律，明确了城市发展的价值观和方法论，科学回答了城市建设发展依靠谁、为了谁的根本问题，以及建设什么样的城市、怎样建设城市的重大命题，为我们做好新时代城市工作指明了前进方向，提供了根本遵循。**如何坚持老旧小区拆迁改造的初心所向？**总书记在湖北考察时强调："要抓住人民最关心最直接最现实的利益问题，把人民群众的小事当作我们的大事，从人民群众关心的事情做起，从让人民满意的事情抓起。"[①]总书记的人民情怀，岁月不改，"只要是有利于老百姓的事，我们就要努力去办，而且要千方百计办好"[②]。在北京市看望慰问基层干部群众时，他强调："党中央十分关心老城区和棚户区改造，就是要让大家居住更舒适、生活更美好，解决好大家关心的实际问题，让大家住在胡同里也

---

① 《习近平谈治国理政》（第三卷），外文出版社2020年版，第135页。
② 《习近平谈治国理政》（第三卷），外文出版社2020年版，第343页。

能过上现代生活。”[①] **如何科学进行老旧小区拆迁改造？**总书记在湖北考察时提出“要改革创新，完善基层治理，加强社区服务能力建设，更好为群众提供精准化服务”[②]。老旧小区改造规划和建设要有科学性前瞻性，早谋划，抓统筹，才能扎实推动老旧小区改造计划快落地、见实效，推动共商、共建、共享格局加速形成。**如何应对老旧小区拆迁改造可能遇到的困难？**习近平总书记指出：“老旧小区改造是提升老百姓获得感的重要工作，也是实施城市更新行动的重要内容。要聚焦为民、便民、安民，尽可能改善人居环境，改造水、电、气等生活设施，更好满足居民日常生活需求，确保安全。”[③] **如何保障老旧小区拆迁改造后期的长远发展？**习近平总书记基于坚定的人民立场和真挚的人民情怀，始终把人民利益摆在首位，强调“办实事不是简单帮钱帮物、搞花架子、堆几个盆景。既要立足眼前、解决群众‘急难愁盼’的具体问题，又要着眼长远、完善解决民生问题的体制机制，增强人民群众获得感、幸福感、安全感”[④]。因此，我们从根本上既要注重维护最广大人民的根本利益和长远利益，又要切实解决群众最关心最直接最现实的利益问题。

“国以民为本，社稷亦为民而立”，增进民生福祉是发展的根本目的，是我们党坚持立党为公、执政为民的重要要求。习近平总书记指出，人民对美好生活的向往，就是我们的奋斗目标。这一系列论述，聚焦人民群众宜居优居的现实需求，为我们在新的形势下推进老旧小区拆迁改造工作，满足人民日益增长的美好生活需要提供了科学的方法和基本遵循。

---

① 习近平：《向广大干部群众致以美好的新春祝福 祝各族人民幸福安康祝伟大祖国繁荣吉祥》，《人民日报》2019年2月2日。

② 《坚持新发展理念打好“三大攻坚战” 奋力谱写新时代湖北发展新篇章》，新华网2018年4月28日。

③ 《在新时代东北振兴上展现更大担当和作为 奋力开创辽宁振兴发展新局面》，《人民日报》2022年8月19日。

④ 习近平：《在党史学习教育动员大会上的讲话》，《求是》2021年第7期。

延伸阅读

总书记将群众安危冷暖放心上

每到一地考察，习近平总书记都要亲眼看一看乡亲们生活得怎么样，还有什么难处和要求。就在2022年8月17日，沈阳市牡丹社区书记王晖领着总书记走进李水一家。“看到总书记，当时特别紧张，总书记能来普通老百姓家串门，我真是太幸运了。”当看到总书记如此和蔼可亲，张云秀的紧张一下子就消失了。每到一家，从院落、客厅、厨房、卫生间到猪圈、牛棚，习近平总书记都看得仔仔细细，问得清清楚楚。总书记对李水一家日常生活的方方面面进行亲切询问，临行前总书记放心不下又来到了北屋，关心地问冬天屋子冷不冷。张云秀告诉记者，总书记进来的时候没看到屋子里的暖气，所以一直惦记着，当时，她察觉出了总书记的担心，于是主动跟总书记说，现在暖气都改成了地暖，听到这儿，总书记才放心地点了点头。“总书记一进屋就关心我们的生活安全问题，还始终惦记着我们冬天的取暖问题，一个个细节让人非常感动。”张云秀感慨地说。李水激动地和总书记说：“老旧小区的改造让我们生活得越来越幸福了。社区环境好了，我们的心情也更好了。能有这么幸福的晚年生活要感谢党和政府，总书记您放心，我们全家一定牢记嘱托，起到党员的带头作用，把我们的日子过得比牡丹花还要美。”

（来源：《我们的新生活比牡丹花还要美》，中国妇女网2023年8月28日）

老旧小区变新居，居民幸福感直线提升

“经过改造，小区环境更整洁、设施更完善，我们心情也舒畅了。”日前，年近八旬、家住湖北省十堰市张湾区红卫街道界牌社区富强小区的陈阿姨，聊起小区变化由衷地感慨。

如何建设高品质城市？如何让城市更有温度、更具活力？

老旧小区改造后焕然一新

党的十八大以来，习近平总书记坚持以人民为中心的发展思想，高度重视老旧小区的拆迁改造工作。在总书记引领下，老旧小区的拆迁改造工作不断取得新成效，废弃地变身小花园、脱皮墙旧貌换新颜，“面子”更好看；下楼有电梯、出门有菜市场、幼儿园，“里子”更好住……习近平总书记着力解决群众的操心事、烦心事，以为民谋利、为民尽责的实际成效取信于民。

资金筹措多元化，保障改造长期持续进行。现今，对老旧小区的改造各地有不同的资金筹集经验，主要有引入社会资本，发挥党建引领作用，商业项目推进旧改，加大金融支持力度，纳入住房公积金提取范围等。北京市石景山区按照“微利可持续”原则，积极拓展吸引社会资本以市场化方式参与改造路径，初步形成了区政府与市区属国企合作的“首开经验”模式与属地街道作为实施主体引入社会资本的“鲁谷模式”，为北京市探索引入社会资本参与老旧小区改造提供了有力支撑。“首开经验”模式、“鲁谷模式”的成功实践，推动全市试点项目从2020年的6个扩大到2022

年的41个、涉及12个区，社会资本投资约8亿元，有力地保障了老旧小区改造工作的顺利开展。

强化监督管理，改造方案科学有效。一直以来，国家将老旧小区改造作为社区治理的重要内容，全国各省区市出台相关文件，强调逐步形成政府统筹组织、社区具体实施、居民全程参与的工作机制。老旧小区拆迁改造是一项改善群众居住环境，提升城市面貌的重要民生工程，这不仅关系着城市形象，更关系着百姓的生活质量。河北省邯郸市丛台区丛东街道实行“全过程融入式管理”，社区负责每日接诉问题收集、整理、交办，并建立工作日志，跟踪服务推进问题解决；负责配合施工单位做好居民告知工作，帮助施工企业协调解决遇到的难点，并针对改造过程中存在的问题，协商解决办法。在小区改造的全过程中，社区实施严格管理，听取民声民意，积极整改，将老旧小区改造这项工作落到实处。

居民积极共商共建，改造成果由人民共享。由于老旧小区拆迁改造涉及面广、问题复杂，因此在改造过程中我们不仅需要统筹地方政府、街道社区、运营主体等多方力量，更需要充分调动居民作为老旧小区改造主体的能动性与积极性。天津首个住宅加装电梯试点项目已于2019年完工。几位刚从电梯里出来的居民告诉记者，有了电梯之后，尤其对住在高层的老年人而言，生活方便多了。“加装电梯并不是件容易的事，需要得到全部居民的同意才行。”天津市学府街天大六村社区居委会主任孟娜说。在最初征询意见阶段，她带着居委会成员挨家挨户介绍流程和惠民政策，最终打消了居民的顾虑，取得了所有住户的理解和支持。

老旧小区加装电梯

创新管理方式，探索运营管理一体化模式。老旧小区改造，能否切实提升人民生活品质，不仅在于改造这第一步进行得如何，更在于改造后能否长效管理。我们要让治理更加有序，服务更有温度。为破解老旧小区改造后长效管理跟不上的难题，2022年8月，胶州市创新推行“大物管”治理模式，全面接管过去没有物业的老旧小区。在提供环境卫生清扫、公共设施维护、社会治安保障等基础物业服务的同时，整合添加背街小巷综合整治、市容市貌巡查等38项服务内容，将高空瞭望机、智慧灯杆、垃圾满溢监测、高空抛物监测等智慧化设备以及物业服务人员全部集成到智慧管理平台，形成了人、机器和服务场景“一网统管”。推动“管理+服务+运营”高效统一，为社区居民提供更加专业化、精细化、智能化的服务。通过老旧小区改造，胶州市中云街道福寿小区建了4个崭新的电动车停车棚，极大地便利了居民的生活。

老旧小区改造是一项推动城乡更新的系统工程，涉及很多方面，关系千万百姓的福祉，不仅要改造外表的“面子”，改得好看，更要做好惠民的“里子”，让居民住得舒心。

老旧小区改造前要充分聚焦群众关切。坚持从人民群众最关心的问题、最现实的利益出发，充分尊重居民意愿，科学确定改造目标，分类合理制定改造方案，杜绝形象工程，要在充分满足人民群众需求的基础上进行迁拆改造。

老旧小区改造过程中要因“区”制宜。注重文化传承发扬，根据城市特色和区域文化内涵，分类型、分区域规划设计，使各小区“各美其美”，防止出现“千区一面”。统筹推进小区适老化、养老、托育、医疗等公共服务水平不断提升，全链条完善配套设施，解决让群众居住更加舒适的“里子”。

老旧小区改造必须做好“后半篇文章”。有关部门要统筹规划老旧小区改造和管理工作，将后续管理作为老旧小区改造的重要内容，避免改后失管问题。另外，有关部门还需秉持开放的理念，重新审视老旧小区及周边城市区域可利用的潜在资源，通过老旧小区改造，促进资源合理化分配。例如，小区周边的闲置空间可以纳入改造，为居民补充便民服务设施，确保老旧小区改造后“有人管、管得好”。最后，要加大宣传教育力度，引导居民养成文明习惯，提升文明意识，强化主人翁责任感，自觉维护小区改造成果。

民生连着民心，牢牢抓住让人民群众安居这个基点，以努力让人民群众住上更好的房子为目标，从好房子到好小区，从好小区到好社区，从好社区到好城区，不断满足人民对更美好生活的期待，助力共建共享美好生活。在一系列举措的有效施行下，一个个老旧小区必将在未来展现出新的面貌，人民的美好生活需求将日益满足。

延伸阅读

“口袋公园”：悦海小区“靓”起来

各地认真贯彻落实党中央、国务院决策部署，将以人民为中心的发展思想贯穿老旧小区拆迁改造各项工作，积极探索新路径新方法，为破解老旧小区拆迁改造难题找到了“新路子”。

悦海小区“口袋公园”

威海市持续推动老旧小区改造，用高标准、严要求改掉老小区的“顽疾”“通病”。随着改造的进行，一个个老旧小区焕发年轻活力，不断升级居民的幸福生活。

位于高新区的悦海小区也经历了一场大改造。改造过程中，小区内一大片无花果园如何处置成为小区改造的重要问题之一，在区建设局和社区的牵头下，召集业主委员会和热心居民展开讨论商议，经过大家充分沟通协商，最终确定先清理无花果园再建设“口袋公园”的改造方案，小区新增一处1600平方米的“口袋公园”，取名“悦海园”。在综合分析小区老年人、中年人和儿童比例及活动喜好之后，公园内新增儿童滑梯、摇摇马、秋千和彩色塑胶跑道，给小区儿童提供了安全的玩耍空间；设置休闲长廊、健身设施、环形步道、棋牌桌、休闲广场等设施，打造老中青居民休闲游乐好去处。建设环境整洁、设施完善、管理有序、文明和谐的幸福小区，不但是老旧小区居民的迫切需求，更是在发展中不断增进民生福祉，化解民生难题，促进社会公平正义的重要举措。

（来源:《老旧小区新增“口袋公园”居民开心点赞》，2022年11月28日，威海火炬高技术产业开发区管理委员会网站）

11

如何解决分配不公问题？

2016年，央视新闻频道专题报道了国内演员高片酬的现象。据悉，在某部电视剧中，男女主角的片酬竟合计近2亿元，严重占用制作经费以及其他工作人员的酬劳。一时间，影视行业的天价片酬、偷漏税问题成为大众关注的焦点。2018年，中宣部等部门联合印发通知，明确多条措施，治理影视行业天价片酬、“阴阳合同”、偷逃税等问题；2022年国家广电总局在发布的《“十四五”中国电视剧发展规划》中明确提出，“十四五”

时期要规范包括演员片酬在内的收入分配秩序，推广使用标准化、制度化、制式统一的片酬劳务合同等。社会大众对天价片酬问题的关注和讨论，反映了人民对实现社会公平正义的价值追求，也反映出我国在优化收入分配结构和缩小贫富差距等方面仍有亟待破解的难题。

中国共产党始终坚持以人民为中心的发展思想，贯彻共享发展理念，促进社会公平正义，不断加大政策惠民力度，不断健全社会保障体系。社会生产力水平总体显著提升，人民对美好生活的需求不断得到满足，但收入差距过大和分配不公的问题依然存在。**人均收入的区域性差距拉大**。居民人均可支配收入作为一个关键的经济指标，反映了不同省份之间的经济发展水平和居民收入水平。2022年各省居民人均可支配收入存在鲜明差异，上海人均可支配收入达到79610元，而西藏、新疆仅有26675元、27063元。**职工收入的行业性差距拉大**。随着我国经济转型和产业结构的调整，行业之间的收入差距扩大。从国家统计局提供的分行业门类就业人员平均工资数据来看，2022年信息技术服务业为220418元，金融业为174341元；而农、林、牧、渔业为58976元，服务业为65478元。相比较而言，各行业之间收入差距较大。**居民收入的城乡性差距拉大**。中国城乡差距大是一个长期存在的问题。国家统计局数据显示，2022年城镇居民人均可支配收入49283元，农村居民人均可支配收入20133元，可支配收入比值为2.45，城市居民的收入水平明显高于农村居民。

解决收入分配不公和缩小贫富差距既是世界性难题，对我国而言又是一个需要长期面对的难题。为什么解决分配不公问题这么难？难在哪里？**地区之间发展不平衡是分配不公的直接原因**。我国幅员辽阔，各地区之间在发展基础和发展条件等方面存在差异，导致地区间经济发展不平衡，从而使得各地区在收入水平方面产生较大的差距。**收入差距受经济结构转型的现实政策影响**。我国经济由高速增长转向中高速增长，经济结构转型加快，一些低端的传统产业受影响较大，这些传统产业里的职工以及城市低收入居民的收入水平都有待提高。**收入结构的多元化造成了收入差距。**居民收入来源日益多元化，除了劳动收入以外，财产性收入比重逐渐提高。现阶段，在我国劳动、资本、技术、管理等生产要素中，劳动力资源相对丰富，资本和技术相对稀缺，由此便决定了资本、技术等要素的收益率会高于劳动要素的收益率。此外，**社会保障体系的健全程度对缩小贫富差距有重要影响。**虽然我国经济总量大，但人均收入水平较低。随着我国社会主要矛盾发生变化，城镇化、人口老龄化、就业方式多样化加快发展，我国社会保障体系建设面临新形势新任务。部分群体未被纳入社会保障体系，社会保障公共服务能力同人民群众的需求还存在一定差距。社会保障体系对收入分配的改善力度和弥补缩小收入差距的作用尚显不足。

既要做大"蛋糕"，又要分好"蛋糕"

实现我国经济高质量发展，既要求总量的提高，也要求进一步提高人均收入，促进共同富裕。习近平总书记强调："我国经济发展的'蛋糕'不断做大，但分配不公问题比较突出，收入差距、城乡区域公共服务水平差距较大。在共享改革发展成果上，无论是实际情况还是制度设计，都还有不完善的地方。为此，我们必须坚持发展为了人民、发展依靠人民、发展成果由人民共享，作出更有效的制度安排，使全体人民朝着共同富裕方向稳步前进，绝不能出现'富者累巨万，而贫者食糟糠'的现象。"[1]分配制度是促进共同富裕的基础性制度，在正确处理发展与分配、需要与可能、先富与后富关系方面具有不可替代的作用。以习近平同志为核心的党中央准确把握发展阶段的新变化，把逐步实现全体人民共同富裕摆在更加重要的位置上，对完善分配制度作出重要部署，为在全面建设社会主义现

① 《习近平谈治国理政》（第二卷），外文出版社2017年版，第200页。

代化强国的新征程中实现共同富裕提供了根本遵循。

习近平总书记坚持以人民为中心，站在党和国家事业发展全局的高度推进收入分配制度改革，提出“构建初次分配、再分配、三次分配协调配套的基础性制度安排”[1]，充分发挥分配的功能和作用以规范收入分配秩序。为构建中间大、两头小的橄榄型分配结构，促进社会公平正义，习近平总书记进行了部署安排，提出“坚持社会主义基本经济制度和分配制度，调整收入分配格局，完善以税收、社会保障、转移支付等为主要手段的再分配调节机制，维护社会公平正义，解决好收入差距问题，使发展成果更多更公平惠及全体人民”[2]。对于如何促进收入分配更合理、更有序，习近平总书记从坚持按劳分配原则出发，提出“完善按要素分配的体制机制，促进收入分配更合理、更有序……坚持在经济增长的同时实现居民收入同步增长、在劳动生产率提高的同时实现劳动报酬同步提高。拓宽居民劳动收入和财产性收入渠道”[3]。

收入分配是直接关系老百姓“钱袋子”的大事。“钱袋子”越鼓，人们生活越有保障；财富分得越公，人们越能心平气顺。习近平总书记就完善分配制度作出重要部署，为在全面建设社会主义现代化国家的新征程中实现共同富裕指明了方向。

香瓜产业让农民的“钱袋子”鼓了起来（王立群　拍摄）

① 《习近平著作选读》（第二卷），人民出版社2023年版，第503页。
② 习近平：《论把握新发展阶段、贯彻新发展理念、构建新发展格局》，中央文献出版社2021年版，第95页。
③ 《习近平著作选读》（第二卷），人民出版社2023年版，第38页。

扎实推进全体人民共同富裕

共同富裕是社会主义的本质要求，是中国式现代化的重要特征。党的十八大以来，在以习近平同志为核心的党中央的坚强领导下，党和国家采取一系列措施解决分配不公问题，着力推动收入分配结构调整，优化重塑区域发展格局，使发展的协调性和可持续性明显增强。全国各地以解决“分配不公”带来的地区差距、城乡差距、收入差距问题为主攻方向，持续完善收入分配制度，推出一系列重大举措，努力做大“蛋糕”，分好“蛋糕”。

村民崔之保圆了脱贫梦，日子越过越好

多渠道提高居民收入，增强人民幸福感与获得感。收入水平是人民群众最关注的指标，居民收入的稳定增长是提高人民生活幸福度与舒适度的重要方面。山东省深入推进“创业齐鲁·乐业山东”专项行动，通过组织多样化的创业创新大赛、展示交流等活动，释放各类群体创业创新的活力，促进多渠道灵活就业；打造农业优势特色产业，实施乡村产业平台构筑行动，按照“一县一园、一镇一业、一村一品”思路，推动全省农产品加工业持续稳定健康发展，切实增加农民财产收入；发挥企业工资指导调控作用，推动企业开展集体协商，促进企业职工工资合理增长。2022年山东省居民人均可支配收入为37560元，比上年增长5.2%。其中，城镇居民人均可支配收入为49050元，比上年增长4.2%；农村居民人均可支配收入为22110元，比上年增长6.3%。

延伸阅读

“说一千、道一万，增加农民收入是关键”

强国必先强农。锚定建设农业强国目标，新征程，农民增收的分量仍然很重。

习近平总书记强调：“农业农村工作，说一千、道一万，增加农民收入是关键。”“要坚持把增加农民收入作为‘三农’工作的中心任务，千方百计拓宽农民增收致富渠道。”

从黄土地走来，习近平总书记对农民有着特殊的情感：“我们这代人有一份情结，扶一把老百姓特别是农民。”暖心话语，语重心长。一次次考察调研，到田间地头，到农家炕头，和乡亲们促膝拉家常、细算增收账。

罗霄山脉，峰峦叠嶂。2016年2月，习近平总书记沿着崎岖山路，来到江西省井冈山市茅坪乡神山村。村民彭夏英记忆犹新：“总书记来到家里，拉过一条板凳，招呼我和丈夫坐下，一起聊起了家常。总书记问起家里种了什么、养了什么，一项一项问得很细。对咱老百姓，那是真心的好哇！”如今的神山村，山区变景区，户户捧上“聚宝盆”。彭夏英家的房子改造成农家乐，一年收入超过10万元。

产业振兴促增收。在江苏省镇江市先锋村农业园，习近平总书记指出：“现代高效农业是农民致富的好路子。要沿着这个路子走下去，让农业经营有效益，让农业成为有奔头的产业。”在去年底召开的中央农村工作会议上，总书记强调：“各地推动产业振兴，要把‘土特产’这3个字琢磨透。”

这十年，小木耳变成大产业，小黄花长成致富花……从南到北，一个个“土特产”变身乡亲们增收致富的大产业。

〔来源:《“说一千、道一万，增加农民收入是关键”(总书记的人民情怀)》,《人民日报》2023年6月19日〕

完善分配制度改革，优化收入分配结构。收入分配是民生之源，是改善民生、实现发展成果由人民共享最直接的方式。宁夏回族自治区不断健全要素参与分配机制，鼓励企业将工资分配与岗位价值、技能素质、实际贡献、创新成果等因素挂钩，推动分配向作出突出贡献的人才和一线关键岗位人员倾斜。这些举措，推动了当地居民收入增长和经济发展同步，促进劳动报酬和劳动生产率同步提高。

全面推进乡村振兴，着力缩小城乡收入差距。农民农村共同富裕是实现全社会共同富裕的关键组成部分，必须让广大农村劳动者共享社会发展成果。自2021年以来，陕西省全面推进乡村振兴工作，坚持把巩固拓展脱贫攻坚成果同乡村振兴有效衔接作为“三农”工作的重中之重，扎实推进守底线、抓衔接、促振兴各项任务，全力朝着共同富裕稳步前进。近年，陕西省积极发挥村级劳务机构的优势，精准掌握脱贫劳动力基本信息、劳动能力、技能水平和就业意向，建立脱贫劳动力人员信息台账；同时，启动苏陕劳务协作、秦

青年人回村创业，带动村民们走上致富路(王立群 拍摄)

巴就业联盟合作机制，组织人力资源公司广泛征集市内外企业用工岗位需求，建立企业用工需求信息台账，实现“合适的人”到“合适的岗”，真正带动农村农民增收致富。据统计，2022年陕西省农村居民人均可支配收入达到15704元，较上年增长6.5%，增速快于城镇2.3个百分点。

促进基本公共服务均等化，维护社会公平正义。促进基本公共服务均等化，推动优质公共服务资源向基层延伸，加强普惠性、基础性、兜底性的民生建设，使全体人民在共建共享发展中有更多获得感。为不断提升全省基本公共服务均等化水平，浙江省财政厅在深入基层走访调研的基础上，创新探索构建体系化、集成化的“钱随人走”“1+X+N”政策体系，即出台“1”个转移支付制度改革实施意见，建立完善“X”个配套制度，优化“N”项分领域转移支付资金分配管理办法，加大转移支付资金与常住人口因素的联系程度，推动转移支付资金分配与基本公共服务对象精准挂钩，并在教育、卫生领域率先试点。通过这项改革，浙江正着手构建一个以人为核心的转移支付体系，这一举措能够把财政资金配置到最需要的地方，让财政资金配置更加精准、市县的财力保障更加均衡、各地提供的基本公共服务水平更加均等。

中国式现代化是全体人民共同富裕的现代化，而分配制度是促进共同富裕的基础性制度。未来十年是中国经济社会发展的重要时期，要在全社会对收入分配问题形成共识的基础之上着力解决分配不公问题，让个人权益得到更充分的保障，提升人民的获得感、安全感和幸福感。

切实保障人民权益，促进更多低收入群体迈入中等收入行列。我国要出台相关政策保障措施，开展面向市场需求的职业技能培训和创业培训，提高低收入群体的劳动技能水平，以增加低收入人群就业的稳定性，并在此基础上进一步健全面向低收入群体的基本公共服务体系，逐步降低教育、医疗卫生、救助帮扶等公共服务的户籍关联度，以减轻低收入群体的生活成本。

坚持以人民为中心，不断健全社会保障体系。把增进民生福祉、促进社会公平作为发展社会保障事业的根本出发点和落脚点，做到全国一盘棋，加强基本社会保障制度的统一性和规范性。加快完善全国统一的社会保险公共服务平台，逐步实现全体国民基本社会保障平等共享，织密筑牢社会保障安全网，不断提高人民的生活品质。

推动实现共同富裕，鼓励和引导高收入群体积极回报社会。一方面，要理性用好税收政策工具，在全面评估税制调整效应的基础上，循序渐进推动改革。另一方面，既要努力在全社会形成慈善是高尚事业的共识，又要为慈善事业发展创造更为优越的环境，促进相关配套激励政策不断完善。

坚持优化营商环境，营造风清气正的创收环境。取缔非法收入，保护合法收入的关键是扎紧制度的笼子。第一，要强化重点领域的权力制约，构建公平竞争的市场秩序和亲清政商关系，净化金融生态、优化营商环境。第二，要加强对非法收入的监管和惩处力度，不断完善收入申报的方式方法，完善法律法规，健全非法收入认定和处罚的法律规定，推进综合监管协同运用。

延伸阅读

浙江如何探路“扩中”“提低”

党的二十大报告就如何扎实推进共同富裕提出了具体路径，包括完善分配制度，实施就业优先战略，以及健全覆盖全民、统筹城乡、公平统一、安全规范、可持续的多层次社会保障体系等。

这些路径，也是浙江“扩中”“提低”的着力点。在浙江提出的8大实施路径中，第一条就是促就业，其他7条是激活力、拓渠道、优分配、强能力、重帮扶、减负担、扬新风。“促就业”“激活力”等强调增收，促进劳动性收入、经营性收入、财产性收入协同发力，“强能力”“扬新风”等偏重动能，要在人的全面发展中创造更多社会财富，还有的强调制度改革、减轻负担等。

当前，按照这张“统考卷”，浙江各领域、各条线纷纷开动脑筋、开展行动。比如，在全国率先开展技术要素市场化配置改革，完善知识价值导向的分配机制。再如，成立浙江省新型帮共体，26个团组、569家成员单位，结对帮扶山区26县，缩小地区收入差距。

在完善社保体系上，浙江也有很多新举措。就在今年5月，浙江印发了《“钱随人走”制度改革总体方案》，梳理群众生存、健康和发展等方面的民生需求，以11类公共服务领域、95项公共服务项目为基础，推动转移支付资金分配与基本公共服务对象精准挂钩。

聚焦单一群体，实施特别增收计划。聚焦技术工人、科研人员、中小企业主和个体工商户、高校毕业生、高素质农民、新就业形态从业人员、进城农民工、低收入农户、困难群体等9类群体，制定精准政策，拓宽他们的增收渠道，提升他们的抗风险能力，对“扩中”“提低”至关重要。

（来源：《浙江如何探路“扩中”“提低”——“学报告，再看浙江先行路”之四》，《浙江日报》2022年10月20日）

12

如何解决城市停车难问题？

“以前车位有限，每天回来稍微晚点儿，停车就像打‘游击’，哪儿有空就往哪儿钻，有时候绕上好几圈也无济于事。”老许在五年前就给家里添置了一台新车，本是个喜庆的事，却常常因为找不到停车位而苦恼。虽然老许所在的小区道路两旁划有少量车位，但并不能满足周边居民的停车需求。一些可以停车的空地上，是谁看到谁就停，因为停车没少发生口角和纠纷。停车难一直是城市发展的一大痛点，随着汽车保有量不断增

（张源源 拍摄）

长，许多老旧小区、背街小巷都面临停车位不足、居民无处停车的尴尬。停车难、停车乱不仅影响交通秩序和人身安全，也影响城市文明形象。民生痛点堵点，就是发力点，解决停车难问题，事关民生福祉，事关城市功能与品质。

我国正处在城镇化、机动化的快速发展阶段，由于历史欠账较多而新增需求持续快速增长，“停车难、乱停车”的问题日益突出。2023年上半年，仅人民网“领导留言板”上，就有近15000名群众留言反映停车难。以上海为例，截至2022年6月底，上海机动车保有量达509万辆。然而，与此相对应的是停车位数量严重不足，上海市经营性公共停车场泊位数量总计仅有91.5万个。这种情况导致许多小区和商业区域周边的道路被私家车占据，给居民和商家带来了极大的不便。同时，在上海市中心地带的停车位更是供不应求，许多人只能选择坐地铁或公交出行。当前，随着人民生活水平的不断提高，机动车数量仍在不断增长，然而城市空间有限，停车难已成为城市发展面临的普遍问题，也是群众“急难愁盼”的问题之一。破解停车难问题已成为高质量发展背景下考验政府治理体系和治理能力的重大问题，也是改善民生、满足人民美好生活需要、提升人民幸福感的重要一环。

“放假回家看爸妈，老小区真不好停车。”“去学校接个孩子，停车停在了旁边居民楼里。”“节假日的景点车没地方停。”群众普遍反映的停车难，到底难在哪儿？**泊车车位供不应求**。从停车位供应角度看，大城市的停车设施建设明显滞后于车辆的增长速度。2022年，高德地图与清华大学交通研究所联合发布的全国停车场分析报告显示，目前国内已建设了超过百万个停车场，但对比庞大的汽车保有量，停车位依然紧缺，尚有约8000万的停车位需求缺口。在供给方面，停车位规划历史欠账多，土地稀缺，设施增量受限。虽然近几年通过综合施策、盘活存量、挖潜建设等措施，居住停车位有所增加，但供需矛盾仍然突出。**乱停乱放现象严重**。城市人口流动中的停留、驻足都会产生停车需求，有些需求能够在流动中消解，有些则成为难以消化的堵点和痛点。在人口越密集的时间和空间，停车位越稀缺。由于停车泊位供应的缺乏，城市车辆随意停放现象严重，不仅是主次干道，凡是可利用的城市空间都成了停车场，不仅影响了城市车流的正常运行，而且很容易产生严重的安全隐患。**现有车位未被高效利用。**“墙外停车困难，墙内车位闲置”的现象在各大城市一直存在。停车难背后的关键问题是停车资源的私有性过强、共享制度不健全、精细治理不到位。在核心区域，土地资源稀缺，原有规划无法满足经济社会发展需要，导致公共停车设施供给受限；而专用停车设施因各种原因无法有效调剂，最终导致需求无法得到有效回应。在非核心区域，土地资源等基础条件相对较好，停车设施规划建设充足甚至超前准备，但因周边居住、办公、商业等氛围还在逐步形成中，停车需求相对较少或存在明显潮汐现象，导致停车位的利用不够充分。**公共停车场布局不合理。**一些高层建筑小区无地下停车场，地面停车位数量远不能满足停车需求；一些小区物业对小区内实施停车收费，小区外围街道却无人监管，存在部分业主不愿进小区缴费停车，将车辆停放在小区周边街道的行为，长时间占用马路两侧公共停车位，致使公共停车位成为“僵尸车位”。部分城市发展过程中对中心城区停车的规划力度不够，布局不平衡，与土地功能区规划不协调，未能缓解外来交通的停车需求以及减轻中心吸引点的交通压力。

停车事虽小，却是大民生。究竟为什么会出现城市停车难问题？究其原因，**一是飞速增长的汽车保有量。**汽车的销量呈现增长趋势，并且增速远远高于停车位建设率，尤其是大城市发展迅猛，人们购车的诉求与实现率更高，但是停车位的建设率增长较慢，这样一来，就导致停车难的问题比较突出。**二是供不应求的停车位数量。**停车位数量相对于居民户数、汽车保有量来说严重不足，停车位比较紧张的区域主要是居民小区、大型商场、集贸市场和广场等人流密集区域。公共停车位数量不足，无法满足日常停车需求，导致一些车辆胡乱停放，随意挤占马路、人行道甚至盲道，成为城市管理中的一大难题。**三是不合理的车位规划**。停车场建设不能满足城市发展需求，公共停车位的规划和布局不合理，部分路段未设置公共停车位，导致个别区域车辆停放无序，在一定程度上造成交通拥堵。**四是不到位的停车监管**。城区乱停乱放现象较多，尤其在夜间，小区内外车辆拥堵，随意停放，存在占用主干道、转弯处、消防车道等现象。面对这种情况，监管部门手段单一，处罚力度较小，查处整治的措施少，无统一规范的管理制度，流动查处和停车疏导等方面人力配备、保障手段不足。**五是不统一的收费标准**。很多城市停车收费并没有规范性、统一性的文件，收费标准不一。现有停车位很大一部分处于未收费状态，部分停车位由行政执法部门和企业、物业公司收取费用，还存在个人私自收费的现象。

因而，面对城市治理的重要一环，对于关系民生的停车难问题，如何在全社会共同参与、各部门各司其职的基础上，建立强有力的协调机制统筹推进，是今后一段时间党和国家需要解决的民生问题。办好群众关切关注的停

东滩煤矿为解决职工及家属停车问题，建造了一座停车场，场内停满了车辆（相启团　拍摄）

车实事，体现的是为人民服务的理念和水平，考验的是城市治理的智慧和能力。将群众关于解决停车难问题的建议落到实处，不仅体现了城市治理的民生温度，更是各地以人民为中心，发展全过程人民民主的生动实践。

切实加强城市停车规划管理与源头治理

伴随着我国经济发展和人们出行方式的变化，机动车保有量持续增加，带来了一系列亟待解决的新矛盾新问题。习近平总书记指出："要更加聚焦人民群众普遍关心关注的民生问题，采取更有针对性的措施，一件一件抓落实，一年接着一年干，让人民群众获得感、幸福感、安全感更加充实、更有保障、更可持续。"①停车问题作为民生问题的重要一环，加强城市停车难问题治理既是满足人民群众美好生活需要的重要内容，也是现代城市发展的重要支撑。

党的十八大以来，习近平总书记在推进城市治理，着力解决交通出行问题方面作出了一系列重要部署。**提高治理水平，推进理念创新**。一座城市的治理水平，与人民群众的获得感、幸福感、安全感息息相关。随着城市规模日渐扩展，城市结构日益复杂化、多元化，城市治理难度也不断加大。建设人民城市，需要不断转变思路，让人民群众唱主角，为人民群众提供优质服务，促使城市治理获得质的提升，实现城市高质量发展。习近平总书记强调："要提高城市治理水平，推动治理手段、治理模式、治理理念创新，加快建设智慧城市，率先构建经济治理、社会治理、城市治理统筹推进和有机衔接的治理体系。"②**加强基础设施建设，打造智慧城市**。新中国成立以来，党中央一直高度重视推动基础设施建设，传统基础设施建

① 习近平：《在基层代表座谈会上的讲话》，人民出版社2020年版，第7页。
② 习近平：《在浦东开发开放30周年庆祝大会上的讲话》，人民出版社2020年版，第10—11页。

设取得举世瞩目成就。进入新时代，党中央顺应时代潮流，积极推动数字基础设施等新型基础设施建设，为适应和引领经济社会发展提供了有力支撑。习近平总书记强调："基础设施是经济社会发展的重要支撑，要统筹发展和安全，优化基础设施布局、结构、功能和发展模式，构建现代化基础设施体系，为全面建设社会主义现代化国家打下坚实基础。"[①]"加快转变超大特大城市发展方式，实施城市更新行动，加强城市基础设施建设，打造宜居、韧性、智慧城市。"[②]**改善交通方式，引导绿色出行**。交通运输是国家节能减排的重点领域之一，我们要深刻领会做好交通运输碳达峰、碳中和工作的重要意义。这是贯彻新发展理念，实现交通运输高质量发展的内在要求。作为国民经济中基础性、先导性、战略性产业和重要的服务性行业，交通运输不仅要做经济社会发展的先行官，也要做绿色发展的先行官。这是贯彻以人民为中心的发展思想，加快建设交通强国的必然要求。习近平总书记强调："要加快形成绿色低碳交通运输方式，加强绿色基础设施建设，推广新能源、智能化、数字化、轻量化交通装备，鼓励引导绿色出行，让交通更加环保、出行更加低碳。"[③]**共享城市资源，人民宜居安居**。坚持人民城市属性，既突出共享，又强调共建共治，加快探索一条具有中国特色、体现时代特征、彰显社会主义制度优势的城市治理之路。习近平总书记强调："城市是人集中生活的地方，城市建设必须把让人民宜居安居放在首位，把最好的资源留给人民。"[④]"共享发

① 《全面加强基础设施建设 构建现代化基础设施体系 为全面建设社会主义现代化国家打下坚实基础》，《人民日报》2022年4月27日。

② 习近平：《高举中国特色社会主义伟大旗帜 为全面建设社会主义现代化国家而团结奋斗——在中国共产党第二十次全国代表大会上的报告》，人民出版社2022年版，第32页。

③ 习近平：《与世界相交 与时代相通 在可持续发展道路上阔步前行——在第二届联合国全球可持续交通大会开幕式上的主旨讲话》，人民出版社2021年版，第4页。

④ 习近平：《在浦东开发开放30周年庆祝大会上的讲话》，人民出版社2020年版，第10页。

展是建设美好世界的重要路径。”①

加强城市停车设施建设与治理，不仅是“补短板”的有效投资领域，而且是汽车消费的必要支撑，同时可显著改善城市公共秩序与宜居环境，有效增强人民群众幸福感和获得感，既是民生问题也是发展问题，具有重要意义。解决停车难问题是以人民为中心的发展思想在现代城市发展中的具体体现，这些重要论述对解决城市停车难问题具有重要的指导意义。

延伸阅读

破解停车难、停车贵，要在“螺蛳壳里做道场”

近年来，随着我国城市机动车保有量持续提升，城市停车空间已成为日渐稀缺的公共资源。城市道路的停车位怎么划、谁来管、收费多少、钱怎么用，看似细微，却关系着群众切身利益。实际上，停车难、停车贵问题由来已久，是城市治理中的老大难问题。城市空间有限、机动车数量迅速增长，车位划定、停车收费牵涉利益主体多等因素，决定了解决相关问题要在“螺蛳壳里做道场”，下足绣花功夫。

福建省福州市汇集全市停车数据资源，构筑智慧高效停车服务网络，方便市民查询附近实时车位信息，提高车位的利用效率；江苏省苏州市推出限时停放的便民车位，缓解市民如厕、买药、装卸货物等情况的停车难问题；上海市鼓励小区居民协商制定车辆停放规则，通过共治共管让停车更有序……多地已行动起来，在纾解停车难上进行了有益探索。

① 《习近平向全球共享发展行动论坛首届高级别会议致贺信》，《人民日报》2023年7月11日。

“城，所以盛民也。”随着城市发展，人民群众对美好城市生活的要求也水涨船高。相关案例启示我们：城市治理要从精细处入手，从群众的操心事、烦心事、揪心事做起。坚持以人民为中心的发展思想，在解决民生难题过程中转变治理思维、提升治理能力、完善治理体系，才能不断增强人民群众获得感、幸福感、安全感。

（来源：“人民日报评论”微信公众号）

“挤”出停车位，让老百姓停车更方便

2023年4月13日，有网友在“领导留言板”给长春市市长留言反映吉大二院亚泰院区自开院以来，附近小区业主存在停车困难问题。收到留言后，长春市城乡建设委员会联合多部门在医院周边设置了共享停车场，并在医院内部增加了506个标准停车泊位。6月14日，记者前往吉大二院调研时，发现医院停车场中有空余停车位，周边停车难的问题已得到了初步解决。在“领导留言板”上，多地群众为解决停车难建言献策，各地区各部门充分尊重人民意见，通过科学民主决策，“人民建议”成为城市治理的良方。党的十八大以来，按照习近平总书记的指示批示要求和决策部署，党和国家出台配套政策措施并抓好政策落实，高度重视解决城市停车难问题，鼓励各地有效扩大停车位供给，合理制定停车收费政策等。同时，全国各地根据实际情况不断加强停车设施规划建设管理工作，坚持规划引领、盘活资源，不断增加停车泊位供给，着力解决人民群众“急难愁盼”的停车难问题，并取得了实实在在的成效。

重点推动，加快城市停车位总量有序增加。全面部署治理停车难的总体思路及相关工作安排，增加停车位供给总量。向“空间”要车位，是许

重庆市沙坪坝区石门大桥桥下机械式停车库（郭晋 拍摄）

多城市解决停车难的主要手段。依山而建、傍水而生的重庆市因地制宜，探索向“下”停车，将许多曾被忽略的桥下空间、高架设施改造为停车场，桥下开放的便民临时停车场不仅为市民和游客提供了便利，也成为他们争相打卡的风景地。湖北省武汉市东西湖区充分利用各类学校操场的地下空间，建设了停车场和农贸市场等。在吴家山二中足球场下方有近8000平方米空间，学校利用下沉设计“扩”出一片新天地，一部分作为学校内部停车场，另一部分则对外开放。空间立体化的停车办法不仅充分集约利用土地还增添了更多停车位，为更多车主解决了停车的难题，得到广大群众的认可。

分类施策，优化城市不同地区的车位供给结构。在老城区和城市中心区，应优先满足居住的刚性车位需求，控制非居住的弹性需求。鼓励“小、散、精”的停车场建设，鼓励利用空地、绿地地下空间、边角地见缝插针，地上地下发展建设立体停车设施。在城市新区，严格执行新建小区、新建建筑车位配套标准，加强车辆停放管理。逐步建立“组团布局+街区制+小网格道路”的路网策略，打通背街小巷，增加停车空间。小城

高智能立体车库让单层只能停20辆车的地方可供93辆车同时停放（张源源 拍摄）

市要建立道路停车收费制度，逐步引导居民在翻新私房时做好车位配套，形成良好的停车习惯。加强高铁、地铁、公交换乘枢纽的大型换乘停车场建设，满足大量的城市换乘停车需求。商业区、行政中心、医院、学校等区域，要加强停车场建设管理。在具备优化泊位条件的支小道路应适当增加蓝线免费停车位，保障城市居民的基本停车需求。旅游区、旅游名镇，要做好停车引导服务，同时要在周边的机关、学校开辟临时停车服务场所，重点解决节假日期间出现的“潮式停车”难题。

智慧引领，推动各城市的停车管理系统建设。破解停车难，不仅要新增停车空间，还要提高现有资源利用率。为了让群众少绕弯路，不少城市在建设城市智慧停车云平台上下了功夫。2023年6月15日，记者在安徽省合肥市包河区皖能大厦智能化停车库看到，市民陈先生将汽车开至智能立体停车场，选择“存车”按钮后，机器人自动完成了将车辆升举、搬运入库等一系列操作。安徽皖能大厦有限责任公司负责人介绍，车主通过手机APP或微信公众号就能完成预约车位、存取车、线上支付等一系列操作，平均存车或取车时间不超过90秒。推动城市停车管理建设，应以大中型城市为重点，积极构建城市智慧停车云平台。分期对公共停车位、政府事业单位以及所有已经出售或未出售的社会车位安装物联网感应设备，用于探测车位的使用情况，解决精准定位及精准计费问题，逐步实现全市停车场和停车位的信息系统互联互通。试点开发、推广供移动终端使用的城市共享停车APP。城市合理选择周转量大的停车场及交通拥堵片区，依托城市智慧停车云平台，开展分级停车诱导系统应用示范，加快构建具有全国示范引领意义的智慧停车诱导体系。

党的十八大以来，党中央、国务院高度重视城市停车问题，将加强停车设施建设提高到了前所未有的新高度。2020年7月30日，在中共中央政治局会议上，明确将城市停车场建设纳入补短板工程。2021年的《政府工作报告》也再次将其列入建设重点之一。全面贯彻落实党中央、国务院决策部署，真正解决城市停车难问题，需要切实细化完善政策措施，这是更好地服务于城市更新与建设的应有之义，也是优化社会资源配置、推动产业升级和促进生态文明城市建设的必经之途。

科学管理，加强违停督查整治。调整停车收费标准，实行差别化停车价格政策，城市内采用“路内高于路外，地上高于地下，地面高于车库，中心高于外围”的通用策略，重点提高中心城区、商业办公、旅游区域停车收费标准；加强停车秩序治理，按照“停车入位、停车有序、违停必究”原则督查停车行为，使用违停自动抓拍技术进行全天候巡逻管控，并依法加大对违停的处罚力度。

合理规划，充分挖潜停车资源。按照重挖潜促管理的建设思路，充分挖潜既有设施停车能力，避免大量新建停车设施而导致的成本高企、土地浪费等问题，提高停车位供给水平。对于居民夜间等特殊时段的停车需求，要创新管理方式，鼓励在居住区周边分时段设置夜间居住停车泊位，挖掘停车资源，从而平衡停车供需。

智慧停车，鼓励信息化服务。鼓励和推广停车信息化、智能化，实现城市停车的全局态势感知、公共服务资源调度、城市信息共享等多元目标，实现停车与互联网融合发展；要支持移动终端互联网停车应用的开发与推广，推进停车服务与互联网融合发展，从而精确引导有序停车、错峰出行，实现城市停车需求与停车供给的动态平衡。

统筹考虑，打造停车行业发展新生态。通过“互联网+停车”技术，深度分析停车资源与城市用地的时空耦合关系，充分整合停车资源匹配停车需求。鼓励政府机关、企事业单位、居住区、商场等在满足自身停车需求的情况下，因地制宜地将配建停车场向社会开放；同时，鼓励停车泊位所有者、使用者开展错时有偿共享，扩容关键地段停车资源，打造停车共享行业发展新生态。

延伸阅读

解决停车难题　办好民生实事

随着城市机动车保有量持续提升，城市停车空间日益成为稀缺的公共资源。停车难是很多城市的顽疾和痛点。2023年9月15日，媒体报道社区居民反映青海省西宁市二安家属院小区停车难、乱停车的新闻。因为停车难是一个普遍存在的现象，尤其在老旧小区是群众“急难愁盼”的焦点问题之一，所以这条新闻引起了很多市民的关注。

停车难不是小事，关系到人民群众的获得感和幸福感，理应得到各级政府和职能部门的重视。据报道，西宁市南山东社区的党员干部听到二安家属院小区居民的诉求后，立即着手解决停车难这一问题：他们积极回应居民诉求、制定方案、联合相关单位搬运清理和拆除占用公共停车位的杂物；教育乱占停车位的不文明行为；结合小区改造工程，规划停车位，腾出更多的停车空间；同时动员居民探讨治理措施，参与共治共管。

习近平总书记指出：“要更加聚焦人民群众普遍关心关注的民生问题，采取更有针对性的措施，一件一件抓落实，一年接着一年干，让人民群众获得感、幸福感、安全感更加充实、更有保障、更可持续。”我们要牢记习近平总书记的嘱托，把“人民至上”的理念内化于心、外化于行，以“时时放心不下”的责任担当，尽心尽力为民谋福利、为民办实事。

（来源：《解决停车难题 办好民生实事》，《青海日报》2023年10月12日）

13

如何解决社会弱势群体合法权益保障问题？

2022年央视“3·15晚会”曝光了方便面品牌的乱象，许多方便面品牌的销量暴跌，但与此形成鲜明对比的是白象品牌的方便面销量不断暴涨。除了白象产品自身重视食品安全为人们所津津乐道之外，“白象三分之一的员工是残疾人”的新闻词条也突然爆火并登上了热搜。白象的掌舵人姚忠良是军人出身，在他带领白象发展的20多年里，企业提供渠道，

吸纳了大量无法像普通人一样获得就业机会的残障人士，并统一将残疾员工称为“自强员工”。在白象，“自强员工”的数量一度占到了工厂总人数的三分之一，无论在工作还是生活上，企业都对这一群体格外重视和照顾。

然而事实上，即使有类似白象这样的企业伸出了援助之手，依然无法从根本上解决包括残疾人等在内的社会弱势群体生存难、就业难，以及其他的相关合法权益无法得到有效保障的问题。

那么所谓的“弱势群体”，相较于普通人来讲，其“弱势”究竟表现在哪些方面呢？**就业择业上的弱势**。弱势群体自身劳动能力相对较弱，在其就业过程中很难与普通人进行公平竞争，在就业方面存在很大的障碍，大部分弱势群体没有固定的经济来源。**接受教育上的弱势**。相较于普通人，弱势群体在获取、享受教育资源时，常常处于劣势，且社会上针对弱势群体的高质量、高水平的教育资源相对匮乏，在教育的“公平秤”尚不能有效保障弱势群体时，其自身社会竞争力的提升也受到了限制。**医疗保障上的弱势**。社会医疗保障制度亟须进一步完善，关于弱势群体的针对性医疗保障政策也有待补充、优化，加之部分弱势群体缺乏基本的医疗保障常识，因此其在后续生活中难以得到全方位的医疗保障。**信息服务上的弱势**。数字化时代的快速发展进一步挤压了弱势群体的生存空间，弱势群体在浩如烟海的网络信息中缺乏一定的鉴别能力，进而导致其合法权益极易遭受不良侵害。

那么，为何我国弱势群体的合法权益总是难以得到有效保障呢？**弱势群体人口数量大是重要因素**。我国人口基数大，虽然弱势群体占总人口的比例小，但是其总量也是不容忽视的。同时，弱势群体所包含的人群非常广泛，其构成相对复杂，大体上包括留守儿童、留守老人、残疾人、失业者、农民工、非正规就业者以及社会边缘人等。需要指出的是，**弱势群体自身能力不足是十分关键的原因**。一方面由于其社会地位和文化水平较低，另一方面由于其肢体、智力上的残缺，他们所遭遇的困难不论是在

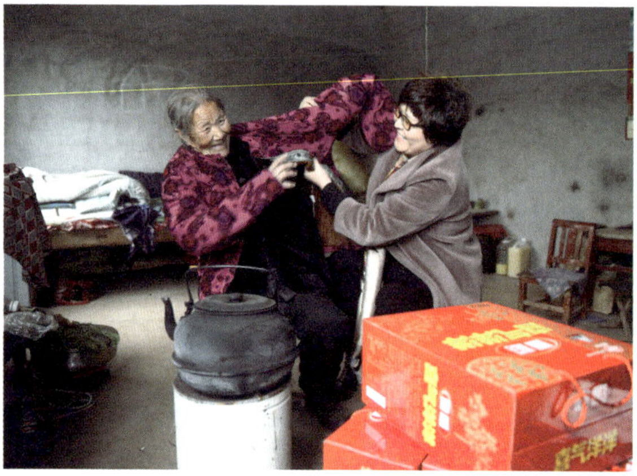

爱心人士为留守老人送去过冬棉衣

数量还是种类上都多于普通人。即使是和普通人面临同样的问题，弱势群体去处理和解决时也会相对更棘手，甚至会陷入困境，难以自救。此外，**弱势群体的诉求表达很容易被忽视**。弱势群体虽然人口数量众多，但其实他们的声音十分微弱。对外表达途径不完善、通道不畅通，导致他们的合理诉求难以向社会表达出来，也无法得到及时关注。如今，弱势群体在就业创业、利益表达和权益维护等方面仍面临窘境、遭受制约，如农民工被拖欠工资、缺少社会医疗保障缺失，留守人员缺乏看护等情况依然时有发生，但大都无法得到有效的反馈。从社会治理的视角来看，**弱势群体扶持政策尚不完善**。由于各地经济水平不尽相同，部分经济落后地区的政府难以为弱势群体提供足够的物质扶持。从政策制定层面来看，由于弱势群体面临的困境各不相同，具体情况复杂，所以针对弱势群体生活全过程的扶持政策难以跟进落实。

以上这些弱势群体遇到的现实问题如何得到妥善解决，合法权益如何得到有效保障，正当利益如何得到合理实现，始终是党和国家心中牵挂的大事。

弱有所扶，织好编牢保障之网

弱势群体合法权益的保障问题是实现社会公平的重要方面。党的十八大以来，随着相关政策的出台、落实，对该问题的处理已经取得重大突

“扶贫车间”实现家门口就业，聋哑小伙儿既找到了工作，又收获了爱情

破。习近平总书记高度重视社会弱势群体的保障问题，并针对不同的弱势群体作出了相应的重要指示，他强调：“要保护妇女儿童，保护老年人、残疾人等弱势群体，保障人民基本生活。”①这为精准解决社会弱势群体和困难群众的现实问题提供了基本遵循。

如何使社会弱势群体的合法权益得到有效保障？这个问题始终作为一件大事牵挂在习近平总书记的心中。深切关怀温暖人心，殷殷嘱托指明方向，习近平总书记格外关心残疾人、高度重视残疾人事业，将残疾人事业作为中国特色社会主义事业的重要组成部分，他指出：“完善残疾人社会保障制度和关爱服务体系，促进残疾人事业全面发展。”②不仅如此，习近平总书记站在战略高度，将残疾人事业的发展纳入中国式现代化的宏伟版图。正如他在向康复国际百年庆典所致的贺信中所说：“中国对

① 习近平：《团结合作是国际社会战胜疫情最有力武器》，《求是》2020年第8期。
② 习近平：《高举中国特色社会主义伟大旗帜 为全面建设社会主义现代化国家而团结奋斗——在中国共产党第二十次全国代表大会上的报告》，人民出版社2022年版，第48页。

残疾人格外关心、格外关注，在中国式现代化进程中，将进一步完善残疾人社会保障制度和关爱服务体系，促进残疾人事业全面发展。”[①]同时，农村留守儿童、留守妇女、留守老年人“三留守”群体一直是习近平总书记关注的焦点。习近平总书记认为民生无小事，枝叶总关情，对待农村“三留守”问题，要“搞好农村民生保障和改善工作。让农村留守人员生活得踏实、安全、无忧，是各级党委和政府特别是基层党委和政府的重大责任。要抓紧完善相关政策措施，健全农村留守儿童、留守妇女、留守老年人关爱服务体系，围绕留守人员基本生活保障、教育、就业、卫生健康、思想情感等实施有效服务”[②]。就业是最基本的民生，是经济发展的“晴雨表”、社会稳定的“压舱石”。习近平总书记高度关怀就业失业群体，号召“要全面落实就业优先政策，把推动实现更加充分更高质量的就业摆在突出位置，完善政策体系，强化培训服务，精准有效实施减负稳岗扩就业各项政策措施，支持多渠道灵活就业，重点抓好高校毕业生、退役军人、农民工等群体就业。要开拓就业渠道，加强对脱贫家庭、低保家庭、零就业家庭、残疾人等困难人员就业兜底帮扶”[③]。实现中华民族伟大复兴需要包括妇女在内的全体中华儿女共同奋斗，但不可否认的是妇女群体中的大部分仍然属于弱势群体行列。那么如何保障妇女合法权益不受侵犯？采取哪些举措能够促使妇女享有人生出彩的机会？习近平总书记指出：“我们要把保障妇女和女童权益置于公共卫生和复工复产计划重要地位，特别是拓宽妇女就业渠道，打击侵犯妇女权益的行为。我们要强化社会服务，优先保障孕产妇、儿童等特殊人群，格外关心贫困妇女、老龄妇女、残疾妇女等困难群体，为她们做好事、解难事、办实事。”[④]

---

① 《习近平向康复国际百年庆典致贺信》，《人民日报》2023年5月22日。

② 《十八大以来重要文献选编》(上)，中央文献出版社2014年版，第681页。

③ 《把握战略定位坚持绿色发展 奋力书写中国式现代化内蒙古新篇章》，《人民日报》2023年6月9日。

④ 《习近平关于尊重和保障人权论述摘编》，中央文献出版社2021年版，第127页。

党的十八大以来，以习近平同志为核心的党中央高度重视弱势群体的相关工作，提出了一系列关于保障弱势群体合法权益的新思想新理念新战略，不断强化弱势群体扶持工作建设实践，形成一系列经验总结。我国新时代弱势群体保障工作建设发生了历史性变革，取得了历史性成就，弱势群体的基本民生得到保障、生活品质得到改善、综合素质全面发展，获得感、幸福感、安全感显著提升。党和国家在不断满足人民美好生活需要的同时，为世界弱势群体保护工作贡献了中国智慧和中国方案。

延伸阅读

广州将外卖员等灵活就业和新业态劳动者纳入法律援助重点群体

随着互联网平台经济迅速发展，新就业形态劳动者的权益维护问题广受关注。2023年10月17日，广州市司法局发布消息称，广州依法扩大法律援助范围，将外卖员、快递员等灵活就业和新业态劳动者作为法律援助的重点群体，创新工作机制，优化服务举措，持续为灵活就业和新业态劳动者提供便捷优质高效的法律援助服务。

目前，广州市司法局在广州市人力资源市场服务中心、天河区员村工人文化宫设立新就业形态劳动者法援工作站，派驻或安排值班律师免费向灵活就业和新业态劳动者提供法律咨询、普法宣传服务。同时，根据灵活就业和新业态劳动者与所在新业态企业的法律关系进行分类指引，依托公共法律服务实体平台、热线平台、网络平台开通法援“绿色通道”，实施灵活就业和新业态劳动者权益保护公益项目，切实增强灵活就业和新业态劳动者获得感。

此外，广州市司法局、广州市人力资源和社会保障局、广州市总工会联合印发《关于进一步加强劳动人事争议调解仲裁法律援助工作的实施意见》，明确人社部门、工会、司法行政部门应加强沟通协调，主动作为，加强对灵活就业和新业态劳动者的法律援助，联合开展灵活就业和新业态劳动者权益保护的政策研究。

据统计，2022年以来，全市法律援助机构共办理灵活就业和新业态劳动者法律援助案件超900件。

（来源：《广州倾力打造灵活就业和新业态劳动者法援服务“广州”模式》，广州市司法局网站2023年10月13日）

切实保障弱势群体合法权益

在黑龙江省哈尔滨市2023年就业援助月残疾妇女专场招聘的活动现场，残疾人孙女士与一家物业保洁公司达成了就业意向。孙女士坦言：“一直想找份工作来减轻家庭负担，没想到这么顺利就找到了，感谢残联的帮助和企业提供的就业机会。”

近年来，哈尔滨持续加大援助力度，通过举办专场招聘活动、打造就业孵化基地、开展特色技能培训等措施，拓展残疾人就业创业新渠道。为促进本市残疾人实现较为充分、较高质量的就业，哈尔滨市人民政府于2022年12月印发《哈尔滨市促进残疾人就业三年行动实施方案（2022—2024年）》。该方案提出，要通过实施就业困难残疾人就业帮扶行动、农村残疾人就业帮扶行动、残疾人职业技能提升行动等十项行动，力争三年内实现哈尔滨新增残疾人就业创业6000人。

为充分保障弱势群体合法权益，党和国家一直在作努力。各级党委和政府积极响应党中央号召，从经济补贴、就业创业、医疗保障等方面加大对弱势群体的保障力度，根据不同弱势群体的特点，有针对性地完善工作机制、创新工作举措，切实保障弱势群体的合法权益。

经济补贴解忧愁，雪中送炭暖心间。残疾人由于生理上或智力上存在某种缺陷且难以修复，多数人生活水平不高，因此在弱势群体中最受关注。针对此类情况，各地政府直接发放经济补贴，以便最直观地改善其现有的生活状况。在西藏自治区，从2018年1月1日起，困难残疾人生活补贴标准由每人每月55元提高到100元，重度残疾人护理补贴标准由每人每月110元提高到200元，有效减轻了当地残疾人的家庭负担，提高了其生活质量。近年来，西藏自治区农村留守儿童、留守妇女、留守老人等关爱服务体系不断完善，孤儿、事实无人抚养儿童生活保障政策和残疾人“两项补贴”政策不断落实落小落细。截至2020年10月底，西藏全区共有5192名孤儿实现了在地市以上儿童福利院集中收养，落实完善了残疾人“两项补贴”资金7.4亿元，更有效地惠及了困难残疾人生活补贴43.9万人次，重度残疾人护理补贴15.3万人次。

应保尽保送春风，兜牢群众幸福线。为响应党中央加强社会弱势群体合法权益保障的号召，各地党委和政府做好顶层设计，出台政策文件，明确提高城乡最低生活保障标准，优化调整低保“单人户”施保、低保渐退、特殊刚性支出核算抵扣等政策。同时，各地根据经济发展水平的差异，适度降低了相关人员低保的申请条件，提高了最低生活保障标准，全面实现了“应保尽保、应兜尽兜”，真正做到了切实兜住兜牢基本民生保障底线。在陕西省宝鸡市，市委市政府根据当地实际情况，对城乡居民最低生活保障标准作出调整，规定自2023年1月1日起，城市低保标准统一提高到662元/人/月，同比增幅6.77%；农村低保标准统一提高到5964元/人/年，同比增幅21.22%，为推动城乡低保扩围增效和城乡统筹奠定了坚实基础。截至目前，很多地区均已经上调了当地的城乡低保标准，同时随着2023年中央一号文件的出台，为城乡低保户相关权益的保障送来了“春风”，在此条件加持下，低保户的基本生活条件得到了有效保障。

千方百计促就业，力创岗位保民生。作为弱势群体中最为活跃的因素，失业待业人群脱离该群体的条件十分简单，他们一旦获得合适的就业机会，就可以尽早尽快回归正常生活。为解决失业待业人群的相关问题，各地政府积极协调社会组织、机构，为其提供就业帮扶，努力创造就业机会。2023年7月，贵州省出台一系列政策措施，意在强化精准就业帮扶，不断提升就业服务的针对性、有效性。该系列举措主要包括：采取失业登记全面覆盖，将符合条件的登记失业人员纳入临时救助或最低生活保障范围；加大企业吸纳失业人员的支持力度，对吸纳登记失业半年以上人员就业的企业，按规定给予一次性吸纳就业补贴；对通过市场渠道难以实现就业的就业困难人员，按规定设置公益性岗位托底安置就业。针对失业人群，各地可以设置失业保险金以供其申领，保证其在择业期正常生活，并且加大金融扶持、创业孵化、创业补贴等政策力度，将灵活用工服务纳入就业公共服务范围，最大限度保障失业待业人群顺利就业。

巾帼当先守家园，倾心助力送温暖。加强农村留守妇女关爱服务工作是建立健全农村留守儿童、留守妇女和留守老年人关爱服务体系的重要组成部分，关系到乡村振兴战略的实施。为做好农村留守妇女关爱服务工作，遵循民政部等13个部门的要求，云南省人民政府于2020年7月，结合实际情况出台了《关于加强农村留守妇女关爱服务工作的实施意见》。该意见指出，要加大对贫困农村留守妇女的健康服务力度，实施贫困地区农村妇女“两癌”检查项目，优先为适龄农村留守妇女免费进行“两癌”筛查，并开展贫困母亲“两癌”救助，切实提升农村留守妇女的卫生健康意识和水平。从实际效果来看，该意见进一步完善了农村留守妇女关爱服务体系，健全了相关的工作机制，并在一定程度上提升了相关部门的关爱服务能力。各地党委和政府应按照分类指导、突出重点的原则，面向广大农村留守妇女，尤其是有困难、有需求的农村留守妇女提供相应关爱服务。

当好民工“护薪人”，解决群众“忧薪事”。自改革开放以来，随着城市化进程的推进，催生演化出了农民工这一群体。农民工在中国经济发

正在高空作业的农民工

展中扮演着重要角色，他们为城市建设和各行各业的发展提供了辛勤的劳动。随着新兴产业的兴起和现代化经济的发展，农民工的工作范围也在不断扩大，他们在各个领域发挥着重要的作用。然而，在农民工为中国的经济社会发展作出巨大贡献的同时，拖欠工资等不公平待遇在他们身上时有发生，尤其是建设资金不到位、行业生产组织不规范等现象导致工程建设领域成为拖欠农民工工资的多发行业。2023年9月21日，国务院办公厅颁布了修订后的《保障农民工工资支付工作考核办法》(以下简称《办法》)，其内容主要包括加强对保障农民工工资支付工作的组织领导、完善落实工资支付保障制度、治理欠薪特别是工程建设领域欠薪工作成效以及人民群众满意度等情况。同时，该《办法》规定，具体考核流程主要有省级自查、实地核查、第三方评估、暗访抽查、综合评议等程序。新修订的《办法》推动了保障农民工工资支付工作属地监管责任的落实，在一定程度上可以有效预防和解决拖欠农民工工资问题，有利于维护社会公平正义，促进社会和谐稳定。

党的十八大以来，弱势群体的合法权益保障工作取得了突出性成就，各地政府扶持政策的制定更加科学、完善，实施更加精准、高效，弱势群体的关爱服务工作得到强化。为了切实维护社会公平正义，巩固来之不易的脱贫攻坚成果，需要在党的领导下，全社会共同配合进一步做好弱势群体的合法权益保障工作。

把控宏观政策，完善制度，筑牢“弱有所扶”的民生根基。通过宏观政策影响，保护弱势群体基本权利的实现与基础生活的保障，进而推动弱势群体发挥自身价值。通过设立更加完善的社会保障制度和社会福利制度，采取强制手段对国民收入进行再分配，从而对社会弱势群体给予实质性帮助。

坚持自力更生，积极引导，实现“弱有所用”的工作创收。加强弱势群体的自我能力提升，引导弱势群体通过自力更生在工作中努力创收，以提升自身生活水准。促进弱势群体就业对于促进社会公平，扭转贫富差距不断扩大的趋势以及实现全体人民共同富裕具有十分重要的意义。

立足教育为本，健全机制，保障“弱有所教”的基本权利。要健全针对弱势群体的教育机制，特别是要加强对留守儿童的义务教育、留守妇女的就业引导、残疾人的技能培训等问题的关注，此类举措可以有效激发弱势群体的学习能力，进而增强其社会竞争力。

优化社会环境，畅通渠道，打造“弱有所尊”的理想氛围。以更加开放和包容的姿态对待弱势群体，帮助他们重拾自尊和自信，实现自立和自强。同时，进一步拓宽弱势群体的就业渠道，让他们能够走到台前，和普通人一样共同参与社会建设，为实现中华民族伟大复兴的中国梦贡献属于自己的一份力量。

延伸阅读

暖心就业困难群体　新疆列出今年民生实事清单

在新疆维吾尔自治区2023年十件民生实事新闻发布会上,“开展就业援助暖心活动”被列入十件民生实事之中。

按照十件民生实事规划,新疆今年将实现脱贫人口务工规模不低于108.7万人;促进失业人员实现就业16万人;帮助城镇就业困难人员实现就业2.9万人,实现城镇零就业家庭动态清零;启动“新疆建筑工匠”培训就业行动,完成12.5万人次培训和10万人就业任务。

新疆维吾尔自治区人力资源和社会保障厅党组成员、副厅长高峰说:“今年,我们继续把就业作为民生实事的重要事项,持续聚焦脱贫人口、登记失业人员、残疾人、低收入群体、离校未就业高校毕业生、零就业家庭等就业困难群体,开展就业援助暖心活动,帮助更多就业困难群体实现就业增收,用勤劳双手创造美好生活。”

据介绍,新疆将持续推进“直补快办”“免申即享”等快办模式,推动社会保险补贴、一次性求职创业补贴、公益性岗位补贴等各项政策应享尽享,不断扩大就业政策惠及面,稳定就业岗位。同时,持续面向城乡各类劳动者开展职业技能培训。

高峰说,今年全区将统一组织实施就业援助月、民营企业招聘月、残疾人就业帮扶活动等24项专项就业服务活动,保持就业岗位发布和招聘活动密度,加大岗位推送精准度,提高人岗匹配度,不断提升困难群众就业质量。

(来源:《暖心就业困难群众　新疆列出今年民生实事清单》,中国青年网2023年2月15日)

14

如何解决新型就业群体社会保障问题？

“赶时间的人没有四季”，这句浪漫的诗歌是对每天穿梭在大街小巷的外卖骑手的真实写照。2019年底，北京致诚农民工法律援助与研究中心接手了这样一起案件，一位名叫邵新银的外卖骑手在送餐途中发生严重交通事故，身体多处骨折，被医院鉴定为“九级伤残”。邵新银想申请工伤待遇，但工伤待遇的前提是存在劳动关系，而他却未与公司签订过劳动

合同。当时，邵新银在一审和二审中全部败诉。近年来，随着平台经济的快速发展，外卖员、网络主播等新型就业群体维权难的新闻层出不穷。调查显示，目前全国职工总数达到4.02亿人左右，新就业形态劳动者约为8400万人，占比五分之一。作为我国就业群体的重要组成部分，如何解决新型就业群体的权益保障问题是关乎民生的重要问题。

中国共产党始终坚持将劳动者的权益保护放在治国理政的重要位置。进入新时代，在中国特色就业促进机制不断完善、就业结构不断优化的过程中，中国社会保障体系建设也驶入快车道，社会保障体系功能更加完备。然而面对劳动关系更为灵活、工作内容更加多样、工作安排更加去组织化的新就业形态，已有的劳动者社会保障支撑体系出现了难以应对的局面。当前，新型就业群体社会保障问题主要体现在：**劳动关系认定困难。**在以灵活就业为特征的新就业形态中，平台企业与劳动者之间突破了原有的用工模式，以签订服务协议代替劳动合同，导致劳动者无法在劳动关系层面认定其身份和法律地位。**劳动者社会保障模式单一。**新就业形态涉及的主体更为广泛，传统单一的政府保障模式已经不能满足新型就业群体的相关权益保障，平台企业、平台合作方等新型就业群体的社会保障共同主体的活力还未充分释放。**劳动者的社会保障政策支撑不足。**养老保险配备不足，灵活就业人员缺乏自主缴纳社会保险的意识和能力，进而影响其社会福利水平。同时，许多灵活就业群体缺少有力的失业保障，而该人群的失业率又普遍较高，导致这部分劳动人群不能切实保护自己的合法权益。**现行社会保险体系运转不灵活。**目前，对于新型灵活就业人员的权益保障还存在一些处理不到位、不合理的地方，相关机构的设置缺乏科学性，全国范围内的保险体系运转并不灵活，导致新型就业群体在面对转移社保关系等问题时，供其选择的方式较少。

新就业形态作为随着移动互联网、大数据、人工智能等新技术的应用而出现的平台用工形式，是数字经济与实体经济加速融合的产物，在当前中国社会经济发展进程中不断释放着新动能。那么，为何伴随新就业形态的蓬勃发展，新业态劳动者的社会保障问题却层出不穷呢？究其原因，**一是劳动关系灵活化、虚拟化**。“互联网+”加剧了平台企业用工的虚拟化、小微化、非正规化，用工过程涉及的主体多，这些都增加了签订和执行劳动合同的难度，削弱了劳动关系的稳定性，使得新型劳动关系难以按照传统劳动关系的形式受到保护。**二是相关劳动法规不健全**。劳动法规体系的更新具有一定的滞后性，现行劳动法规体系尚不能完全匹配新就业形态。当前，《中华人民共和国就业促进法》《中华人民共和国劳动合同法》等都没有提及新就业形态，甚至某些法规与新就业形态明显不适用，强行套用旧法律法规会损害新型就业群体的根本利益。**三是现行社会保险制度模式传统且单一**。当前，城镇职工社保体系由单位缴费和个人缴费构成，而新就业形态下的从业人员往往只能以个人名义参保，现行社会保险制度无法很好适应新就业形态下劳动者社会保险权益保障的现实需求。**四是隐蔽式侵权难以有效监管**。目前，部分企业借助大数据、人工智能算法等新技术的巧妙包装，使得企业违法用工、损害劳动者权益等问题变得更加隐蔽，传统的部门执法、多头执法形式以及现场检查等行政监管手段难以实现对新就业形态劳动者权益的有效保障。

加强新就业形态劳动者权益保障

“实在不行就去送外卖！”这曾是很多传统业态从业人员常挂在嘴边的一句话。几乎没有门槛的外卖员工作曾经被很多人视为职业的“退路”。然而，随着包括外卖员在内的新就业形态劳动者面临的社会保障缺失问题的凸显，很多跃跃欲试的人开始望而却步。那么，如何充分保障新业态劳动者的合法权益，充分激发新业态劳动者的磅礴伟力，让他们“背后有力量、身上有干劲”呢？

外卖小哥总是一路小跑分秒必争(杨超 拍摄)

习近平总书记一直切实关怀和勉励基层劳动者，高度重视加强新就业形态劳动者权益保障，始终强调要“加强灵活就业和新就业形态劳动者权益保障”。从党的十八届五中全会首次提及“新就业形态”的概念，到党的二十大报告要求“加强灵活就业和新就业形态劳动者权益保障”，习近平总书记对新就业形态劳动者的关爱点滴可见，映照了总书记心系人民的笃定初心和为民造福的深切情怀。

党的十八大以来，习近平总书记在优化新型就业群体劳动和社会保障工作方面作出了一系列重要部署。只有完善相关配套法律法规才能让新业态劳动者的社会保障有法可依。习近平总书记不仅强调与新就业群体相配套的法律法规和政策措施绝不能缺位，而且点明当前最突出的问题是新就业形态劳动者的法律保障问题。只有社保覆盖范围稳步扩大才能让新业态劳动者更有底气。习近平总书记指出：“要健全灵活就业人员社保制度，扩大失业、工伤、生育保险的覆盖面，实现制度安排更加公平，覆盖范围更加广泛”①，尤其强调“要健全农民工、灵活就业人员、新业态就业人员参加社会保险制度”②，如此一来，才能真正为新业态劳动者免除后顾之忧，为新业态劳动者的生命健康安全托底。针对新业态群体的合法权益

---

① 习近平：《把提高农业综合生产能力放在更加突出的位置 在推动社会保障事业高质量发展上持续用力》，《人民日报》2022年3月7日。

② 习近平：《促进我国社会保障事业高质量发展、可持续发展》，《求是》2022年第8期。

受到侵害，习近平总书记也为之计深远，不仅直接点名要多渠道解决快递员、网约工、货车司机等就业群体的社会保障工作，而且高瞻远瞩地强调“要从立法、执法、司法、守法各环节加强社会保障工作，在法治轨道上推动社会保障事业健康发展”[①]，必须“要高度关注新业态发展，坚持网上网下结合，做好新就业群体的思想引导和凝聚服务工作”[②]。

习近平总书记关于新型就业群体社会保障工作的相关重要论述，为我国完善新型就业群体的社会保障制度、进一步推进国家整体社会保障事业、实现社会保障高质量可持续发展提供了科学的思想方法和工作方法，为进一步健全完善新形态劳动者社会保障体系提供了根本遵循。

延伸阅读

“总书记的人民情怀：加强灵活就业和新就业形态劳动者权益保障”

奋斗是新征程上最壮丽的旋律，劳动者是律动中最动人的音符。其中，有这样一群身份特殊、数量庞大的劳动者，分外让习近平总书记牵挂……他们就是8400万新就业形态劳动者，他们更是习近平总书记心中“美好生活的创造者、守护者”。在新就业形态渐进调整的过程中，每一个劳动者的前途命运都牵动着总书记的心。

龙兵是1700万货车司机中的一员。2020年9月17日，是他永生难忘的日子。他没有想到，那次与总书记面对面座谈之后，他反映的行业痛点问题全都得到了有效解决。国家四部门开展道路限高限宽设

① 习近平：《促进我国社会保障事业高质量发展、可持续发展》，《求是》2022年第8期。

② 习近平：《筑牢理想信念根基树立践行正确政绩观　在新时代新征程上留下无悔的奋斗足迹》，《人民日报》2022年3月2日。

施和检查卡点专项整治，路上开车更顺心了；全国1300多个“司机之家”建起来了，洗澡休息更舒心了；货运信息平台建设也在逐步发展，车货匹配更省心了……“一个时期有一个时期的问题，一个群体有一个群体的困难，我们要重视起来，不断解决。”总书记的话，朴实、厚重、坚定，温暖了货车司机，也温暖了整个新就业群体。

总书记的关心关切，迅速转化为各地区各部门的行动自觉，相继出台扶持政策，推出暖心举措，加强劳动法律制度建设，补齐新就业形态劳动者权益保障短板。在上海，快递员、外卖员可以按规定参加社保了；在湖北武汉，网约车司机有了流动党支部；在山东济南，暖心驿站还能提供法律援助、政策咨询、职业技能培训等服务……实实在在的便利，让新就业形态劳动者感受到越来越多的温暖。今日中国，新就业群体有尊严、有保障，更有发展。

（来源：《“加强灵活就业和新就业形态劳动者权益保障”》，《人民日报》2023年5月10日）

健全新型就业群体社会保障体系

如何守护外卖骑手等新就业形态劳动者群体？目前，新就业形态职业伤害保障已经率先建立。自2022年7月1日起，在北京、上海、广东、浙江、四川、陕西、湖北七个省（直辖市）开展了新就业形态就业人员职业伤害保障试点，覆盖了网约车司机、外卖骑手等615万人。其中，平台企业按单缴纳职业伤害保险费，对就业人员免费提供职业伤害保障。这一措施受到了外卖骑手的欢迎和支持。一位在上海从事外卖配送的骑手小王说：“以前我们出了事故，只能靠自己或者同事互助，现在有了职业伤害保障，我们就有了更多的安全感和保障。”

问题就是矛盾。在新就业形态的发展过程中出现问题并不可怕，能够抓住问题，就是抓住了新业态发展的矛盾。敢于直面问题，不断破解矛盾，才能把握新时代新业态发展的历史主动性，破解新业态劳动者的社会保障难题，在危机中孕育转机，在变局中勇开新局。党的十八大以来，按照习近平总书记的重要指示和决策部署，党和国家不断探索健全新型就业群体社会保障体系，拓宽社保统筹范围，通过建立科学有效的社会保障制度，将灵活就业人员纳入参保范围，加强对新型灵活就业人员的权益保护，为保护新业态劳动者的社会权益注入了强心剂，为新业态劳动者撑起了“社保伞”。

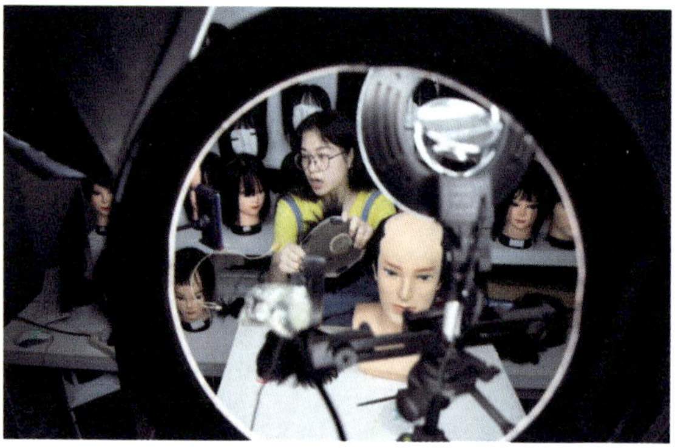

正在推介假发产品的电商主播

完善法制制度设计，弥补了新业态劳动者社会权益保障漏洞。中央多个部门联合下发了一系列指导性意见，包括人社部等8个部门共同印发的《关于维护新就业形态劳动者劳动保障权益的指导意见》、全国总工会印发的《关于切实维护新就业形态劳动者劳动保障权益的意见》等相关文件中明确将新就业群体纳入劳动保障基本公共服务范围，人社部发布的《新就业形态劳动者劳动合同和书面协议订立指引(试行)》，明确将职业伤害保障制度写入文件，解决新就业群体的职业隐忧。同时，各地政府继续制定保障细则，落实就业政策，为劳动者权益保障提供法律依据，给企业用工划定“红线”，发挥兜底作用。

突破政府单一保障模式，搭建新业态劳动者社保联合避风港。企业作为工作岗位的提供者，是风险管控的主要责任方，要承担起社会保险、社会福利、劳动保护等方面的责任，保护灵活就业者的合法权益。江苏省要求互联网平台企业与依托互联网平台实现就业的网约配送员、网约车驾驶员、货车司机、互联网营销师等劳动者依法订立劳动合同。针对不完全符合劳动关系但企业对劳动者进行劳动过程管理的情况，企业应与劳动者协商订立书面用工协议，合理合规确定双方的权利义务。部分采取劳务派遣用工方式组织新业态劳动者完成平台工作的企业，需选择具备合法经营资质的劳务派遣企业，并对其保障劳动者权益情况进行监督。企业也可以依托江苏省人社一体化公共电子劳动合同服务平台在线签订电子劳动合同或用工协议。通过承担依法合规用工的主体责任，改善江苏省新业态劳动者劳动条件，推动劳动者共享互联网经济发展成果。

拓展社会保障统筹范围，补齐新业态劳动者社会权益保障短板。按照先统筹纳入后调整优化的原则，把重大职业伤害保险制度落实在社会保障制度中，医疗保险和养老保险全面放开。对灵活就业群体纳入社会保险的部分，需扩大缴费主体范围，降低费用缴纳比例。对灵活群体工伤和失业保险，需提供具体的纳入方式。北京市切实维护劳动保障权益，要求企业依法为平台单位就业员工缴纳社会保险，同时全面放开参保户籍限制，外省和省内跨地区流动的灵活就业人员均可根据自身情况参与缴纳企业职工基本养老保险。试点建立职业伤害保障制度，保障平台网约劳动者获得医疗救治和经济补偿。全面落实全民参保计划，积极引导新就业形态劳动者以灵活就业人员身份参加企业职工基本养老保险或参加城乡居民基本养老保险，做到应保尽保。

打破社保区域壁垒，提升新业态劳动者社会保险的可携带性。当前各地区对于灵活就业者社会保险补贴的政策不同，打破区域壁垒，取消参保户籍门槛，能够促进更多的灵活就业者参保缴费。广东省全面拓宽新业态灵活就业人员参保渠道，取消参保门槛，取消外省籍和本省跨市流动的灵活就业人员在就业地参加企业养老保险的参保年限等限制条件，为异地户籍灵活就业人员打开参保方便之门。与此同时，不同身份的灵活就业人员可按规定选择参保地。广东省省内户籍灵活就业人员可在户籍地或者省内就业地参保，广东省省外户籍灵活就业人员可在省内就业地参保，港澳台户籍灵活就业人员可在居住证所在地或广东省省内就业地参保，进一步提高了灵活就业人员参保的便利性。

“为政之道，民生为本。”随着新就业形态的不断涌现，当前维护新就业形态劳动者的权益工作虽然取得了一定成效，但仍存在诸多短板，还需要国家、政府和企业共同参与跟进完善，切实维护好新型就业群体社会保障。

完善社会保障制度，填补劳动法规空缺。从法律层面扩大社会保险覆盖范围，将新业态劳动关系纳入统一管理范畴，为新业态劳动者提供一道坚实的法律和制度屏障。

简化社保缴纳流程，降低社保准入门槛。在缴费主体上牢牢把握住雇主责任制这个核心，在缴费途径上充分利用互联网优势，加快推进网格化服务，在缴费比例上降低社会保险缴费比例，设立多层级缴费标准供参保者选择。

提升社保统筹范围，优先推行职业伤害保险。构建社保多元化主体参与的“三方机制”，本着先统筹纳入、后优化完善的原则，推行重大职业伤害保险制度，为新业态劳动者提供底线保障。

拓宽人社平台服务，信息化数字化参保。健全“互联网+”人社一体化平台的服务功能，通过信息化平台为灵活就业人员提供网络参保服务，同时创新政府监管方式，拓宽新业态灵活就业人员的维权渠道。

广泛倾听新群体心声，建立集体协商体系。拓宽沟通渠道，积极了解新型就业群体的想法，通过集体协商，有针对性地出台相应政策以保障其合法劳动权益。

道阻且长，行则将至。只有全方位、多维度地加强新就业形态劳动者的权益保障，才能书写好新时代新征程的民生答卷。

延伸阅读

山东推进基层快递网点优先参加工伤保险显成效

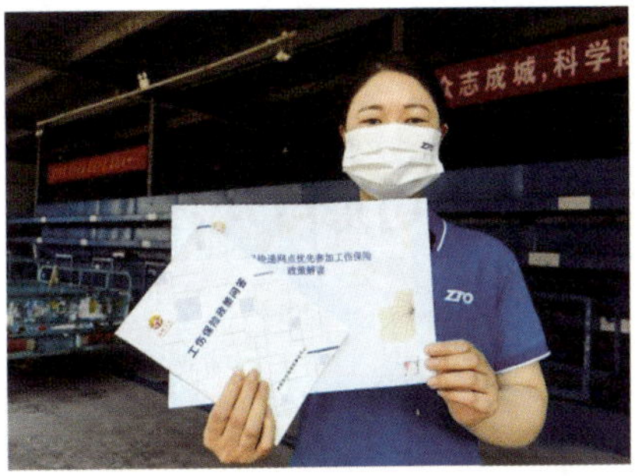

济南市中通快递天桥一部员工参加工伤保险

2022年6月，山东省济南市在全省率先启动基层快递网点优先参加工伤保险工作，要求将全市快递行业从业人员全部纳入工伤保险范围，由快递企业为其办理参加工伤保险手续。从业人员发生工伤后，按照《工伤保险条例》及有关规定支付工伤保险待遇。截至2022年11月底，山东省各基层快递网点已办理优先参加工伤保险18077人，推动落实快递员社保“五险”47890人。

参保的好处有哪些？济南市社保中心的工作人员算了一笔账，以当前全省上年度全口径城镇单位就业人员月平均工资6633元，缴费费率按工伤保险二类行业基准费率0.4%执行为例，每人每月工伤保险缴费金额26.53元，快递员个人不缴纳费用。快递员正常参加工伤保险后按时缴费，即可享受工伤医疗和康复费用、工伤住院伙食补助费、一次性伤残补助金等工伤保险相关待遇。可以说用极少的资金，获得最大的保障。

实现基层快递网点优先参加工伤保险全覆盖，不仅维护了新就业形态劳动者劳动保障权益，增强劳动者的获得感、幸福感、安全感，也将助力新业态下平台经济规范健康持续发展。

（来源：《工人日报》）

15

如何解决网络直播乱象问题？

2021年9月2日，人气网红“郭老师”的账号被永久封禁，突然的封禁令许多平日关注“郭老师”的网友惊讶。在被封号之前，“郭老师”在多个网络直播平台的视频内容低俗、用语不文明、故意制造话题，经常传播负能量。这样哗众取宠的行为引得一些不明是非的网友关注，对网络环境造成了严重的不良影响。国家广播电视总局办公厅发布《关于进一步加强文艺节目及其人员管理的通知》，对包括“郭老师”在内的一众“网

红”进行封禁。许多网友拍手称赞，并表示，如今在各大平台仍然存在许多低俗、擦边的主播，需要尽快清除。这不仅反映出如今人民群众对不良直播内容的自觉抵制，而且反映出人民对于天朗气清的网络环境的需求，对于良好的网络秩序的呼吁，对于网络强国的期盼。

近年来，为规范网络直播行业的发展，国家及地方相继出台一系列政策规范。随着《互联网直播服务管理规定》《关于进一步规范网络直播营利行为促进行业健康发展的意见》《网络主播行为规范》等专项管理文件的陆续出台，网络空间向上向善的形式更加稳固。然而为了吸引流量、追逐利益，依旧存在个别主播游走在法律边缘、挑战公序良俗、污染网络空间、扰乱社会风气的现象。**层出不穷的低俗内容**。由于网络信息传输速度快且传输方式便捷，在一定程度上加大了网络管理的困难性。主播们为了获得更多的流量和关注度，故意制造暴力、赌博、炫富等低俗话题；观众的窥私欲加速了低俗内容的发展和传播，导致网络直播“三俗”内容层出不穷。**屡禁不止的侵权行为**。由于网络直播的特有属性以及相关制度的不健全，在网络直播领域侵权事件频发，直播内容和个人隐私方面的侵权尤为突出。一方面，部分直播平台未经授权，私自在直播中播放影视作品、综艺节目、体育赛事等吸引观众观看并打赏，严重侵害了版权人的利益；另一方面，部分主播在未经他人允许的情况下，将他人的个人隐私有意或无意地泄露出来，严重侵犯了他人的隐私权。**频发高发的网络犯罪行为**。由于网络直播成本低，部分不法分子利用网络直播平台进行违法犯罪活动。如开通赌博网站，通过多样方式引流，以利益为诱饵，使网友深陷赌博泥潭。**纠纷不断的打赏行为**。网络为陌生的网民搭建了相遇的平台，网络直播更为网民们创造了“相遇”的机会，网民们以礼物等为媒介，通过消费行为获取与主播们建立关系的机会。幕后黑手的诱导和蒙骗，使得越来越多的直播间观众心甘情愿地支付高昂的费用。这也导致“10岁娃打赏主播3个月花掉两万五”“64岁大爷沉迷直播打赏花光45万积蓄”“‘90后’出纳挪用公款4800万打赏主播”等一系列不良打赏事件发生。

多元化的大众需求、多样化的互动方式促进了网络直播行业的飞速发展，但不可忽略的是，在发展的过程中，相关职能部门难以紧跟网络快速发展的步伐。由于网络直播具有大众性、便捷性，以及直播成本较低等特点，网络直播吸引了大量人员的加入。尽管国家相关部门已经建立日益完善的网络直播监管体系，但网络直播涉及平台、主播、观众等不同主体，行业准入门槛较低，从业人员素质参差不齐，导致监管措施在实际执行中的难度加大。此外，监管部门的监管力度不足，监管手段不够成熟，实际监管效果并不理想。如今，只需拥有一台录制设备和支架，具有移动或无线网络，在直播平台上注册账号经审核成为会员，就可以随时随地进行直播。这样粗糙的设备和简单的审核机制，导致大批低龄、缺乏法律常识和职业素养的主播涌入直播平台，直播的内容质量堪忧，甚至存在主播发表不正当言论，以及恶意引导消费者打赏、消费的行为。与此同时，巨大的经济利益诱惑众多从业人员铤而走险。据相关部门统计，2023年上半年直播电商交易规模约为19916亿元，预计全年交易规模达到45657亿元。面对如此惊人的数字，许多平台、商家急切地追求利润，因而会有意弱化对平台主播的监督。网络平台管理不规范、不作为是造成直播乱象的重要原因。据悉，在一场直播中，部分平台抽成30%—50%不等，是直播中的最大受益方。在利益的驱动下，一些平台会进行数据流量造假，并且纵容直播间中的低俗侵权内容发布传播。青少年难以辨别直播内容的优劣也是助长直播乱象的原因之一。青少年是网络直播的集中受众之一，三观普遍还不成熟，自控能力差，辨别力不足，因此他们在通过网络获取信息、拓宽视野的同时，容易被一些“三俗”直播干扰视野，受到不良文化的侵蚀。

营造风清气正的网络直播生态

网络文明是新形势下社会文明的重要内容，是建设网络强国的重要领域。网络空间天朗气清、生态良好是广大网民的共同期待。

早在20世纪80年代，习近平总书记在任河北正定县委书记时就指出，科技是关键，信息是灵魂。2000年，习近平总书记在任福建省省长时作出“数字福建”的战略部署。2003年，习近平总书记在任浙江省委书记时指出，要坚持以信息化带动工业化，以工业化促进信息化，加快建设“数字浙江”。[①]党的十八大以来，以习近平同志为核心的党中央高度重视互联网，大力发展互联网，积极运用互联网，有效治理互联网。针对网络发展乱象，习近平总书记指出，必须“加强互联网内容建设，建立网络综合治理体系，营造清朗的网络空间”[②]。从黄土高原到冀中平原，从八闽大地到东海之滨，从地方到中央，习近平总书记始终站立时代潮头，敏锐把握激荡时代变革的浪潮，为新时期进一步规范网络直播，引导新时代直播行业走向健康发展新境界提供了根本指引。

怎样加强网络空间治理? 习近平总书记举旗定向、擘画蓝图，指出“没有规矩不成方圆。无论什么形式的媒体，无论网上还是网下，无论大屏还是小屏，都没有法外之地、舆论飞地。主管部门要履行好监管责任，依法加强新兴媒体管理，使我们的网络空间更加清朗”[③]，要求“坚持发展和治理相统一、网上和网下相融合，加强网络伦理、网络文明建设，

---

① 《浪淘天地入东流——习近平总书记指导我国信息化发展纪实》，《中国网信》2022年第3期。
② 《习近平关于网络强国论述摘编》，中央文献出版社2021年版，第135页。
③ 《习近平关于网络强国论述摘编》，中央文献出版社2021年版，第83页。

以时代新风塑造和净化网络空间，广泛汇聚向上向善力量”[①]。**怎样净化网络空间，推动网信事业进一步发展？**总书记坚持“以人为本”，指出，“网络空间是亿万民众共同的精神家园。网络空间天朗气清、生态良好，符合人民利益。网络空间乌烟瘴气、生态恶化，不符合人民利益”[②]，因此“我们要本着对社会负责、对人民负责的态度，依法加强网络空间治理，加强网络内容建设，做强网上正面宣传，培育积极健康、向上向善的网络文化，用社会主义核心价值观和人类优秀文明成果滋养人心、滋养社会，做到正能量充沛、主旋律高昂，为广大网民特别是青少年营造一个风清气正的网络空间”[③]。**怎样把控方向、引导舆论？**总书记着眼全局、把握大势，强调对“网上发生的一些重大事件以及由此引发的重大社会事件”，“要有高度的政治警惕性和政治鉴别力”[④]，“要加强网络伦理、网络文明建设，发挥道德教化引导作用，用人类文明优秀成果滋养网络空间、修复网络生态”[⑤]。

面对发展迅速的网络平台，总书记以深厚的人民情怀，始终强调要贯彻以人民为中心的发展思想，提出“提高网络综合治理能力，形成党委领导、政府管理、企业履责、社会监督、网民自律等多主体参与，经济、法律、技术等多种手段相结合的综合治网格局”[⑥]，为新时代营造风清气正的网络直播生态，加强网络文明建设指明了方向。

---

① 《习近平新时代中国特色社会主义思想学习纲要（2023年版）》，学习出版社、人民出版社2023年版，第206页。

② 《习近平关于网络强国论述摘编》，中央文献出版社2021年版，第71页。

③ 《习近平关于网络强国论述摘编》，中央文献出版社2021年版，第71—72页。

④ 《习近平关于网络强国论述摘编》，中央文献出版社2021年版，第56页。

⑤ 《习近平关于网络强国论述摘编》，中央文献出版社2021年版，第155页。

⑥ 《习近平关于网络强国论述摘编》，中央文献出版社2021年版，第56—57页。

延伸阅读

哈尔滨新区对网络直播经营者进行集中培训

近日，中共哈尔滨市松北区委网信办联合哈尔滨市公安局松北分局网安大队组织辖区网络直播经营企业和个人，开展集中和定向培训，传达整治网络直播、短视频乱象工作要求，开展从业人员《中华人民共和国网络安全法》等法律法规培训，全面提升遵纪守法意识，压实主体责任，进一步加强网络生态环境治理。

培训中，网信办工作人员及网安大队民警详细了解了网络直播经营企业和个人的运营情况，围绕网络直播行业的现状、存在的风险隐患以及经营者的责任义务，通过案例形式进行细致解读，讲解网络安全行为规范，要求从业者严格遵守法律法规，时刻保持红线意识。网络直播经营者系统学习了网络直播法律法规，纷纷表示将严格遵守法律红线和道德底线，坚决做到文明直播、绿色直播，唱响新区创新发展主旋律，弘扬正能量。

此次培训进一步增强了网络直播经营者的责任意识，提升其履行社会责任的能力，夯实了网络安全稳定基础。

（来源："哈尔滨新区发布"微信公众号）

多方协同努力共推直播行业健康有序发展

目前，我国数字经济规模已超过45万亿元，连续多年位居世界第二位。我国电子政务在线服务指数全球排名提升至第九位，全国一体化政务服务平台注册用户超过10亿人。我国网络空间法治化进程加快推进。出台《中华人民共和国网络安全法》《中华人民共和国数据安全法》《中华人民共和国个人信息保护法》等网络领域立法140余部。党的十八大以来，以习近平同志为核心的党中央高度重视我国网信事业的发展，我国网络空间法治化进程加快推进，网络环境持续好转，为营造风清气正的网络空间采取了一系列措施，取得了一系列重要成果。

"乡村好青年"电商直播

法律体系逐渐完善，直播质量有所提高。党的十八大以来，习近平总书记高度重视网络文明建设，引领和推动网络文明建设取得显著成就。按照"清朗·从严整治'自媒体'乱象"专项行动要求，各级网信部门积极履责，严肃查处各类违规"自媒体"账号。截至2023年5月22日，重点平台累计清理违规信息141.09万余条，处置违规账号92.76万余个，其中永久关闭账号6.66万余个，对外发布公告110余期，专项行动取得阶段性成效。

采取有效的监管手段，网络直播生态有所好转。党的十八大以来，习近平总书记就网络安全和信息化工作提出一系列重大论断，作出一系列重要部署，强调要加快提高网络管理水平，加强日常监督。针对部分直播活动中存在的虚假宣传、刷单等行为，上海市市场监管局在2022年7月发布的《上海市网络直播营销活动合规指引》(以下简称《指引》)中明确要求，直播营销平台应建立主播黑名单制度，不应要求其他经营者签订"最低价协议"或其他不合理排他性强制条款，不得虚构"全网最低价""历史最低价"作为直播卖点。《指引》就直播活动中的消费者知情权和选择权保障、退货机制以及损害赔偿责任等作出明确提示，致力于保障消费者合法权益。

合理界定平台责任，直播规范化管理水平有所提升。党的十八大以来，我国监管部门高度关注网络直播中出现的乱象，合理界定网络直播平台的管理责任，网络直播的混乱现象有所缓解。针对明确直播平台的责任，我国在这几年已经制定了一系列的监管政策。2020年11月，国家广播电视总局发布《关于加强网络秀场直播和电商直播管理的通知》；2021年2月，七部门联合发布《关于加强网络直播规范管理工作的指导意见》。这些文件对于直播提出了一系列规范管理的要求，精准、合理地界定了直播平台的责任边界，有效改善了网络直播环境。

从2012年到2023年6月，我国网民规模从5.64亿增长到10.79亿，互联网普及率从42.1%提升到76.4%，互联网发展水平居全球第二。面对汹涌澎湃的信息革命浪潮，党的十八大以来，以习近平同志为核心的党中央主动顺应信息革命发展潮流，高度重视、统筹推进网络安全和信息化工作，推动网信事业取得历史性成就、发生历史性变革。进入新时代，面对促进网信企业健康有序发展，我们仍应继续加强互联网内容建设，为营造清朗的网络空间总结新答案。

锚定网络强国，立足营造天朗气清的网络直播环境。推动新时代网络文明建设高质量发展，必须以科学思想为指引，持续强化理论武装，进一步加强党的创新理论网上宣传阐释，加强网络内容建设，培育向上向善的网络文化。

坚持以人为本，突出以人民为中心的根本立场和价值导向。网络信息化建设和发展的出发点和落脚点始终是增进人民福祉。要让网络空间成为有价值认同、有人文关怀、有情感归属的美好精神家园，

交警们进行交通安全网络直播（高启民 拍摄）

就要学网、用网，了解群众的所思所愿，积极回应网民关切。“坚持以人民为中心的发展思想，让亿万人民在共享互联网发展成果上有更多获得感。”①

优化管理体制，督促平台扮演好“守门人”角色。一方面，直播平台要制定合理的约束性条款，在直播间出现违法行为时快速进行处理，最大限度地降低违法违规行为带来的不良影响。另一方面，直播平台要加强对主播的管理，对主播进行严格的岗前培训，对于有违法违规行为的主播，立刻关闭直播间并封杀；对于传播正能量的主播，要大力宣传推荐。

提高入职标准，强化从业人员的职业素养和法律意识。首先，直播平台要提高对主播的入门审核资质，对主播进行实名认证，强化对于主播信息的审核力度，严禁有过违法行为的人从事主播职业。其次，直播平台不仅要审核主播的个人信息，也需要对主播的直播工具、直播地点等信息进行采集，并且加强对于直播过程的监督与巡查。

加强科普教育，引导观众文明上网并自觉监督。国家和社会有关部门及组织，例如消费者协会可以定期进行宣传，倡导观众在直播中理性判断消费需求，不盲目跟风，不购买问题产品、虚假产品。观众自身在观看、享受直播内容的同时，要有作为直播内容监督者的意识，要自觉树立正确的价值观，提升自我约束力并坚决抵制低俗不良的直播内容，积极履行监督职责。

延伸阅读

马连庄营销模式：直播带货实现原产地直销

作为国家农产品地理标志，山东省青岛莱西市马连庄镇仅靠甜

① 《习近平关于网络强国论述摘编》，中央文献出版社2021年版，第44页。

瓜，年产值就超过了10亿元。这些甜瓜，是如何“种”出10亿小镇的？谜底隐藏在当地的营销模式中。

马连庄甜瓜正在直播间热卖（图源：莱西政务网）

十年前的马连庄镇甜瓜批发市场作为山东半岛最大的甜瓜批发市场，一度出现交易冷淡的场景。因为当地的甜瓜曾面临严重的“李鬼”问题。马连庄甜瓜口感好，但有的果形不美，且价格略高，而周边城镇的甜瓜虽然口感差，但价格便宜，又打着马连庄的牌子挤占市场，导致马连庄甜瓜口碑变差、销售量下降。

2021年，青岛马连庄农业发展有限公司决定打造垂直电商进行特色农产品销售，把马连庄甜瓜作为尖刀产品，及时对接电商平台进行宣传。为了开拓特色农产品的销售渠道，当地申请注册了“马恋庄”农业产品商标，先后与多个直播平台建立深度合作关系。

从确立走出去、再引进来的思路，到形成对产品突破、营销模式和品牌的资源整合，马连庄镇不仅做好了本地农产品的销售，还将这种模式应用到胶东地区的农产品销售，通过新媒体影响力，引领打造了乡村振兴下的农产品销售新模式。面向未来，马连庄营销模式必将在各地的实践中不断创新、总结经验，使成本较低的网络直播成为更多农产品的重要销售渠道，助力实现农产品的原产地直销。

（来源：《年产值超10亿元！莱西马连庄镇3万亩甜瓜“抢鲜”上市！》，《青岛早报》2023年3月22日）

16

如何解决网络暴力问题？

2023年1月23日，杭州一位24岁女孩郑灵华因染粉色头发在网络上遭受恶意攻击，并最终离世，这一消息令人痛心。郑灵华因被保研到华东师范大学而激动地向爷爷分享喜讯，并在其病床前记录下这一瞬间，照片中的她留有粉色中长发。而后，她的社交动态被盗用，并遭到大量网友的恶意评论和攻击，被贴上诸如“陪酒女”“夜店舞女”“不正经人”“妖精”“红毛怪”等侮辱性标签。此外，有网友造谣和诽谤，甚至指责她利

（张侃 拍摄）

用爷爷炒作。面对铺天盖地的谩骂和侮辱，郑灵华患上了抑郁症，但她仍坚持用法律手段维权，将各个平台上的诅咒和辱骂用截屏或录屏的方式保存下来，在专业律师的帮助下，要求平台提供侵权人和网暴者的信息，进行了有力反击。天不遂人愿，在郑灵华即将开始新的人生阶段时，她的抑郁症复发，经过半年多的抗争，依旧没有好转，最终选择自杀结束自己的生命，就此消失在这个令她伤心的世界。

年轻生命的逝去再次为大家敲响抵制网络暴力的警钟，不少受害者受困于网络暴力的牢笼，即使风波退去，他们所承受的心理创伤也很难抹平，就连正常生活都会受影响，难以完全走出阴影，就像在跟一头看不见的大象角力。因此，不断加大网络暴力治理力度，不仅重要，而且必要。

近年来，为了有效防范和解决网络暴力问题，切实保障广大网民合法权益，中央网信办通过开展“清朗”系列等专项行动，整治网络暴力取得一定成效。然而由于种种原因，网络暴力现象仍时有发生。何谓“网络暴力”，体现为**语言失范类的恶性言论**。通常针对某一个网络舆情事件，站在道德的制高点，借由自身的价值观与道德观对舆情当事人的行为加以评判，而这种评判往往带有谩骂、嘲笑、诋毁性质。这种带有刺激性的言论不仅无法给舆情事件带来缓和，反而会火上浇油，给舆情事件相关人员带来生理上和心理上的双重打击。何谓“网络暴力”，体现为**行动失范下人肉搜索行为**。通过网络上公开的信息，对受害者进行详细的调查和搜集，以便公布其个人资料或照片等个人隐私，并引发群体性道德审判，给受害者带来了巨大的压力。比如2015年成都女司机被打事件、2016年江歌事件、2018年高铁霸座男事件等，个别网友扒出了当事人的隐私信息，包括家庭住址、身份证号码和家庭成员信息。这种行为严重侵犯了当事人的隐私权和名誉权。何谓“网络暴力”，体现为**网络谣言与反转引发的群体极化事件**。网络谣言与舆情反转的过程中，随着舆情态势的逐步升级，便会引起网民负面情绪的集中爆发。在这个舆情演化过程中，网民对事件的关注点逐步被错误的网络言论诱导，发生了扭曲变异，从而实施网络暴力行为。在“流量至上”的诱惑下，有时谣言比真相更容易“深入人心”，也更能够掀起舆论的漩涡。网络的隐匿性、开放性、群体性，增加了甄别造谣者身份的难度，“法不责众”的心理也给了造谣者肆意开腔的勇气。比如文章开头提到的郑灵华事件和2020年快递员造谣女子出轨事件等等。

只有真正摸清网络暴力的生发机制，做到从根源遏制，才能尽量避免更多网络暴力的发生。网络暴力是多种因素综合作用下而形成的，并不是一蹴而就的。那么网络暴力产生的根源在哪里呢？**网络特性导致网民责任意识和法律意识淡薄是首要原因。**网络的匿名性和虚拟性特点削弱了网民的责任意识和法律意识。部分网民在匿名的网络环境中，表达方式往往更为大胆，甚至从摆脱现实道德和法律规范的束缚中获得快感。**网民道德素养和法律意识低是根本原因。**一些未成年网民在虚拟的互联网中缺乏对事物的准确判断能力，价值观、情感因素和认知水平尚不成熟，其网络行为表现为盲从、扭曲，过度追求“英雄主义”，无法预见自身行为可能带来的后果。**群体效应助长施暴者气焰是核心原因。**网络暴力施暴者往往利用群体效应来扩大自己的影响力，他们利用社交媒体等平台，制造舆论压力，让受害者感到孤立无援，从而加剧了网络暴力的危害程度。而受害者往往因为各种原因选择沉默，这种消极态度助长了网络暴力施暴者的嚣张气焰，让施暴者更加肆无忌惮地伤害他人。正是这种“法不责众”的群体效应以及受害者“息事宁人”的消极态度，助长了网络暴力施暴者的嚣张气焰。**平台监管存在缺失是重要原因。**在信息的社会化传播过程中，由于平台把关的缺失，发布了一些未经事实核实的虚假信息，间接造成了信息的疯狂传播，进一步加剧了网络暴力的发生。**立法滞后与执法困难是关键原因。**当前关于网络暴力的立法规定滞后模糊、执法取证溯源困难、司法程序处置不当等问题，导致在防范和处置网络暴力舆情时受到限制和约束，无法有效遏制网络暴力行为的发生。2023年，整治网络暴力被写入“两高”报告，这也是“网暴”首次在最高检报告中出现。网络空间不是法外之地，清朗网络空间、治理网络暴力成为互联网治理的当务之急。

让正能量始终充盈网络空间

思想之始，如江河源头之涓涓；百川汇流，腾山越岭，方得大河滔滔。信息革命浪潮汹涌澎湃，数字化、网络化、智能化发展浩浩荡荡，中国正与信息时代相向而行、与数字变革同步发展，我们要紧紧抓住可能稍纵即逝的重大历史契机，不断书写人类数字发展进步史上的光辉篇章。

随着数字技术和流量经济的不断发展与普及，网络暴力现象日益严重。这种现象源于“饭圈文化”和“人肉搜索”等网络黑灰产业，并逐渐扩展到各个平台和圈层，甚至从线上向线下延伸。当前的网络暴力发展态势已经引起了人们的广泛担忧，因为每个人都有可能成为网络暴力的受害者。习近平总书记对此作出了深刻指示：“网络空间天朗气清、生态良好，符合人民利益。网络空间乌烟瘴气、生态恶化，不符合人民利益。”[①]总书记的谆谆教导引领我们积极倡导健康的网络文化，让网络成为我们传递爱与正能量的重要平台，让正能量始终充盈网络空间。

“按键伤人”终将“暗箭伤己”。党的十八大以来，以习近平同志为核心的党中央把握大势、举旗定向，把培育弘扬社会主义核心价值观融入互联网发展治理全过程，引领网络文明建设从开局破题、全面铺开到纵深推进。习近平总书记对于净化网络生态环境、整治网络暴力作出了一系列重要部署。**秉持法律至上、原则至上。**习近平总书记着重强调：

① 习近平：《在网络安全和信息化工作座谈会上的讲话》，人民出版社2016年版，第8页。

“要把依法治网作为基础性手段，继续加快制定完善互联网领域法律法规，推动依法管网、依法办网、依法上网，确保互联网在法治轨道上健康运行。”[①]重点解决网络暴力执法问题，让依法治网在全社会蔚然成风。**强化监管意识、规则意识。**习近平总书记指出：“没有规矩不成方圆。无论什么形式的媒体，无论网上还是网下，无论大屏还是小屏，都没有法外之地、舆论飞地。主管部门要履行好监管责任，依法加强新型媒体管理，使我们的网络空间更加清朗。”[②]重点解决监管不足问题，让网络空间成为风清气正的精神家园。**立足平台资源、创新资源。**平台作为滋生网络暴力的“土壤”，习近平总书记指出：“要旗帜鲜明坚持正确的政治方向、舆论导向、价值取向。在信息生产领域，也要形成供给侧结构性改革，通过理念、内容、形式、方法、手段等创新，使正面宣传质量和水平有一个明显提高。”[③]重点解决平台责任缺失问题，让创新成为引领信息发展的第一动力。**倡导自由优先、秩序优先。**“网络空间与现实社会一样，既要提倡自由，也要遵守秩序。自由是秩序的目的，秩序是自由的保障。”[④]习近平总书记强调：“要有高度政治警惕性和政治鉴别力，线上线下要密切联动，不能云里来、雾里去，决不能任由这些人造谣生事、煽风点火、浑水摸鱼。”[⑤]重点解决言论自由问题，充分尊重他人交流思想、表达意愿的权利；也要推动构建良好的网络秩序，更好地维护自身及他人的合法权益。

网络安全，牵一发而动全身。我国推动构建网络空间命运共同体，积极参与全球互联网治理，在网络空间的国际话语权和影响力日益提升，中

① 《习近平法治思想学习纲要》，人民出版社、学习出版社2021年版，第75页。
② 《习近平关于网络强国论述摘编》，中央文献出版社2021年版，第83页。
③ 《习近平关于网络强国论述摘编》，中央文献出版社2021年版，第83页。
④ 《习近平关于网络强国论述摘编》，中央文献出版社2021年版，第66页。
⑤ 《习近平关于网络强国论述摘编》，中央文献出版社2021年版，第56页。

国理念、中国主张、中国方案赢得更多认同和支持。习近平总书记关于治理网络暴力、加强网络文明建设的重要论述具有很强的政治性、战略性、指导性，既着眼当前，又谋深虑远，为做好新时代新征程网信工作指明了前进方向，为推进实现网络强国提供了根本遵循。

延伸阅读

“代骂”可是网络暴力

随着移动互联网技术的发展和生活节奏的加快，各种“代服务”如代购、代驾、代跑腿等逐渐兴起。这些服务在为人们带来便利的同时，也为不法分子提供了可乘之机。近期，一些灰色和黑色的“代服务”如代骂人、代吵架等悄然出现，这些行为已经触碰了道德底线和法律红线。

湖南省长沙市公安局雨花分局近期依法处理了一名提供“代骂”服务的违法人员。该人员在互联网平台上发布留言，声称可以提供“代骂”服务并公然网暴他人，造成了恶劣的社会影响。经过调查，警方确认了该人员的身份为李某东，并依法将其抓获。自2022年10月起，李某东以每天100元的价格帮助客户在指定社交平台上对不特定人进行网络言语辱骂，非法获利近万元。目前，李某东已被依法行政拘留。

“网络空间不是法外之地，网络暴力必须严惩。”据雨花公安分局相关负责人表示，雨花公安将深入贯彻落实公安部网络谣言打击整治专项行动的要求，按照“以打开路、以打促治”工作思路，进一步增强群众网络安全意识，持续加大对网络谣言的打击力度，为切实营造清朗网络空间积极贡献公安力量。

（来源：湖南日报·新湖南客户端2023年8月12日）

让“防火墙”始终守护网络安全

治理网络暴力，国家出手了！

党的十八大以来，面对互联网这个“最大变量”，以习近平同志为核心的党中央把握大势、举旗定向，作出了“加强网络文明建设、发展积极健康的网络文化”的重要部署，引领网络文明建设从开局破题、全面铺开到纵深推进，为新时代弘扬时代新风、建设网络文明提供了科学指引。近年来，习近平总书记提出的“文明办网、文明用网、文明上网”，在整个社会蔚然成风，网络文明建设持续加强，网络空间更加清朗，网络行为日益规范，社会参与更加广泛。2023 年 7 月 7 日，国家互联网信息办公室起草了《网络暴力信息治理规定（征求意见稿）》，向社会公开征求意见。如果将来通过，它就是一部部门规章，强调的是“源头治理”和“过程治理”。网络暴力一旦发生，后果可能是非常严重的，是不可逆的，所以从源头和过程去预防、遏制，及时发现并且制止，可能和“结果治理”同样重要，甚至更加重要。

共画“同心圆”，建立健全网暴预警预防机制。信息预警机制对于网络暴力发展初期的预防具有较大意义。北京市针对未成年人网络暴力问题，设立紧急防护功能，对向未成年人提供算法推荐服务作出规定，提出向未成年人提供算法推荐服务的，应当便

呵护学子健康成长　同心共筑网络文明

利未成年人获取有益身心健康的信息，不得推送可能引发未成年人模仿不安全行为和违反社会公德行为、诱导不良嗜好等可能影响未成年人身心健康的信息。强调要增强网信部门和相关部门的网络保护职责，以及学校和监护人的保护义务，为未成年人提供安全的网络环境。

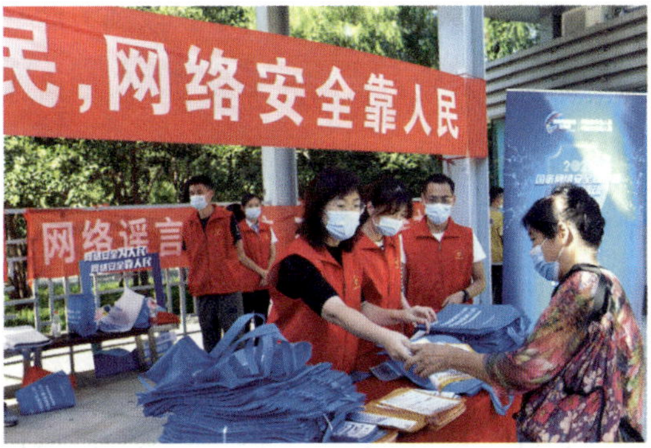

网络安全知识宣讲

筑牢“安全线”，强化政府网暴治理监管职能。政府部门在治理网络暴力中担负着依法监管网络的重要职责。为了加强网络暴力信息的治理，河南省互联网违法和不良信息举报中心特地成立了专项工作组，并开设了“涉网络暴力有害信息举报专区”，广泛接受社会公众的举报。该工作组针对有关热点事件和网络话题进行了全网巡查，并依法举报处置了违法违规的信息，有效地维护了广大网民的合法权益，营造了文明健康的网络环境。同时，针对网络暴力相关线索，该工作组进行了核查，并将结果集中向相关的网站平台进行投诉举报。网站平台根据《中华人民共和国网络安全法》《网络信息内容生态治理规定》以及其他相关的法律、部门规章和规范性文件，及时受理了投诉举报，并对网络暴力信息采取了消除处置措施。此外，对参与网络暴力的账号采取了永久禁言、限制推荐、警示教育等相应的措施。

打造“平安圈”，落实平台网络暴力治理权责。平台企业应承担网络暴力治理中的信息内容管理主体责任。浙江省通过优化“省级统建、三级通用”的浙里网络综合执法应用，构建了“浙里心安”和“清朗网络智治”等平台，以解决网络主体“底数难摸清、服务难分类、账号难掌握”等难题，从而形成有效防止网络暴力的保障机制。此外，浙江省强化了对网络社区板块、网络群组的监管，规范网民网络行为和信息发布，并开设了“浙江好网民”账号矩阵，全面开展“阳光跟评”行动，以确保治理工作的有效实施。

啃下“硬骨头”，坚决抵制恶意营销炒作行为。网络暴力现象的推动力主要是某些网络运营者为了获取利益而毫无底线地追求流量。为了应对这一问题，内蒙古自治区采取了相应的措施。对于首发、多发、煽动发布网暴信息的账号，将依法依规采取关闭账号等措施，情节特别严重的，将全网禁止注册新账号。同时，坚决打击借网暴事件进行恶意营销炒作的行为，如蹭炒热度、推广引流、故意带偏节奏或者跨平台搬运拼接虚假信息等。对于涉及的MCN（“网红”经济运作模式）机构，将采取相应的警示沟通、暂停商业收益、限制提供服务、入驻清退等连带处置措施。针对将账号名称临时修改为事件相关机构、人员的行为，将加强用户真实身份核验，以切实避免网络暴力的发生。

撑起“防护网”，倡导网民提升网络行为素养。网民作为网络舆论的主体，也是网络暴力治理不可或缺的参与力量，更将成为清朗网络空间和良好网络生态的最大受益者。2023年7月，在福建省厦门市举办的中国网络文明大会上，会议倡导广大网民自觉遵守法律法规、坚守社会主义制度、维护国家利益、尊重公民合法权益、遵守社会公共秩序、恪守道德风尚以及保证信息真实性等“七条底线”，自觉抵制不文明网络行为，严守道德底线，不欺凌他人，争做倡导“绿色上网”的文明人。

整治网络暴力是一场刻不容缓的行动。如何避免网络暴力的发生，构建起良好的网络生态，营造风清气正的网络空间，是汇聚推动网络文明高质量发展的必答之题，未来这份答卷需要各方共同执笔，书写令人民满意的答卷。

激浊扬清，完善网络舆情监测引导机制。运用大数据、云计算等先

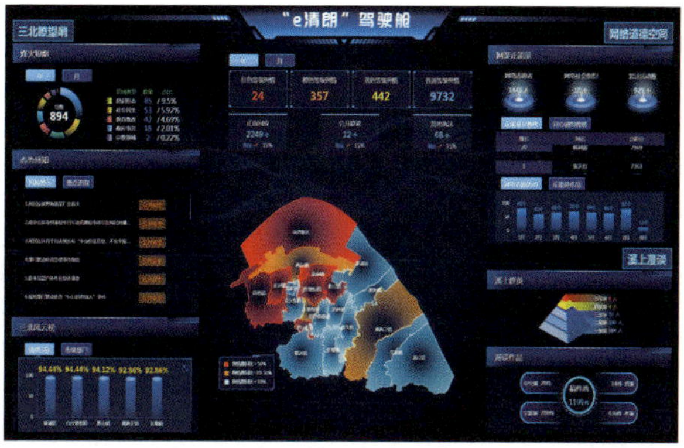

“e清朗”网络综合治理数智应用集正能量传播、舆情处置、舆论引导于一体，助力清朗网络空间建设

进技术加强对网络舆情的实时跟踪与分析，从而及早发现苗头性、倾向性或群体性的社会热点问题，从根源上进行治理。这种治理方式具有高效性、精准性和科学性，能够及时有效地解决社会矛盾和问题，维护社会稳定和谐。通过对网络舆情的实时跟踪和分析，可以及时发现并掌握社会动态和民众情绪，为政府决策提供科学依据，同时可以预测可能发生的社会风险，提前制定应对措施，降低社会治理成本。此外，通过运用先进技术对网络舆情进行分析，可以发现和掌握社会公众的关注点和诉求点，为政府制定公共政策和改善民生提供参考。

大刀阔斧，建立健全网络暴力整治体系。为了有效应对网络暴力行为，需要从立法、司法和执法等多个层面出击，制定具有针对性的规章制度和管理体系，以适应多环节、多层次的管理模式。这些措施应该精准打击网络诽谤、网络侮辱、侵犯公民个人信息等网络暴力行为，确保网络空间的秩序和安全。只有让不法分子付出更为沉重的成本，才能真正遏制网络暴力行为的蔓延，维护社会的和谐与稳定。

双管齐下，提升媒体平台网络媒介素养。平台需要加强主体意识，通过对热点事件进行正确的价值观引导，减少事件可能带来的对立情绪，形成积极健康的舆论导向，引导网民理性看待问题。为了达到这个目标，平台需要积极响应热点事件，及时发布有据可依的权威信息，以客观事实和数据为依据，避免信息不对称和谣言扩散。同时，平台需要引导网民提高自身媒介素养，提高自身对信息真伪和背后利益关系的辨识能力，理性看待问题并形成自己的判断。此外，平台需要加强与用户之间的互动，及时回应用户的关切和诉求，解答疑问和提供帮助，增强用户的信任和满意度。

澄源正本，加强网民网络素养培育。为了充分发挥网络媒体超时空性的优势，我们应该积极开展线上道德教育。在进行线上道德教育时，应该注重培养网民的道德责任感、荣辱观以及文明交往方式的养成。这些举措有助于增强网民的道德认知，提升网民的理性能力。

延伸阅读

网络空间不是“法外之地”

2023年6月，江苏省常州市公安机关接群众报案，有人通过短视频平台发布引流信息至企业微信，后将受害人微信账号贩卖给诈骗团伙，对亲朋好友实施精准诈骗。经查，犯罪嫌疑人陈某等人组织吸粉引流团伙伪装成“小哥哥”，通过短视频平台吸引受害人加至企业微信，后伙同犯罪嫌疑人周某等人组成三个盗号团伙，以“帮小哥哥做任务返利”等话术骗取未成年受害人微信账号和密码，以非法手段登录控制受害人微信进行“养号操作”，并以400元至1000元不等的价格，将骗取的微信账号贩卖给下游电信诈骗团伙。

7月，常州公安机关开展集中收网，一举抓获犯罪嫌疑人25名，捣毁引流和盗号团伙4个，全链条打掉黑卡供应、吸粉引流、盗号贩卖等犯罪黑灰产环节，现场缴获作案电脑、手机346台（部），手机卡2500余张，查明该团伙非法获利900余万元，串并出电信诈骗案件35起，百万元以上案件1起，总损失金额410余万元。

治理网络暴力，整治网络戾气，净化网络空间，刻不容缓，需要全社会共同努力。

（来源：《公安部先后26次发来贺电或通报表扬江苏公安机关，六起案例成治理网络生态典型》，紫牛新闻2023年9月14日）

17

如何解决电信网络诈骗以及个人信息安全问题？

“喂，你好！我是教育部的工作人员，您提交的2600元助学金申请已通过，今天是领取的最后一天，请带着有效证件去银行办理。”2016年8月，即将踏入大学的18岁山东省临沂市罗庄区女孩徐玉玉，接到了这样的一通陌生电话。她按照“教育部工作人员”的指示，到银行将准备好的9900元学费，打入对方提供的一个银行账户中，用以激活账户，拿到助学

金。然而，直到银行下班，徐玉玉也没有接到助学金到账的信息。意识到被骗的徐玉玉伤心欲绝，郁结于心。在报警回家的路上，她“咚”的一声栽倒在三轮车上，心脏骤停，再也没有醒过来。“徐玉玉被电信诈骗案”在全国引起了强烈的舆论反响，刺痛了国人的神经，入选“2017年推动法治进程十大案件”。它不仅折射出电信网络诈骗犯罪这一严重的社会现实问题，而且反映了我国网络强国建设任重而道远。

近年来，随着数字化网络化不断发展，电信网络诈骗犯罪已经成为发案最高、造成损失最大、群众反映最强烈的突出犯罪问题，给人民群众的生命财产安全造成了巨大的威胁。根据公安部公布的最新数据，2022年全国共破获电信网络诈骗案件46.4万起，同比上升5%，全国电信网络诈骗金额超过2万亿元。近年来，公安部聚焦人民群众深恶痛绝的电信网络诈骗，组织全国公安机关以前所未有的力度和举措深入推进打防管控各项工作，有效遏制了此类案件快速上升势头。当前，电信网络诈骗犯罪形势依然严峻。刷单返利、虚假网络投资理财、虚假网络贷款、冒充电商物流客服、冒充公检法、虚假征信等10种常见、高发诈骗类型发案占比近80%，其中刷单返利类诈骗发案率最高，占发案的1/3左右，虚假网络投资理财类诈骗造成损失的金额最大，占造成损失金额的1/3左右。面对日益严峻的犯罪形势，打击治理工作还面临诸多问题和困难，难以从根本上遏制此类犯罪发展蔓延的势头。

那么，电信网络诈骗犯罪为何屡禁不止，防不胜防呢？首先，**电信网络诈骗犯罪手段技术的不断升级**是电信诈骗层出不穷的主要原因之一。诈骗分子利用区块链、元宇宙、虚拟货币、AI智能等新技术新业态，不断更新犯罪工具，进行更加隐蔽、高效的诈骗行为，从而增加了电信网络诈骗的识别难度。其次，**社会信息泄露和个人隐私泄露**也是电信网络诈骗频发的原因之一。互联网时代的到来让个人信息变得“无处可藏”，不法分子通过非法手段获取人们的个人信息，如姓名、手机号码、身份证号码等，从而进行针对性的诈骗活动，极大地提高了电信网络诈骗的成功率。此外，**跨境电信网络诈骗打击难度大**也是影响因素之一。随着互联网和通信技术的发展，诈骗分子利用国际的法律差异和执法机构之间的合作不足进行跨境作案，使得打击电信网络诈骗犯罪变得更加复杂。一些犯罪团伙与境外武装组织有所勾结，甚至向当地官员行贿以寻求庇护，大大增加了警方打击诈骗分子的难度。最后，**公民防范意识淡薄**也是电信网络诈骗防不胜防的原因之一。面对“猜猜我是谁”，冒充“公检法”，编造“上级领导”，退“社保”“养老”，网购“退税”等层出不穷的手段，一些人对于电信网络诈骗缺乏足够的认识和防范措施，很容易陷入犯罪分子的圈套，使得诈骗分子有机可乘。

筑牢网络安全屏障

“消未起之患，治未病之疾，医之于无事之前。”（《千金要方·养性序》）

依法打击治理电信网络诈骗犯罪，事关人民群众的切身利益，事关社会大局稳定，事关经济金融安全。党的十八大以来，习近平总书记始终坚持以人民群众的生命财产安全为中心，对我国网络安全工作作出了重要部署，切实维护人民群众的利益与社会和谐稳定。

如何开展打击治理电信网络诈骗犯罪工作？习近平总书记高屋建瓴，强调要“坚持以人民为中心，统筹发展和安全，强化系统观念、法治思维，注重源头治理、综合治理，坚持齐抓共管、群防群治，全面落实打防管控各项措施”[①]。习近平总书记指出“要严密防范网络犯罪特别是新型网

① 《坚持以人民为中心 全面落实打防管控措施 坚决遏制电信网络诈骗犯罪多发高发态势》，《人民日报》2021年4月10日。

络犯罪”[①]，遏制电信网络诈骗违法犯罪多发高发态势，不断提升电信网络诈骗治理效能。习近平总书记深刻把握信息时代的“时”与“势”，将打击电信网络诈骗工作纳入全面依法治国和网络强国建设全局。他指出“要加快网络立法进程，完善依法监管措施，化解网络风险”[②]，“依法严厉打击网络黑客、电信网络诈骗、侵犯公民个人隐私等违法犯罪行为”[③]。**如何保护人民群众的信息安全？**习近平总书记胸怀人民，指出“国家网络安全工作要坚持网络安全为人民、网络安全靠人民，保障个人信息安全，维护公民在网络空间的合法权益”[④]，“深入实施网络安全法，加强数据安全管理，加大个人信息保护力度，规范互联网企业和机构对个人信息的采集使用”[⑤]，为人民群众的信息安全筑起坚实的堡垒。

胸怀国之大者，着眼国之大事。一直以来，以习近平同志为核心的党中央高度重视打击治理电信网络诈骗犯罪工作，强调“没有网络安全就没有国家安全”[⑥]。习近平总书记关于网络安全的重要论述为新时代做好网络安全工作指明了前进方向，提供了根本遵循，为提高人民群众的获得感、幸福感和安全感打下了坚实的基础。

延伸阅读

苏兴博：反诈十年　尽心守护电信网络安全

“您好，我是北京市公安局刑侦总队民警苏兴博，全民反诈，

① 《习近平关于网络强国论述摘编》，中央文献出版社2021年版，第73页。
② 《习近平关于网络强国论述摘编》，中央文献出版社2021年版，第95页。
③ 《习近平关于网络强国论述摘编》，中央文献出版社2021年版，第100页。
④ 《坚持安全可控和开放创新并重　提升广大人民群众在网络空间的获得感幸福感安全感》，新华社2019年9月16日。
⑤ 《习近平关于网络强国论述摘编》，中央文献出版社2021年版，第101页。
⑥ 《敏锐抓住信息化发展历史机遇　自主创新推进网络强国建设》，新华社2018年4月21日。

首都无诈……”北京的网约车上常会响起这样一句反诈提示语，作为北京市首批反诈民警，苏兴博已经是群众熟知的“网红”反诈警官。从初入警局到成为反诈专家，苏兴博付出了许多不为人知的努力。他曾在两年时间累计出差500余天，参与打掉多个电信网络诈骗犯罪团伙，破获各类电信网络诈骗案件近千起。在此期间，苏兴博曾荣立个人三等功2次，获嘉奖6次，2017年荣获北京青年五四奖章，2021年获评全国优秀共青团干部。

防诈、打诈的职业生涯之旅在苏兴博看来并非一帆风顺的。“有些事主被骗子深度洗脑，沉迷在骗术之中，完全不相信我们。”苏兴博说。

虽然在工作中会遇到很多无奈和误解，但苏兴博并没有放弃对电信网络诈骗的打击防范，而是坚持不懈地与当事人进行大量的沟通与劝阻。努力终有回报，截至目前，他和他所在团队牵动全市预警劝阻工作，十年来累计避免群众资金损失200余亿元，单笔最高免损3000余万元。

（来源：《苏兴博：反诈十年 尽心守护电信网络安全》，人民网2023年7月4日）

深入推进网络强国建设

“你安装反诈中心APP了吗？”

2021年，国家反诈中心APP横空出世，成为引爆全民关注、持续引发讨论的政务APP。“苦诈骗久矣”的民警、群众对这款APP寄予厚望；“扫码摸狗”“安装送券”“下载送鸡蛋”，各种花样百出的策略掀起全民安装高潮；“你安装反诈中心APP了吗”的口头禅，也让“反诈老陈”彻底火出了圈。作为一款反诈“超级战舰”软件，国家反诈中心APP所特有的报案助手、举报线索、风险查询、诈骗预警、最新骗局曝光等多种功能才是其备受欢迎的真正原因。国家反诈中心APP自上线以来，累计受理群众举报线索2323万条，向群众预警3.1亿次，为人民群众构筑了一道防诈反诈的网络安全“防火墙”。党的十八大以来，我国加大对电信网络诈骗犯罪的打击力度，积极推进网络安全工作，为维护人民群众的生命财产安全和个人信息安全提供了有力保障。

网络安全法律法规和标准体系不断健全。2017年6月1日，《中华人民共和国网络安全法》正式施行，这是我国网络安全领域的首部基础性、框架性、综合性法律，标志着我国网络空间法治化进程迈出坚实一步。此后，针对网络安全领域的新形势、新挑战，国家先后制定出台了数据安全法、个人信息保护法、反电信网络诈骗法等法律。截至目前，已制定出台网络领域立法140余部，基本形成了以宪法为根本，以法律、行政法规、部门规章和地方性法规、地方政府规章为依托，以传统立法为基础，以网络内容建设与管理、网络安全和信息化等网络专门立法为主干的网络法律体系，为网络强国建设提供了坚实的制度保障。

《中华人民共和国网络安全法》封面

网络安全防护保障能力持续增强。近年来，国家连续开展打击网络犯罪“净网”专项行动，持续推进专项治理，依法严厉打击黑客攻击、电信网络诈骗、网络侵权盗版等网络犯罪，不断压缩涉网犯罪活动空间，切断网络犯罪利益链条，净化网络空间环境，有效维护网民在网络空间的合法权益。公安部会同工信部、中国人民银行持续深入推进打击治理电信网络诈骗违法犯罪工作，综合采取多种防范措施，最大限度预防案件发生、减少群众财产损失，联合推出了国家反诈中心APP、96110预警劝阻专线、12381涉诈预警劝阻短信系统、全国移动电话卡“一证通查”、云闪付APP“一键查卡”、反诈名片、全国互联网账号“一证通查2.0”等七大反诈利器，为人民群众筑牢了安全防线。

国家网络安全宣传周

网络安全宣传教育深入开展。自2014年以来，我国已连续10年在全国范围举办国家网络安全宣传周，广泛开展网络安全进社区、进农村、进企业、进机关、进校园、进军营、进公园“七进”等活动，以通俗易懂的语言、群众喜闻乐见的形式，宣传网络安全理念、普及网络安全知识、推广网络安全技能，形成共同维护网络安全的良好氛围。2023年网络安全周期间，全国各地积极开展网络安全进基层活动。方言快板小曲传唱网络安全知识，趣味问答互动寓教于乐，专家讲座科普防诈骗“攻略”……活动形式新颖，内容丰富，针对性强，不断推动网络安全宣传接地气、聚人气，让网络安全理念深入人心。

延伸阅读

网络安全为人民　网络安全靠人民

2023年国家网络安全宣传周期间，作为开幕式举办城市的福州，广泛开展网络安全宣传进农村、进社区、进校园等活动。在福州三中报告厅，鹏城实验室新型网络研究部网络平台所主任设计师李润恒在台上展示高阶密码，他轻点鼠标，杂乱无章的符号化身为古诗词，台下师生一片赞叹。

“阿姨，您看这视频里是您儿子吗？这其实是我们用AI换脸技术生成的，现实中您儿子根本没有去这个地方。”9月13日，福州市晋安区鼓山镇前横社区，由公安、网信等多个部门组成的网络安全宣传小队来到“长者食堂”，与老年人面对面交流，普及防范新型电信网络诈骗知识。

福州还打造了覆盖全市的“10点钟课堂”适老服务公益课程，精心编写发放老年人智能手机使用手册等；推出青少年网络素养系列微课，挂牌青少年网络素养教育基地，联动属地网信企业制作青少年反诈宣传手册和动漫视频……不断创新举措，让老年人和青少年群体轻松掌握网络安全防范知识和技能，提升网络安全素养。

（来源：《全民携手，共筑网络安全坚强防线——2023年国家网络安全宣传周活动综述》，《人民日报》2023年9月18日）

今年，电影《孤注一掷》成为暑期档最大的“黑马”。片中，境外网络诈骗的骇人内幕、触目惊心的手段细节、极其隐蔽的产业链条，将电信网络诈骗问题呈现得淋漓尽致，让观众直呼“头皮发麻，后劲儿很大”。电信网络诈骗犯罪并不是简单的社会治安问题，而是复杂的网络安全治理难题。2023年7月，习近平总书记对网络安全和信息化工作作出重要指示，提出了新时代新征程网信工作的使命任务，把“防风险保安全”摆在突出位置，为深入推进网络强国建设进一步锚定了前进航向。

坚持固本强基，夯实“制度防线”。新时代以来，以习近平同志为核心的党中央从“过不了互联网这一关，就过不了长期执政这一关”[①]的战

① 习近平：《加快推动媒体融合发展 构建全媒体传播格局》，《求是》2019年第6期。

略高度出发，把依法治网作为网络强国建设的重大原则，推动网络领域百余部立法出台。习近平总书记高度重视法治在网络强国建设中的基础性作用，强调“网络空间不是‘法外之地’”。“要坚持依法治网、依法办网、依法上网，让互联网在法治轨道上健康运行。”[①]要高度重视互联网法治建设，夯实网络空间法治基础，建立网络权益保障法律制度，强化网络执法，坚决惩治网络违法违规问题。深化网络空间法治建设，筑牢网络安全屏障，为推动互联网持续健康发展提供法律保障。

坚持驱动引领，提升“技术防线”。网络强国建设离不开对信息领域核心技术的掌握，离不开技术创新的良好环境。我国虽然在5G、大数据、云计算等相关网络应用技术领域已有不少重大突破，但网络强国建设的基础还不够牢靠，基础理论研究和核心技术还没有形成体系。因此，我们要紧紧牵住核心技术自主创新这个“牛鼻子”，打好信息领域关键核心技术攻坚战，加强前沿技术攻关，推动高性能计算、移动通信、量子通信等重点技术的研发和应用取得重大突破。面向战略性新兴产业，在大数据、云计算、人工智能、物联网等关键信息技术领域，寻找突破口。加强关键领域“卡脖子”技术的研发，提升国家核心技术创新效能。

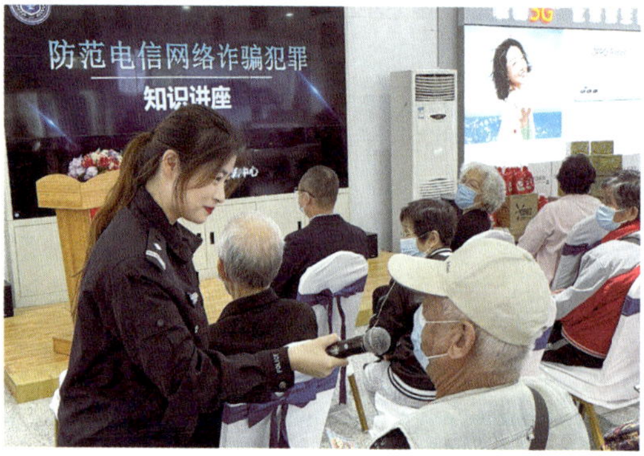

防范电信网络诈骗犯罪知识讲座

强化内容治理，绷紧“意识防线”。目前，中国网民人数已达10.67亿，形成全球规模最大的网络社会。提升全民网络安全意识与技能，是实现从网络大国迈向网络强国的必由之路。当前，作为“网络

① 《习近平关于网络强国论述摘编》，中央文献出版社2021年版，第155页。

原住民”的青少年一代正在成长，“银发一族”在网民中的占比也显著增长。如何将网络安全的种子根植“一老一小”心中，不让他们成为“局外人”，是绷紧网络安全意识防线的工作重点。我们要强化网络信息内容治理，加强网络新闻信息稿源管理，加强负面舆情信息的引导，优化网络谣言等虚假信息的引导与规范，发挥各类媒体舆论引导作用。进一步提高全民网络安全防护能力，普及网络安全知识，加强个人信息保护和隐私保护，引导健康合理使用数字产品与服务，发展积极健康的网络文化，提升广大人民群众在网络空间中的获得感、幸福感、安全感。

18

如何更好解决农村人居环境问题？

以前，上厕所被认为是上不了台面的小事儿，尤其在中国农村，从南到北、从西到东，很多地方都因陋就简，在外打工的孩子不愿意回家，都是因为“方便”这事儿太不方便了。自2015年开始，吉林省延边州和龙市光东村改造了210户室内卫生间，2019年又升级改造，铺设了污水管网，村里家家都用上了热水器和水冲厕所，从此，光东村村民告别了夏天“臭烘烘”，冬天“没法用”的厕所。进城务工的孩子以前回来，因为不愿意

（毕延长 拍摄）

旱厕改造、户厕改造与“问题厕所”摸排整改持续推进(吴双黎 拍摄)

去户外卫生间、居住不方便，都是当日回当日走，卫生间改造后，孩子们更愿意回来陪伴父母，老人们也享受了天伦之乐，实为最幸福的事。小小厕所的改造，使村民生活的幸福指数直线上升。

厕所改造是切实考察民情、了解农村百姓生活需求后作出的正确举措。生活问题引起了老百姓的共鸣，反映了与老百姓生产生活息息相关的“热点”话题，事关人民切身利益的大事小情，必须予以高度重视。

乡村要发展，环境是底色。促进乡村宜居宜业是实现农业农村现代化的重要目标之一。2018年中央印发的《农村人居环境整治三年行动方案》号令一出，全国行动。中央农办、农业农村部认真贯彻落实党中央、国务院决策部署，积极发挥牵头抓总作用，同有关部门先后印发一系列文件、召开多次会议，对学习推广浙江“千村示范、万村整治”工程(下文简称“千万工程”)经验、推进农村厕所革命、农村生活污水治理、村庄清洁行动等进行专项部署。各有关部门认真履职、协同配合，加大了对农村人居环境整治的投入力度和推进力度。2021年底，中共中央办公厅、国务院办公厅再次印发《农村人居环境整治提升五年行动方案(2021—2025年)》，这一方案承接了2018年印发的《农村人居环境整治三年行动方案》，是巩固拓展脱贫攻坚的新成果，是接续推进乡村振兴的有力抓手。

但是，当前农村人居环境整治还面临不少挑战：农村生活垃圾治理、生活污水治理和卫生厕所改建的任务依然艰巨。**垃圾围村问题突出**。有的农村存在环卫基础设施配备不全、缺少乡村环卫车辆、垃圾集满后不能及时清运等不良现象；有的农村没有建成密封式的垃圾箱，所建的垃圾池仍是开放式的，存在垃圾桶配备不全、被损坏后没有及时更换等问题；有的农村采取政府购买服务的方法引入环卫企业，垃圾桶、垃圾中转站等环卫设施利用率不高，甚至存在闲置现象。**污水乱排问题严峻**。农村污水处理率均低于城市，面临污水处理配套设施落后、吨水投资成本高、管网建设难度大、运维保障不足等问题，难以开展村庄污水处理系统和粪便处理系统等设施的配套建设。**厕改不彻底问题仍然存在**。有些农村厕所建设未综合考虑厕所的环保以及废物的资源化处理和利用等问题；或是在规划建设时没有预留或规划统一的排污设施，导致农村改厕出现有钱没地改、想改没地改的尴尬局面。另外，在农村户厕改造过程中存在不考虑当地气候、房屋实际以及排污管道等配套设施跟不上等问题，导致改造后的水厕不能用、不好用。

那么，农村人居环境整治为何存在短板呢？**村民对人居环境治理缺乏科学认知**。受文化水平不高和环境教育普及不足所限，许多村民对人居环境如何治理，以及对自己在人居环境治理过程中扮演什么角色等问题不甚了解。整体来看，农民的参与积极性不高，尚未形成主动建设、主动维护的责任意识和行动自觉。**缺乏有效的协调和监督机制**。农村人居环境整治是一项长期性、艰巨性、复杂性的工作，涉及不同的职能部门。各个部门在开展工程建设时，出现了部分项目内容交叠，彼此之间沟通和协调仍不充分等现象，极易导致错漏和重复建设等问题。另外，农村人居环境缺少有效的监管手段，部分地区对农村人居环境整治监管不严格，相关责任落实不到位，整治过程中各参与主体奖惩制度不明晰。**建设资金和管护资金**

缺口较大。许多地区的农村生活垃圾清运、资源化利用、畜禽粪污集中处理、农作物秸秆综合利用、卫生厕所改建、生活污水处理等项目均缺少专项投入保障。部分农村地区主要依靠财政投入和专项政策性资金开展人居环境整治，很多村的集体经济不能满足农村人居环境整治的资金需求。

建设好生态宜居的美丽乡村

农村人居环境整治，事关广大农民根本福祉，事关农民群众健康，事关美丽中国建设。习近平总书记强调："建设好生态宜居的美丽乡村，让广大农民在乡村振兴中有更多获得感、幸福感。"①这是以习近平同志为核心的党中央从战略和全局高度作出的重大决策部署，是对农村居民美好环境需求的积极回应，是全面实现乡村振兴战略的有效举措。

为了以高品质生态环境支撑高质量发展，党的十八大以来，党和国家将发展经济和提高人民生活水平有机统一，以更高站位、更宽视野、更大力度来谋划和推进农村人居环境整治。那么应该如何为美丽乡村建设而努力呢？

保护乡村农韵肌理。习近平总书记强调："农村是我国传统文明的发源地，乡土文化的根不能断，农村不能成为荒芜的农村、留守的农村、记忆中的故园。"②那么，如何保证乡土文化的根不断？习近平总书记指出："新农村建设一定要走符合农村实际的路子，遵循乡村自身发展规律，充分体现农村特点，注意乡土味道，保留乡村风貌，留得住青山绿水，记得住乡愁。"③"要让有形的乡村文化留得住"，"要让活态的乡土文化传下去。"④

---

① 《论"三农"工作》，中央文献出版社2022年版，第271页。
② 《论"三农"工作》，中央文献出版社2022年版，第100页。
③ 《论"三农"工作》，中央文献出版社2022年版，第64页。
④ 《论"三农"工作》，中央文献出版社2022年版，第253—254页。

两代人走在平顺又绿色环保的小道上

改善农村基础设施。习近平总书记强调："要把公共基础设施建设的重点放在农村。"[①]"重点抓好农村交通运输、农田水利、农村饮水、乡村物流、宽带网络等基础设施建设"[②]，还要"管好、护好、运营好，为广大农民致富奔小康、为加快推进农业农村现代化提供更好保障"[③]，从而不断提高乡村基础设施完备度、公共服务便利度、人居环境舒适度。

提升农民生活品质。习近平总书记指出，要改善农村人居环境，把乡村建设得更加美丽，"一个很重要的任务是因地制宜搞好农村人居环境综合整治，尽快改变农村许多地方污水乱排、垃圾乱扔、秸秆乱烧的脏乱差状况。这件事，不管是发达地区还是欠发达地区都要搞，标准可以有高

① 《论"三农"工作》，中央文献出版社2022年版，第243页。
② 《论"三农"工作》，中央文献出版社2022年版，第294页。
③ 《论"三农"工作》，中央文献出版社2022年版，第115页。

低，但最起码要给农民一个干净整洁的生活环境”[①]。比如，“要因地制宜做好厕所下水道管网建设和农村污水处理”[②]，“加快推进畜禽养殖废弃物处理和资源化”[③]等。

推进农业可持续发展。习近平总书记指出：“绿水青山既是自然财富，又是经济财富。希望乡亲们坚定不移走生态优先、绿色发展之路。”[④]“要推行农业标准化清洁生产，完善节水、节肥、节药的激励约束机制，发展生态循环农业，更好保障农畜产品安全。”[⑤]同时，“在保护好生态前提下，积极发展多种经营，把生态效益更好转化为经济效益、社会效益”[⑥]。

这些重要论述，遵循了乡村自身发展规律，深刻回答了为什么要建设美丽乡村、怎么建设美丽乡村等一系列重大理论和实践问题，为做好改善农村人居环境工作提供了根本遵循和行动指南。

延伸阅读

余村新故事

来到浙江省余村，目之所及皆是绿的海洋：连绵的山、流淌的水、摇曳的竹，披翠盈碧。此情此景与20世纪八九十年代的余村截然不同。当年的余村，因开矿采石，长年笼罩在烟尘中，山变成“秃头光”，水成了“酱油汤”。

---

① 《论“三农”工作》，中央文献出版社2022年版，第101页。
② 《习近平关于社会主义生态文明建设论述摘编》，中央文献出版社2017年版，第89页。
③ 《习近平关于社会主义生态文明建设论述摘编》，中央文献出版社2017年版，第94页。
④ 《论“三农”工作》，中央文献出版社2022年版，第68页。
⑤ 《论“三农”工作》，中央文献出版社2022年版，第138页。
⑥ 《论“三农”工作》，中央文献出版社2022年版，第68页。

2003年6月，时任浙江省委书记的习近平同志作出了实施“千村示范、万村整治”工程（以下简称“千万工程”）的战略决策，开启了浙江大地万千村庄的美丽蝶变。2005年，余村贯彻习近平同志提出的“绿水青山就是金山银山”的理念，走出了一条生态美、产业兴、百姓富的可持续发展之路。2021年起，“千万工程”步入“千村未来、万村共富”升级迭代新阶段，安吉县以余村为中心画出了三个发展圈层，从而跳出余村发展余村、打破“一亩三分地”的局限、带动周边乡村实现共同富裕。2022年初，为了吸引人才为余村发展添砖加瓦，天荒坪镇党委班子决定以余村的名义面向全球招募合伙人，通过全新的合作模式，助力乡村振兴。如今的余村，从产业到人才到运营，时尚新赛道汇集了年轻的梦想与热情。

“千万工程”实施20年，开辟了乡村振兴的新境界，如今余村的新变化，也正是迈向中国式现代化新图景的生动展现。

（来源：梁佩韵《余村新故事》，《求是》2023年第13期）

持续开展农村人居环境整治行动

农村人居环境整治是美丽中国建设的重要内容，是乡村振兴战略实施的具体体现。要持续开展农村人居环境整治行动，实现全国行政村环境整治全覆盖，基本解决农村的垃圾、污水、厕所问题，打造美丽乡村，为老百姓留住鸟语花香、留住田园风光。为此，必须深入学习领会习近平总书记的重要指示，认真抓好工作落实，大力推动农村人居环境从基本达标迈向提质升级。

多措并举，打造宜人、宜居、宜业的优美环境。浙江省“千万工程”

从解决农村垃圾等问题起步，后来不断延伸拓展整治范围、内涵，最终造就了千万个美丽乡村。借鉴浙江省“千万工程”建设，要从农村改厕、畜禽粪污废弃物处理、河塘沟渠清淤、生活污水处理、不良卫生习惯改变等出发，以建成美丽乡村为目标进行系统谋划，以突破重点问题来带动全局。**垃圾清理刻不容缓**。坚持政府主导、分级负担，下大力气开展地毯式垃圾清理行动，彻底清除积存农村垃圾；全面推广生活垃圾分类，构建再生资源回收体系，以“集中歼灭+长效维护”打赢垃圾清理攻坚战；深入推进农村生活垃圾收运一体化处置体系建设，因地制宜采用小型化、分散化的无害化处理方式扩大城乡收运一体化覆盖范围；实行闭环管理，建立上下联动机制，组织常态化暗访，并定期回访、督促整改。**污水排放亟待解决**。加快农村污水处理厂建设；选择符合农村实际的生活污水治理技术，优先推广运行费用低、管护简便的治理技术，鼓励居住分散地区探索采用生态处理技术，积极推进农村生活污水资源化利用；建立健全运营管护体系，强化专业机构管理服务，组织开展定期巡查监测，保障农村生活污水处理设施长期稳定运行。**厕所革命势在必行**。积极推广以奖代补的方式，充分调动农民参与积极性；科学选择改厕技术模式，把无害化卫生厕所建设与改善农民群众住房条件项目紧密结合，宜水则水、宜旱则旱，新建农房应配套设计建设卫生厕所及粪污处理设施设备。**深入实施乡村绿化美化行动**。引导鼓励村民通过栽植果蔬、花木等开展庭院绿化，通过农村“四旁”植树推进村庄绿化；大力推进村庄整治和庭院整治，编制村容村貌提升导则，优化村庄生产生活生态空间，促进村庄形态与自然环境、传统文化相得益彰，打造农村宜居环境。

依靠群众，形成共建、共治、共享的良好风气。走群众路线是中国共产党做好一切工作的法宝。只有依靠农民群众，发动农民群众，才能汇聚建成美丽乡村的强大合力，才能形成持续推动美丽乡村的内生力量。**加快提升农民主人翁意识**。要调动农村居民参与环境整治的积极性，通过宣传栏、微信群、走访入户等形式，广泛宣传农村人居环境质量对居民身体健康的影响，提高村民卫生意识和文明健康素养；要用好用活积分制管理、美丽庭院评选、流动红旗等实践中探索出的行之有效的方法，改变“干部干、群众看”的现象，营造“人居环境整治人人有责”的浓厚氛围。**适时改变农村生产生活方式**。绿色生产方式和良好生活方式是影响农村环境的直接方式。一方面，要结合社会文明大行动，将整治农村人居环境的举措、要求、共识、成果写入村规民约，顺势推动乡村移风易俗，引导村民养成良好的生活习惯。另一方面，要改变传统种养方式，探索绿色养殖模式，减少化肥、农药对环境的污染；要改变家庭畜禽散养方式，引导标准化规模化的养殖模式，防止畜禽产生的污水和粪便成为农村污染源。**积极开展精神文明创建活动**。培育文明乡风是维持村居环境整治成效的长久之计。基层政府要丰富农村精神文明创建活动，积极开展“好家风、好家训”、道德讲堂、星级文明户评选等系列活动，以文明创建活动引导村民自我管理、自我教育、自我提高，为农村人居环境营造良好的整治氛围。

绿色发展，实现生态、生产、生活的有机融合。坚持人与自然和谐共生，建设生态文明是中华民族永续发展的千年大计。在整治农村人居环境的同时，要以“富”带“美”，促进农村人居环境“形神兼备”，将生态优势切实转化为经济优势，推动生态环境与经济发展同步建设，实现生态美与经济强的有机统一。**扶持智慧农**

合作社技术人员正在登录数字农业服务平台确定监测范围（高雷　拍摄）

业，为人居环境整治夯实基础。不断加快高标准农田建设，推进“互联网+”、云信息技术与农业生产的有机融合，大幅提高农业科技含量，减轻农户耕作负担，助力农业节本增效，让农业生产变得“更轻松”“更科学”，从而以产业发展辐射提升农村基础设施建设水平，以点带面提升农村人居环境。**丰富文化旅游产业，为人居环境注入灵魂**。开展农村人居环境整治，要兼顾发展农村文化旅游产业，要认真梳理村庄文脉资源，把文化符号、文化传统、文化古迹与人居环境整治重点结合起来，融入乡村旅游业，在旅游产业发展、环境风格塑造上彰显本土文化特色，实现产业发展和环境整治相辅相成，融合发展。**推动农村一、二、三产业融合发展，为人居环境增添动力**。推动农村一、二、三产业融合发展是振兴乡村产业、提升农业竞争力、构筑乡村振兴物质基础的必然要求，是农业农村经济转型升级的重要抓手和有效途径。开展农村人居环境整治就要促进产业多元化发展，探索以村集体经济或“企业+合作社+村民”等方式，构建和延伸农业“接二连三”的产业链和价值链。如运用“互联网+”模式与绿色农产品、特色民宿、农事体验、乡村旅游等新兴业态相融合，为农村人居环境整治厚植经济资本，不但延长了农业产业链，还有助于做好农产品深加工和乡村老旧房屋改造，推动文化创意产业、乡村养老产业等在农村落地生根。

农村人居环境整治改善是实施乡村振兴的重点任务，事关广大农民根本福祉、事关农民群众健康、事关美丽中国建设。绿水青山就是金山银山，农村人居环境整治是一项长期的活动，是一项利民工程，新时代新征程，推进农村人居环境整治任重道远。

要加强领导，提高思想认识。高度重视精心安排，召开工作会议，成立农村环境整治工作领导小组，研究改进实施方案，细化举措，严把时间节点；实行驻村领导包干负责，各项目分管领导齐抓共管，有力推进农村人居环境整治工作；同时，强化宣传，高效利用宣传布标、广播大力宣传乡村振兴战略，有力控制区域内秸秆焚烧、污水排放、杂物燃烧等污染行为；宣传脱贫攻坚优秀成果，赢得群众对农村人居环境整治工作的大力支持与认可，对环境差的个别村户进行突击整治，开展思想引导教育。

要狠抓落实，改善人居环境。结合乡村旅游业等第三产业发展，对人居环境进行整村推进，规划并完善基础设施，聚焦顽瘴痼疾，健全长效保洁机制，努力实现农村生活垃圾收集处理全覆盖。通过树立典型带动参与，健全农村人居环境整治激励常态机制，深入挖掘在农村人居环境整治中的先进典型，发挥榜样的示范引领作用，积极营造人人参与的浓厚氛围。

要保证实效，铸牢考核硬度。农村人居环境整治工作应纳入社会发展总体规划，定期展开督查指导，积极借鉴先进经验与做法，自我加压，克服困难，着力培育文明乡风。带领村民转作风、树新风，形成农村人居环境共建、共治、共享新局面。同时，加强传统村落的保护与提升，坚持生态文明建设，形成乡村文化特色。

延伸阅读

一个小镇的“生态三重奏”

山东省青岛胶州市的洋河镇是典型的北方丘陵乡村。走近洋河，花香果甜、水清林秀，一幅声、色、味俱全的“3D乡村美景图”在眼前铺开。但在过去较长一段时间，当地并没能发挥自身优势。近年来，洋河镇多措并举，把青山绿水转换成真正造福百姓的“金山银山”。

改善居住生态。洋河镇深入开展“六边三场三化”行动，即对路边、沟边等区域进行综合整治；建设柴草堆放场、农机具停放场、健身小广场；对道路进行绿化、亮化、美化。其次，发展生态文旅。洋河镇诸多村庄不仅用“微创手术”的方式整治村里的人居环境，也通过打造集住宿、餐饮、休闲、旅游、观光为一体的综合性民宿，增加村民和村的集体收入。最后，做强生态产业。洋河镇种养一体化项目园区正在紧抓落实。通过盘活矿坑、林地等沉睡资源，开发“种子研发”“智慧养牛”项目，实现种养结合、节能环保、循环可持续发展。

洋河镇转变发展思路，立足生态谋振兴，着眼绿色促发展，大力提升农村人居环境，从而谱写了“山绿水清、路畅田丰、村美民富”的山水洋河振兴曲。

（来源：《一个小镇的“生态三重奏”》，《农民日报》2023年7月31日）

19

如何解决群众生活环境污染问题？

2023年8月24日——一个被狠狠钉在历史耻辱柱上的日子。“日本强推核污染水排海，不正当、不合理、不必要”，“太平洋是世界的太平洋，不是日本的下水道”，“核废水排海，再怎么粉饰美化也只是欲盖弥彰”，“日本的划算是全世界的代价”……自日本无视国内外的强烈反对和质疑之声，单方面强行启动福岛核事故污染水排海，公然向全世界转嫁核污染风险以来，已引起全球公愤，受到国际痛斥。据报道，福岛第一核电

站的核污染水有130多万吨，全部核污染水排海至少要持续30年，2023年度日本计划把约3.12万吨核污染水分4次排放。130万吨核污染水是什么概念？足以装满500多个奥运会标准游泳池，240天就可扩散到中国沿海，10年便可污染整个太平洋！日本政府漠视核污染水排海给全球海洋环境和人类健康带来的重重风险，将一己私利凌驾于全人类长远福祉之上，其所作所为极端自私、极端不负责任。

与日本截然相反，中国始终高度关切生态环境保护事业，同筑人类发展与未来之基，协力构建清洁美丽的世界。党的十八大以来，我国污染防治攻坚向纵深推进，生态环境保护发生了历史性、转折性、全局性变化。但同时必须指出，我国经济社会发展逐渐步入绿色化、低碳化的高质量发展阶段，生态环境保护的结构性、根源性、趋势性压力尚未得到根本缓解。**蓝天时有“黑”化之险。**目前，中国仍是全球十多个空气污染最严重的国家之一，人民群众的“心肺之患”尚未解除。以2022年度为例，京津冀及周边地区、长三角地区、汾渭平原空气质量优良天数比率同比分别下降0.5个、3.7个、5.0个百分点。重点地区的大气环境治理仍需加强，避免“牵着你的手却看不见你”的现象去而复返。**碧水仍有“浊”化之危。**“十三五”期间，全国多起重大突发环境事件均由水污染引起。河南南阳淇河污染、黑龙江伊春鹿鸣矿业尾矿库泄漏、嘉陵江甘陕川交界断面铊污染等此起彼伏，影响范围广、危害程度大、处置难度高，环境应急工作频遭难题，水生态环境不平衡不协调问题依然突出。**净土常遭“污”化之难。**土壤污染也是近年来危害人民生命健康、破坏生态环境的一大劲敌，主要集中在农用地和工矿场地。各类土壤严重“生病”，对“米袋子”“菜篮子”“水缸子”造成巨大威胁。“毒地”之上林立的住宅也无法让人安睡，2016年“常州毒地案”事件就曾轰动全国。常州外国语学校紧邻一片已搬迁的化工地块，但污染地块在修复过程中因操作不规范和监管不力发生“二次污染”，导致数百名学生身体出现异常症状。

是什么影响了“一片蓝天、一泓碧水、一方净土”优美生态画卷的绘就？**科学认识不到位。**一些地方缺乏对自然规律和生态环境重要性的科学认识，对生态环境保护的重视程度不够，片面追求经济快速发展，采取“三高一低”（高投入、高消耗、高污染、低效益）的经济增长方式，造成了资源浪费和环境恶化。**政策执行待提升。**部分污染源管理的政策仍没有完全改革到位，配套立法不完善，运行机制不健全，政策之间系统性、协同性不足，排污许可制尚未做实，难以支撑总量控制、环境统计、排污权交易等精细化政策工具有效实施。**监督保障不充分。**随着污染源环境监管职能的增加和下沉，基层部门事中事后的监管负荷大幅增加。体制改革尚未完全到位，编制、技术、设备不足等问题更加凸显，“小马拉大车、权能不匹配”问题仍未得到真正解决，难以支撑精准科学的监管工作。如何进一步打赢污染防治攻坚战，大力改善城乡人居环境，以高品质生态环境支撑高质量发展，已成为当前满足人民群众美好生活需要、深入推进美丽中国建设、实现人与自然和谐共生现代化的重要课题。

青山就是美丽，蓝天也是幸福

“绿水青山带笑颜，山清水秀舞骈阗，锦绣山河眉目传，碧海蓝天云水间。”这是人民群众对优美生态环境的殷殷期盼。

治理生活环境污染是一项系统工程，必须作为重大民生实事紧紧抓在手上。习近平总书记强调：“环境就是民生，青山就是美丽，蓝天也是幸福。”[①]党的十八大以来，立足人民群众的环境需要，习近平总书记高瞻远瞩、统揽全局，亲自谋划、亲自部署，大力推进生态文明建设。民之所忧，我必念之；民之所盼，我必行之。一直以来，总书记始终心系民生福

① 《习近平生态文明思想学习纲要》，学习出版社、人民出版社2022年版，第35页。

祉，坚持生态惠民、生态利民、生态为民，为老百姓留住鸟语花香、田园风光。

为何要加强群众生活环境保护？立足于中华民族永续发展的根本大计，习近平总书记指出：“我国经济社会发展已进入加快绿色化、低碳化的高质量发展阶段，生态文明建设仍处于压力叠加、负重前行的关键期。必须以更高站位、更宽视野、更大力度来谋划和推进新征程生态环境保护工作，谱写新时代生态文明建设新篇章。”①**如何守好绿水青山、留住碧海蓝天？**为进一步巩固污染防治攻坚战成果，习近平总书记提纲挈领，提出“坚持精准治污、科学治污、依法治污，持续深入打好蓝天、碧水、净土保卫战”②。我国生态环境质量持续改善，祖国天更蓝、地更绿、水更清，万里河山更加多姿多彩。**如何才能让百姓吃得安心、住得放心？**“要全面落实土壤污染防治行动计划，突出重点区域、行业和污染物，强化土壤污染管控和修复，有效防范风险”③，尤其要“加强土壤污染源头防控，开展新污染物治理”④，坚持预防、保护、管控与修复各环节多管齐下，为群众的健康生活保驾护航。**如何让政策落地有声、落实有效？**“保护生态环境必须依靠制度、依靠法治，只有实行最严格的制度、最严密的法治，才能为生态文明建设提供可靠保障”⑤，要“落实领导干部生态文明建设责任

---

① 《全面推进美丽中国建设 加快推进人与自然和谐共生的现代化》，《人民日报》2023年7月19日。

② 习近平：《高举中国特色社会主义伟大旗帜 为全面建设社会主义现代化国家而团结奋斗——在中国共产党第二十次全国代表大会上的报告》，人民出版社2022年版，第50页。

③ 《坚决打好污染防治攻坚战 推动生态文明建设迈上新台阶》，《人民日报》2018年5月20日。

④ 习近平：《高举中国特色社会主义伟大旗帜 为全面建设社会主义现代化国家而团结奋斗——在中国共产党第二十次全国代表大会上的报告》，人民出版社2022年版，第51页。

⑤ 《习近平生态文明思想学习纲要》，学习出版社、人民出版社2022年版，第35页。

制，严格考核问责”[1]。精心用好政策工具箱，打好政策组合拳，切实把环境治理的系列举措落实到实践中去、基层中去、群众中去。

群众利益无小事，一枝一叶总关情。习近平总书记关于生态建设和环境治理的系列论述全面部署了生态环境建设的方向性、全局性、根本性目标任务，为解决人民群众反映强烈的突出生态环境问题提供了科学方法，清晰描绘了打好污染防治攻坚战、建设美丽中国的宏伟蓝图。

延伸阅读

“山水林田湖草沙是生命共同体”

“人的命脉在田，田的命脉在水，水的命脉在山，山的命脉在土，土的命脉在林和草，这个生命共同体是人类生存发展的物质基础。”秦岭深处、长江沿线、洱海湖畔、祁连山麓的串串足迹，都印下了习近平总书记对于生态保护修复的浓浓情怀。陕西省商洛市柞水县，总书记远眺秦岭牛背梁主峰，告诫党员干部“秦岭违建是一个大教训”，要警钟长鸣，切勿重蹈覆辙。在长江沿线，总书记就推动长江经济带发展三次召开座谈会，深刻指出“长江病了，而且病得还不轻”，推动沿江省市“共抓大保护、不搞大开发”。在内蒙古，习近平总书记指出要“加强荒漠化综合防治，深入推进‘三北’等重点生态工程建设，事关我国生态安全、事关强国建设、事关中华民族永续发展”。在洱海边，习近平总书记留下“立此存照”的约定，叮嘱让“苍山不墨千秋画，洱海无弦万古琴”的自然美景永驻人间……近年来，习近平总书记看山、看水、看林、看

① 《论把握新发展阶段、贯彻新发展理念、构建新发展格局》，中央文献出版社2021年版，第258页。

田、看湖、看草、看沙，划要点、作部署，山水林田湖草沙一体化保护修复是一以贯之的重点。构想战略，登高望远，绿色征程，前景广阔。中国梦、生态梦，空间为纸、人擎画笔，万里河山，正起宏图。

全面推进美丽中国建设

曾经的塞罕坝，“黄沙遮天日，飞鸟无栖树”，如今的塞罕坝，一排排落叶松苍劲挺拔，一片片云杉连绵成海。昔日的“西北风口”摇身一变成为河的源头、云的故乡、花的世界、林的海洋。1961年，时任国家林业部国营林场管理局副局长刘琨带着六名专家来到塞罕坝开启了治沙造林征程。一日三餐有味无味无所谓，爬冰卧雪冷乎冻乎不在乎；白天忙作业，夜宿草窝间；劲风扬飞沙，严霜镶背边。三代塞罕坝人的不懈努力创造出了荒原变林海的人间奇迹。党的十八大以来，以习近平同志为核心的党中央把生态文明建设作为统筹推进“五位一体”总体布局和协调推进“四个全面”战略布局的重要内容，把锻造美丽中国摆在强国建设、民族复兴的突出位置，坚决向污染宣战，解决了一大批关系民生的突出环境问题。各地在习近平生态文明思想指引下迈出了坚实的步伐，为高质量发展添实生态底色。

顶层设计布局越来越完善。党的十八大以来，生态文明建设顶层设计性质的“四梁八柱”日益完善，《关于加快推进生态文明建设的意见》《生态文明体制改革总体方案》等纲领性文件相继出台。国家修订30多部生态环境领域法律和行政法规，覆盖各类环境要素的法律法规体系基本建立。主体功能区战略深入实施，监测监察执法垂直管理制度、自然资源资产产权制度、生态保护红线制度、生态补偿制度、生态环境保护“党政同责”

和“一岗双责”等制度逐步建立健全。

污染防治攻坚战成效斐然。深入推进蓝天保卫战。推进产业、能源、运输、用地结构优化调整，不断完善重点区域大气污染防治协作机制。2022年全国地级及以上城市空气质量优良天数比例达86.5%，重污染天数比例首次降到1%以内，曾被雾霾笼罩的天空逐渐被擦亮。扎实推进碧水保卫战。推动打好水源地保护、城市黑臭水体治理、农业农村污染治理等标志性战役，全国地表水水质优良断面比例升至87.9%，水环境质量发生转折性变化。稳步推进净土保卫战。“无废城市”“清废行动”如火如荼，我国森林面积和蓄积量实现双增长，越来越多的绿色在山川大地蔓延，一座座精致的街角公园让市民们在“生态留白”中享受美好生活。

生态保护事业更上一层楼。党的十八大以来，各地区各部门坚持保护优先、自然恢复为主，统筹山水林田湖草沙系统治理，推动开展重大生态保护和修复工程，初步形成生态修复新格局。三北防护林、天然林保护、退耕还林还草、退牧还草、京津风沙源治理等重点工程深入实施，国土绿

农村污水变清记（王立群 拍摄）

化成效显著；通过实施全国防沙治沙示范区重点工程、农林水牧多管齐下综合治理、沙化重点地区和薄弱环节集中治理，防沙治沙取得了显著成效；坚持以小流域为单元，持续推进重点区域水土流失综合治理，依法强化水土保持监督管理，水土流失状况持续好转。

绿色低碳之路越走越宽广。党的十八大以来，城乡环境建设不断加强，绿色低碳的生活方式得到倡导践行。公共交通服务体系不断完善。截至2022年12月31日，共有53个城市开通运营城市轨道交通线路290条，运营里程9584公里，车站5609座，新能源城市公交车比例超过77%，327个地级以上城市实现交通一卡通互联互通。垃圾分类工作有序推进，地级城市生活垃圾分类全面启动，297个地级以上城市已全面实施生活垃圾分类，居民小区平均覆盖率达到82.5%。一次性用品逐渐减少，“最严限塑令”实施以来，环保布袋、可降解塑料等替代品得到广泛使用。无纸化办公、关灯一小时、少开一天车、空调调高一度等绿色低碳行为逐渐从宣传标语变成全民行动。

投入使用的城市新能源公交车

生态兴则文明兴，生态衰则文明衰。党的十八大以来，以习近平同志为核心的党中央把生态文明建设作为关系中华民族永续发展的根本大计，开展了一系列开创性工作，决心之大、力度之大、成效之大前所未有，美丽中国建设迈出重大步伐。同时要看到，生态系统保护和修复、生态环境根本改善不可能一蹴而就，仍然需要付出长期艰苦努力，必须锲而不舍、驰而不息。党的二十大擘画了全面建设社会主义现代化国家的宏伟蓝图，作出“推动绿色发展，促进人与自然和谐共生”的重大部署。紧跟新时代、放眼新征程、开辟新未来，生态文明建设仍是一道必答题，这是一份写在绿水青山间的答卷，更是一份写在人民心里的答卷。

以习近平生态文明思想为指导，用思想引领开辟生态之路。面对当前生态文明建设过程中的新情况新问题，必须正确处理高质量发展和高水平保护的关系、重点攻坚和协同治理的关系、自然恢复和人工修复的关系、外部约束和内生动力的关系、“双碳”承诺和自主行动的关系。站在人与自然和谐共生的高度谋划发展，不断增强各项工作的系统性、整体性、协同性，因地因时制宜、分区分类施策，始终坚持用最严格制度最严密法治保护生态环境，牢牢把握生态环境保护工作的主动权。

从文化和原理中汲取智慧力量，以传统基因涵养生态根脉。在上下五千年的文明长河中，中华民族绘就了一幅人与自然和谐共生的长卷，孕育了“天人合一”“道法自然”“致中和”等理念，倡导人与自然、人与人、人与社会的和谐共存。传承中华优秀传统文化中的生态基因，持续深入挖掘传统文化资源以及马克思主义中的人与自然观、自然辩证法等思想资源，可为新时代推进新时代生态文明建设带来更多启迪。

坚决打响蓝天碧水净土保卫战，以优异战绩擦亮生态底色。持续深入打好污染防治攻坚战，坚持精准治污、科学治污、依法治污，保持力度、延伸深度、拓展广度，深入推进蓝天、碧水、净土三大保卫战，持续改善生态环境质量。坚持流域统筹、系统施治，保障更为优质的水环境；坚持问题导向，标本兼治，做好环境空气质量净化；坚持分类管控、防范风险，持续守护土壤环境质量。

大力探索培育绿色发展新动能，以绿色转型积蓄生态财富。各地要着力推进“生态+”理念融入产能发展全过程、全领域，既要改造节能低碳环保技术，又要培育壮大绿色循环经济，做好传统产业的“减法”和新产业新业态的“加法”。提升钢铁水泥化工等产能的绿色化水平，实现全流

守护碧水蓝天　绘就生态画卷

程清洁化、循环化、低碳化改造，协同推动火电、建材、钢铁等行业减污降碳增效。积极稳妥推进碳达峰、碳中和，构建清洁低碳安全高效的能源体系，守牢美丽中国建设安全底线。

促进制度优势转换为治理效能，以制度护航打造生态引擎。要将绿色低碳发展作为解决生态环境问题的治本之策，以创新制度为引领，以强化法治为保障，完善环境治理的法规标准，健全绿色发展激励机制，充分调动社会力量，优化环境治理监管服务机制，系统提升生态环境治理能力。统筹各领域资源，汇聚各方面力量，打好法治、政策、市场组合拳，形成建设美丽中国的强大合力。

助力生态环境智慧管理与治理，以技术赋能拓展生态空间。将先进的科技手段和环境保护相结合，可达到更高效、可持续的环保效果。加强科技支撑，狠抓关键核心技术攻关，培养造就一支高水平生态环境科技人才队伍，构建美丽中国数字化治理体系，建设绿色智慧的数字生态文明。加快形成绿色生产方式和生活方式，厚植高质量发展的绿色底色，拓宽绿水青山转化金山银山的路径，为子孙后代留下山清水秀的生态空间。

延伸阅读

安吉余村：绿水青山成为幸福靠山

远山如黛、流水潺潺、竹林摇曳……漫步在浙江安吉余村，深浅不一的绿意在眼前渐次铺展。村口石碑上的“绿水青山就是金山银山”十个大字赫然醒目，迎来送往着一波又一波游客。从“卖石头”到“卖风景”，小村庄因何发生美丽蜕变？

20年前，余村人靠炸山开石矿、办水泥厂为生，环境遭到破坏，安全事故频发。2005年8月15日，时任浙江省委书记习近平同志到余村考察，首次明确提出“绿水青山就是金山银山”，为小村庄指明发展方向。此后，乘“千万工程”东风，余村复垦复绿、封山治水，持续改造优化人居环境。“余村联盟”民宿平台、“两山”旅游公司、矿山遗址公园、后巷创意街区……生态变成“摇钱树”，风景成为“聚宝盆”。从4.86平方公里到245平方公里，从原住村民1087人到带动约5万人共同发展，如今的余村，正在变“大”。在广阔的空间和崭新的蓝图下，“余村全球合伙人计划”应运而生，诚邀全球英才来乡村创业筑梦。2022年，余村累计接待游客70万人次，村集体经济收入达1305万元，村民人均收入6.4万元。2023年初，余村年终股金分红大会向村民发放206万元，人均领取分红近2000元。

绿水青山从金山银山到幸福靠山，余村为生态发展新模式打了个样，为全面推进乡村振兴、建设美丽中国提供借鉴，也让世界看到了中国乡村的美好未来。

20

如何解决中小微企业和个体工商户经营困难问题？

平阴是中国玫瑰之乡、世界三大玫瑰主产区之一，已有1300年栽培历史。地处翠屏山下、玉带河畔，得益于特殊的地形和特有的气候、土壤条件，这里的玫瑰瓣厚色艳、香味浓郁，为世人称奇。虽然广袤的玫瑰花田坐拥天时地利，但花农传统的种植和销售模式使得产品种类单一、销路渠道狭窄，对收入增益有限，平阴玫瑰一度陷入发展的瓶颈。这或许是平

（赵东山 拍摄）

平阴玫瑰生产车间

阴花企与众多中小微企业、个体工商户面临的共性困难。党的十八大以来，党和国家虽加大对中小微企业和个体工商户的政策扶持和帮扶力度，但中小微企业和个体工商户经营困难仍是一个普遍问题。帮助中小型微型企业和个体工商户提振信心，稳健经营，增强企业的可持续发展能力，让更多中小微企业和个体工商户真正活下来、发展好，才能更好激发市场活力和社会创造力。中小微企业和个体工商户的繁荣发展，有利于充分利用社会资源，繁荣社会主义市场经济，促进生产力发展。支持中小微企业和个体工商户发展，适应了社会主义初级阶段生产力发展不平衡、多层次的状况，符合社会主义本质要求。

当前，我国发展面临的不确定性因素较多，中小微企业和个体工商户仍然面临不少困难。**发展资金不足，获取贷款难。**中小微企业和个体工商户普遍融资渠道不畅，直接融资渠道有限、间接融资受阻、民间融资收紧等导致融资不畅，企业拿不到资金，发展缓慢，甚至生存都面临很大的挑战。**经营成本高，发展压力大。**对中小微企业和个体工商户来说，不但人工成本逐年增长，原材料、场地租赁等费用也水涨船高，导致经营成本过高、发展压力过大。**人员配备不足，招工难。**企业用人需求在不断升高，人力成本却居高不下，企业给不出相应待遇，就会导致企业招不到合适的人；即使招到人要想留住人，尤其是留住高级人才，更是摆在企业面前的一道难题。**品牌力弱，核心竞争力不强。**中小微企业和个体工商户一般缺乏长远的战略规划，只注重产量、销量等眼前现有发展红利，而忽视企业文化、品牌宣传等长远利益。**核心技术供给不足，数字化转型困难。**新形势下对技术创新的发展要求越来越高，许多中小微企业在产品研发方面资金投入量不足，技术进步迟缓，创新能力与手段单一，难以跟上市场需求步伐。大部分中小微企业和个体工商户缺乏数字化转型的能力，无法适应市场需求的快速变化，导致经营者在供应链管理、营销推广、客户服务等方面的效能不足。

根据《中华人民共和国中小企业促进法》，中小微企业分别以员工数量和年度销售收入作为主要参考指标进行划分。一般情况下，中小企业的员工数量不超过300人，年度销售收入不超过3000万元人民币。其中小型、微型企业和刚跨过小型企业门槛的企业在其中占比巨大，这部分企业是真正意义上的困难户，面临着比以往更为严峻的压力。**融资难是首要问题**。财税金融政策不完善，一些银行出于风控的考虑，对于中小微企业、个体工商户信贷支持态度往往更趋谨慎。**管理乱是关键问题**。由于大部分中小微企业、个体工商户沿用家族式管理模式，信息闭塞，企业生产管理、财务管理、营销管理等多项管理不规范，严重制约了企业的成长发展。**待遇低是基础问题**。中小微企业的大部分员工工资待遇较低，企业不能保障员工正常的休息时间。有的企业工价确定和计薪方法不够合理、透明度不高，拖欠工资现象时有发生。**人才少是根本问题**。大部分中小微企业、个体工商户员工多数文化素质偏低；而熟知本行业的专业技术人员相对较少，企业总体上技术力量薄弱。中小微企业试图通过人才引进来改变现状，却又十分困难，近几年大中专毕业生进入中小微企业就业的比例不高。**创新弱是突出问题**。多数中小微企业和个体工商户对创新支持力度不够，对创新保护不足，存在研发和技术创新资金困难。如何更好地解决中小微企业和个体工商户经营困难问题已成为当前我国经济发展的重点问题。

关怀与扶持：习近平总书记的中小微企业情缘

中小微企业和个体工商户是国民经济发展的“毛细血管”。凡克已以济民，皆力行而不悔。习近平总书记始终坚持以人民为中心的发展思想，把中小微企业和个体工商户的发展与人民群众的切身利益联系起来，强调要“支持中小微企业发展”[①]。“要支持中小微企业发展，发挥其就业主渠道作用。”[②]“要确保各项纾困措施直达基层、直接惠及市场主体，引导金融资本重点支持制造业和中小微企业。”[③]深刻体现了党和国家对中小微企业和个体工商户的高度重视和深切关怀。

党的十八大以来，习近平总书记就中小微企业和个体工商户发展，多次作出重要指示批示，强调要加强对困难行业和中小微企业扶持，加强对企业创新的支持，培育一批“专精特新”中小企业。**针对支持鼓励中小微企业和个体工商户成长，**习近平总书记强调，“要优先解决民营企业特别是中小企业融资难甚至融不到资问题，同时逐步降低融资成本”[④]，“继续实施积极的财政政策和稳健的货币政策，延续、优化、完善并落实好减税降费政策，发挥总量和结构性货币政策工具作用，大力支持科技创新、实体经济和中小微企业发展”[⑤]，“在民营企业遇到困难的时候给予支持，在民营企业遇到困惑的时候给予指导”[⑥]，“我国民营企业只能壮大、不能弱化，不仅不能‘离场’，而且要走向更加广阔的舞台”[⑦]。**针对营造中小微企业和个体工商户健康发展环境，**习近平总书记强调，“要加强中小微企业管理服务，支持中小微企业和个体工商户发展”[⑧]，“依法保护民营企业

---

① 习近平：《高举中国特色社会主义伟大旗帜 为全面建设社会主义现代化国家而团结奋斗——在中国共产党第二十次全国代表大会上的报告》，人民出版社2022年版，第29页。

② 《习近平谈治国理政》（第四卷），外文出版社2022年版，第210页。

③ 《习近平谈治国理政》（第四卷），外文出版社2022年版，第188页。

④ 《习近平著作选读》（第二卷），人民出版社2023年版，第207页。

⑤ 《减税降费直达 企业增添动力（走进市场看信心）》，《人民日报》2023年8月12日。

⑥ 《正确引导民营经济健康发展高质量发展》，《人民日报》2023年3月7日。

⑦ 习近平：《在民营企业座谈会上的讲话》，人民出版社2018年版，第7页。

⑧ 习近平：《当前经济工作的几个重大问题》，《求是》2023年第4期。

产权和企业家权益，促进民营经济发展壮大”[①]。“构建亲清新型政商关系的要求落到实处，把支持民营企业发展作为一项重要任务，花更多时间和精力关心民营企业发展、民营企业家成长。”[②]**针对中小微企业和个体工商户创新能力发展不足问题，**习近平总书记指出：“希望专精特新中小企业聚焦主业，精耕细作，在提升产业链供应链稳定性、推动经济社会发展中发挥更加重要的作用。”[③]

这些重要论述立足于我国经济运行的具体实际，为中小微企业和个体工商户发展提供了实实在在的帮扶和助力，同时为在新的历史方位上着力解决好中小微企业和个体工商户经营难题提供了根本遵循。

延伸阅读

臻至破危

自20世纪60年代开办第一个模具作坊以来，历经纯手工制造、半自动化、自动化、数字化的迭代，浙江省宁波市北仑区已发展成为“中国压铸模具之乡”。宁波臻至机械模具有限公司（以下简称“臻至”）所在的北仑大碶高端汽配模具园区，集聚了78家企业。新冠肺炎疫情下要顺利实现复工复产，必须各方合力打造一个强有力的支持系统。据北仑区灵峰工业社区党委书记史孟艳介绍，辖区内的上下游配套企业组成“复工产业联盟”，联系区人社局调度大巴车远赴各地，深入村镇接员工返岗。与此同时，政府的税收、房

① 习近平：《高举中国特色社会主义伟大旗帜 为全面建设社会主义现代化国家而团结奋斗——在中国共产党第二十次全国代表大会上的报告》，人民出版社2022年版，第29页。
② 习近平：《在民营企业座谈会上的讲话》，人民出版社2018年版，第15页。
③《着力在推动企业创新上下功夫 激发涌现更多专精特新中小企业》，《人民日报》2022年9月9日。

租、金融等多方面支持政策迅速到位。

2020年3月29日，习近平总书记在浙江省调研疫情防控和复工复产，深入宁波市北仑大碶高端汽配模具园区一线。考察完臻至生产车间，总书记临上车时对工人们说："中国的民营企业、中小微企业，有活力、有灵性，有一股子精神，在你们企业身上也得到了体现。这么大的疫情发生了，我们的中小微企业还在迎难而上，还在自强不息发展。前景是乐观的，祝你们一切都好！"[①]

坚韧不拔，化危为机，这是臻至拼搏奋进的历程带给我们的深刻启示。

〔来源：郑庆东《践行习近平经济思想调研文集（2022）》，人民出版社2023年版〕

政策支持助小微，扬帆重振再起航

2023玫瑰产品博览会暨玫瑰文化艺术节等主题活动拉开大幕。走进当下的中国玫瑰之都——济南市平阴县，玫瑰花香弥漫空中，鲜花采收热火朝天，"方便太多了！"在收花点，平阴县玫瑰镇花农赵庆柱由衷感叹，以前要么是去企业要钱，要么是企业挨家挨户送钱，不但费时还不踏实，现在有了玫瑰卡，称重完卖花结算款能自动转入账户，节省排队卖花时间，也不用担心回款问题。赵庆柱口中的"玫瑰卡"是浪潮云洲的创新应用，玫瑰卡绑定农户信息，代替传统三联单，企业通过扫码，实时记录鲜花交易信息并线上结算，结算效率从原来的一两个月缩短到24小时。收花点现场的智能称重设备集称重、扫玫瑰卡信息、打印收花凭条等多功

① 杨维汉、朱基钗：《冲寒已觉东风暖》，《人民日报》2020年4月2日。

能于一体，称重后各项数据自动关联上传至玫瑰卡，真正实现数据实时共享与自由流动。同时，交易数据上传至收花企业与平阴玫瑰产业大数据中心，打通了产业数据通道，指导企业精准排产与政府分析产业发展情况，为县域特色产业发展提供数字化支撑。

浪潮云洲智能称重设备应用于收花场景

党的十八大以来，按照习近平总书记对中小微企业和个体工商户发展的一系列决策部署，党和国家先后出台了延续、优化、完善并落实好减税降费的一系列政策措施。同时，全国各地积极探索中小微企业、个体工商户更好更快发展的新路子，围绕做好“六稳”工作、落实“六保”任务，深化“放管服”改革，优化营商环境，助企纾困和激发活力并举，细化实化财税、金融、社保等惠企政策，并大力支持数字技术赋能中小微企业、个体工商户，为中小微企业、个体工商户持续恢复元气、增强活力提供有力支撑。

推进精准支持，完善落实减税降费政策。政策支持是中小微企业、个体工商户发展的动力之源，针对性的惠企政策能够有效解决发展资金困难。在河北省玉田市，税务部门充分利用数字化智能技术，与“远程帮办中心”共同构成全天候、无间断的线上服务模式，打造出更具便利性和贴合度的“蒲公英”纳税服务微信群，为中小微企业和个体工商户在电子税务局操作疑问、税费政策咨询、发票领用等问题上及时做好解答工作。唐山某公司财务人员遇到数字账户的发票认证问题时第一时间在“蒲公英”纳税服务群中求助。随后，税务部门派出纳税服务专线联络员与该公司进行“一对一”联系，并根据该公司性质确定政策申享范围，辅导企业继续使用原发票认证抵扣平台进行认证，快捷高效地帮助企业解决用票难题。

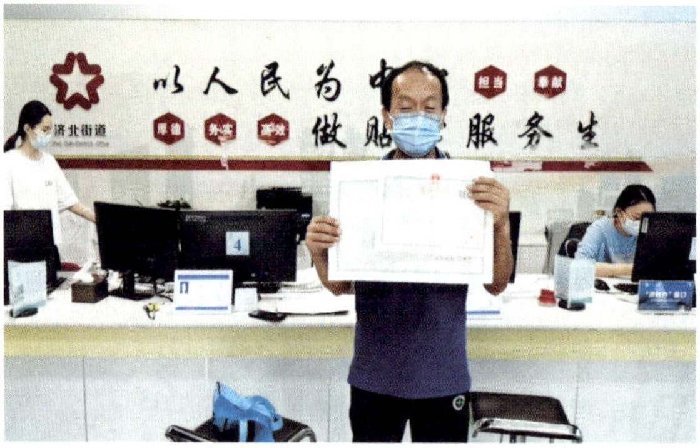

行政审批“一站式迁移”，个体工商户异地经营少跑腿

深化放管结合，优化企业营商环境。进一步改善和优化营商环境，聚焦提升政务服务水平，着力让中小微企业和个体工商户办事更顺畅、更便捷、更舒心、更暖心。2022年，山东省威海市面向中小微企业和个体工商户，谋划推出37个优化营商环境“关键一招”，推动更多政务服务事项“一门式”办理、“一站式”服务，企业办事“扫码办”“刷脸办”，大幅提升了政务服务水平。如国网威海供电公司为解决小微企业办电“延、降、等”难题，采取扩大低压电网接入能力等措施，实现了小微企业、个体工商户电力接入的零投资，降低了小微企业、个体工商户的经营成本。此外，供电公司还以数字科技赋能小微企业高质量发展，为其提供“刷脸办”及“零证办”等智能化服务，告别“人等电”实现“电等人”，大幅提升了小微企业在办电方面的获得感。

发展普惠金融，缓解中小微企业融资约束。融资慢、手续多，一度困扰着中小微企业。习近平总书记高度重视纾困措施能否直达基层、直接惠及市场主体，深刻指出：“要强化对市场主体的金融支持，发展普惠金融，有效缓解企业特别是中小微企业融资难融资贵问题。”[①]降低企业融资

① 《习近平著作选读》（第二卷），人民出版社2023年版，第320页。

成本，能够从根本上缓解中小微企业、个体工商户“融资难”“融资贵”问题，为中小微企业、个体工商户的复苏注入“强心剂”。北京某科技贸易发展有限公司是一家以滑雪用品为主的外贸企业，该公司及时瞄准2022年北京冬奥会的机遇，向中国进出口银行申请了两笔1000万元的转贷款用来及时周转、进货。也正是得益于这笔资金的支持，北京冬奥会期间，该公司的销售业绩同比增幅将近一半。

加速科技赋能，助力中小微企业智能化发展。开展数字化赋能是提升中小企业核心竞争力的有效途径。山东省浪潮集团通过数字赋能企业生产线优化管理，助力企业更高质量发展。围绕高速护栏加工制造企业迪乐普原材料需求出发，浪潮云洲平台通过供应链匹配低成本原材料采购，以订单驱动企业数字化转型升级，助力研产供销服务环节进行数据采集形成数据资产，推动产业有序链接、高效畅通。通过生产线的数字化控制和精细化运营，为制造企业迪乐普节约仓储费用50%，缩短订单交付时间20%，降低采购成本2%，提升生产流程效率15%。

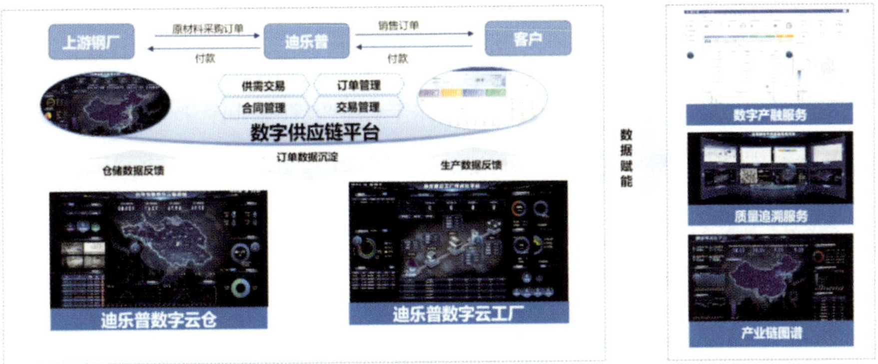

山东浪潮集团“供应链订单驱动技改”架构体系

量大面广的中小微企业是稳经济的重要基础。党的十八大以来，以习近平同志为核心的党中央高度重视中小微企业在推动经济发展中的重要作用，采取多种措施促进中小微企业实现了跨越式发展。当前，中小微企业和个体工商户正处于发展红利期，发展前景光明，但面临当前我国经济恢复的基础尚不牢固，需求收缩、供给冲击、预期转弱三重压力仍然较大等现状，中小微企业发展仍存在订单缺、成本高、回款慢、融资贵等发展问题，影响社会主义市场经济的发展活力。稳住中小微市场主体，解决中小微企业和个体工商户发展难题，既要着眼当前，也要惠及长远。

国家要结合实际强化和细化纾困举措。创新融资机制以拓宽资金来源渠道，健全多层次资金市场；建立包容性制度以加强市场调节机制，打造多层次创新机制。将小微企业税收优惠、扩大中小企业政府采购份额等政策进一步延续，全链条全方位扶持中小微企业和个体工商户“上台阶”。

地方政府要落实好上级政策。落实国家减负降本和各类纾困政策，实现“应兑快兑”“速享尽享”，提升中小微企业和个体工商户政策获得感；要进一步统筹地方财政资金和地方政策举措，进一步帮助个体工商户减负降本、纾困解难、提振信心。

中小微企业和个体工商户要注重创新升级。加大创新研发力度以提升竞争力，以创新拓展中小微企业和个体工商户生存空间，挖掘经济发展新的增长点，切实增强中小微企业和个体工商户实实在在的获得感，以增强其发展的充足动力和活力。

从体制机制改革层面解决中小微企业和个体工商户面临的发展困境。不能以短期的宏观调控及中期的产业政策替代长期的体制改革，只有理顺了整体的市场环境，更大力度深化改革，才能推进中小微企业和个体工商户参与公平竞争。

延伸阅读

助力中小微企业平稳发展

中小微企业的经营遍及社会生产生活的各个角落，关乎千千万万个家庭的就业和民生。多方面举措协同联动，有助于改善当前经营环境，为中小微企业的长远发展积蓄强劲能量。

习近平总书记强调："要千方百计把市场主体保护好，为经济发展积蓄基本力量。"我国中小微企业量大面广，是稳经济的重要基础、稳就业的主力支撑，是保市场主体的重要对象，是提升产业链供应链稳定性和竞争力的关键环节。

对政府部门而言，当主动靠前服务，切实推进政策落地。中小微企业数量众多、涉及行业庞杂、经营地点分散，这给政策落实提出了更高的要求。深入基层调查研究，强化政策宣传辅导，积极摸排企业最真实、最直接、最迫切的诉求，才能提供精准化帮扶。同时，还要根据实际情况灵活调整政策，迅速响应企业的需求，确保政策的实效性。在复杂多变的形势下，中小微企业更要坚定必胜信心，充分发挥主观能动性。企业战胜挑战、渡过难关，最重要的还是把外界助力转化为发展动力。

中小微企业是我国经济发展的韧性和潜力所在。企业自身强信心，政府部门重民心，社会方面给关心，勠力同心、共克时艰，一定能让中小微企业渡过难关、平稳健康发展，为稳定宏观经济大盘、实现经济高质量发展注入更强劲动力。

21

如何解决乡村人才缺失问题？

“只有扎根泥土，才能懂得人民”，北京师范大学硕士黄文秀，毕业后放弃去大城市就业的良好发展机遇，主动请缨，回报家乡，担任广西壮族自治区百色市乐业县新化镇百坭村的驻村第一书记，投身于乡村振兴的伟大事业中。黄文秀在岗位工作中兢兢业业，一心为民，倾力扶贫，实现了全村103户贫困户大部分脱贫，在脱贫攻坚一线战斗至生命最后一刻，2019年6月17日，黄文秀因公牺牲，年仅30岁。殚精竭虑，芳华无悔，黄文秀

曾动情地说:“很多人从农村走了出去就不想再回去了,但总是要有人回来的,我就是要回来的人。”简单的话语,道出了一名共产党人的初心使命和崇高情怀,但我们也不难从中品出当前乡村人才缺失的一丝苦楚。

党的十八大以来,我们高度重视乡村发展的人才队伍建设,培养和磨炼了一支国家后备人才队伍,为乡村振兴发展输送了大量人才。但是,乡村人才缺失问题仍然是全面推进乡村振兴战略过程中必须解决的一道难题。所谓“乡村人才缺失”,究竟缺失在哪些方面?缺失的又是什么样的人才呢?**农业技术人才紧张**。当前乡村人才主要集中于非农领域,而农业作为乡村发展的基础所在,其专业性人才却极度匮乏,从事农业技术科学研究的专业人才主要集中在相关企业或高校,鲜少投身于乡村田间的基层一线,使得许多提质增收的农业新技术新手段,难以快速转化下沉至农民的田间地头。**新型管理人才短缺**。现代经济社会的快速发展,对于乡村振兴的各方面和全过程提出了更高要求,乡村要想搭上高质量发展的“快车道”,离不开具备现代综合知识体系的新型管理人才,而这类人才主要集中在行政机关、事业单位、企业或高校,许多基层一线缺乏在新形势下为乡村的长远规划谋篇布局的新型管理人才。**公共服务人才流失**。基层教育人才缺口较大,乡村教师队伍老龄化严重,即使在“特岗教师”政策的调节下,青年教师到乡村任教意愿仍然较低。乡村医疗服务人才队伍也有待壮大,乡村级卫生室只能对临床最常见的几种简单疾病进行诊断及处置,许多医护专技人才在面对简陋的硬件条件、偏低的薪资待遇、有限的发展空间等问题时,进入乡村、服务乡村的热情较低。

那么,乡村人才缺失问题缘何产生,又为何难解呢?**首先,难以弥合的城乡差距是乡村人才流失的根本原因**。随着农业现代化水平的进一步提高,冗余的乡村劳动力无疑会跟随城市强大的人才需求和吸附效应不断转移,乡村人口的外流特别是青壮年劳动力的外流,导致部分乡村地区空心化、老龄化问题日趋严重,原本生机勃勃大有可为的农村热土逐渐丧失活力。**其次，乡村人才可持续发展的保障制度不够完善是一大原因。**目前针对乡村人才培育的政策扶持机制还未健全，尤其是关于人才培育如何纳入财政预算、如何设立专项资金、如何建立长效投入机制等问题，在各乡村地区还需进一步予以制度化。**此外，乡村生活与工作环境吸引力不够、人才投身乡村建设的获得感和幸福感不足，是亟须破解的困境之一。**一个地方能不能吸引人才、留住人才，与其生活状况、就业态势息息相关。与在城市生活工作各方面的便捷性相比，乡村的先天条件不足，人才在乡村难以各尽其才、才尽其用，在服务乡村建设过程中的成就感不显著。长期以来，如何推行切实有效的举措破解乡村人才缺失难题，是关乎乡村振兴深入推进的重要一环。

乡村振兴，关键在人、关键在干

人才振兴是乡村振兴战略的重要内容，也是乡村振兴的基础。从烈日炎炎到白雪皑皑，从样板乡村到贫困山区，习近平总书记的走访足迹遍布祖国大地的东西南北，总书记始终高度重视乡村振兴，深情牵挂驻村人才，他多次强调农村经济社会发展，归根到底，关键在人，为乡村留住人才给出了系列设计，提供了诸多思路。

如何夯实好乡村本土人才的培育？习近平总书记在中央农村工作会议上指出：“要引进一批人才，有序引导大学毕业生到乡、能人回乡、农民工返乡、企业家入乡，帮助他们解决后顾之忧，让其留得下、能创业。”[①] **如何完善好乡村人才工作体制机制？**总书记高屋建瓴，要求“创新乡村人才工作体制机制，充分激发乡村现有人才活力，把更多城市人才引向乡村

① 《习近平关于“三农”工作的重要论述学习读本》，人民出版社、中国农业出版社2023年版，第138页。

青年人回乡创业，成为乡村振兴的一道靓丽风景线

创新创业”[①]，“要积极培养本土人才，鼓励外出能人返乡创业，鼓励大学生村官扎根基层，为乡村振兴提供人才保障”[②]。**如何落实好乡村人才专业化系统化培训？**总书记科学谋划、精准瞄定，“要把人力资本开发放在首要位置，强化乡村振兴人才支撑，加快培育新型农业经营主体”，“在乡村形成人才、土地、资金、产业汇聚的良性循环”[③]，“要完善职业培训政策，提高培训质量，造就一支适应现代农业发展的高素质职业农民队伍，并为他们创业发展创造良好的素质条件和外部环境”[④]。

党的十八大以来，习近平总书记一直高度重视乡村振兴的人才问题，始终强调打造一支强大的乡村振兴人才队伍，立足对人才成长发展规律的科学分析、对实现美丽乡村建设的准确把握，作出了一系列重要论断，视野开阔、思想深刻、内涵丰富，体现了对农村工作、农业发展、农民富裕

① 《习近平关于“三农”工作论述摘编》，中央文献出版社2019年版，第194页。
② 《习近平关于“三农”工作论述摘编》，中央文献出版社2019年版，第195页。
③ 《习近平经济思想学习纲要》，人民出版社、学习出版社2022年版，第90页。
④ 《习近平关于“三农”工作论述摘编》，中央文献出版社2019年版，第144页。

的殷切关心和高度重视，也彰显了人才工作在乡村振兴中的重要战略地位。习近平总书记关于乡村振兴和人才问题的系列论述，为破解乡村人才缺失问题，建设一支政治过硬、本领过硬、作风过硬的乡村振兴干部队伍指明了科学方向，提供了行动指南。

延伸阅读

习近平给中国农业大学科技小院的同学们的回信

中国农业大学科技小院的同学们：

你们好！来信收到了，得知大家通过学校设立的科技小院，深入田间地头和村屯农家，在服务乡村振兴中解民生、治学问，我很欣慰。

你们在信中说，走进乡土中国深处，才深刻理解什么是实事求是、怎么去联系群众，青年人就要“自找苦吃”，说得很好。新时代中国青年就应该有这股精气神。党的二十大对建设农业强国作出部署，希望同学们志存高远、脚踏实地，把课堂学习和乡村实践紧密结合起来，厚植爱农情怀，练就兴农本领，在乡村振兴的大舞台上建功立业，为加快推进农业农村现代化、全面建设社会主义现代化国家贡献青春力量。

在五四青年节到来之际，我向你们、向全国广大青年致以节日的祝贺！

习近平

2023年5月1日

（来源：习近平《回信》，《光明日报》2023年5月4日）

打造一支强大的乡村振兴人才队伍

党的十八大以来，按照习近平总书记的重要指示批示精神以及决策部署要求，党和国家加强组织领导，把乡村人才振兴纳入人才工作目标责任制考核和乡村振兴实绩考核，明确乡村人才振兴的目标任务是“到2025年，乡村人才振兴制度框架和政策体系基本形成，乡村振兴各领域人才规模不断壮大、素质稳步提升、结构持续优化，各类人才支持服务乡村格局基本形成，乡村人才初步满足实施乡村振兴战略基本需要”[①]。全国各地也积极探索符合当地发展与实际情况的政策措施，想实招、出真招，加快推进乡村人才振兴，促进各类人才投身乡村建设，取得了一系列显著成就。

农业生产经营高素质人才筑牢乡村振兴基础。农业生产经营人才是能够引领一方、带动一片的乡村实用人才带头人，在乡村人才队伍中占有很大的比例，是促进农业农村产业发展的重要力量。截至2020年底，我国依法登记注册的农民合作社总数达到225.1万家，是十年前的5.9倍[②]，家庭农场数量达390万，农民合作社超过220万[③]，全国高素质农民有1700多万，高中以上文化学历的人数比重占35%，高素质农业生产经营人才已经成为推进现代农业发展的重要力量。同时，我国面向贫困地区开展了实用人才带头人示范培训工作，累计培训8万余人[④]，农村实用人才的素质与数量得到了提升与增长，为乡村地区培养了一大批实用型人才，促进了乡村地区的产业发展。

---

① 《关于加快推进乡村人才振兴的意见》，新华社2021年2月23日。

② 高杨、王军、魏广成等:《2021中国新型农业经营主体发展分析报告(一)——基于中国农民合作社的调查》,《农民日报》2021年12月17日。

③ 《数说中国这十年》，中央纪委国家监委网站2022年7月8日。

④ 《农业现代化辉煌五年系列宣传之一：农业现代化成就辉煌 全面小康社会根基夯实》，中华人民共和国农业农村部发展规划司网站2021年5月8日。

乡村电商人才在果园里直播卖苹果（王鑫 拍摄）

农村二、三产业创新型人才增添乡村振兴活力。农村二、三产业发展人才主要是指创新创业型人才、农村电商人才以及乡村手工业者等人才，这一部分人才队伍是带动乡村地区二、三产业发展的主要推动者。乡村发展最缺乏的就是创新型人才，因此国家大力鼓励和支持具有创新意识的人才返乡，共谋发展。2022年国务院印发的《“十四五”推进农业农村现代化规划》中再一次强调支持各类人员返乡创业，鼓励各种乡村能手留乡创业，有力促进了农村产业链的延伸。截至2020年底，返乡人数达到1010万人次，留乡人数有3000多万①。此外，近年来随着电商平台的兴起，部分农村电商人才利用网络直播，将本地的农产品在线上进行销售，给当地带来了新的生机与活力。

乡村治理综合型人才干部提升乡村振兴动力。乡村治理型人才主要包括乡镇党政人员、大学生村官、村党组织带头人以及农村社会工作人员等有关乡村治理问题的人才队伍，是提升乡村基层治理水平的重要依靠力量。截至2021年底，我国已有491129个行政村建立了党组织，覆盖率均超过99.9%②，并且每个基层党组织都配备了专门负责人及工作人员。同

① 《农业现代化辉煌五年系列宣传之一：农业现代化成就辉煌 全面小康社会根基夯实》，中华人民共和国农业农村部发展规划司网站2021年5月8日。

② 《中国共产党党内统计公报》，新华社2022年6月29日。

时，乡村治理人才趋于年轻化，截至2020年底，全国累计选聘大学生村官53.7万名，累计选派300多万名第一书记和驻村工作队员[1]，更新优化基层干部队伍，为乡村振兴工作开展注入了新鲜血液。

乡村公共事业服务型人才赋能乡村振兴空间。乡村公共服务型人才作为乡村地区公共事业的服务人员，在乡村建设发展中起着至关重要的作用。党的二十大报告第五部分首次将教育、科技、人才一体部署，充分体现了教育在中国式现代化中的重要地位。党中央对乡村地区教育先后进行了多次调整与布局，促进了乡村教育教学体制方面的创新发展，并且取得了相应的成效。2021年中央财政单年就为乡村教师生活补助投入了51亿元，这一补助政策每年覆盖了约129万乡村教师[2]，极大地稳定了乡村教师队伍，优化了乡村教师队伍结构。

党的十九大以来，乡村振兴战略全面推进，出台了一系列关于推进农业农村发展的方针政策，我国乡村人才总量不断扩大，人才素质普遍提升，人才队伍结构也得到改善，为我国实现农业农村现代化发展和乡村振兴提供了坚实人才支持。立足新发展阶段，面对乡村振兴战略目标的更好实现，我们仍应继续坚持总结经验，探索新路，为乡村振兴赋能。

增数量，“本地采金”与“筑巢引凤”相结合。用人才的“金钥匙”才能开启乡村振兴战略的“密码锁”，让乡村人才充分涌流需要内外兼顾，既要激发内生动力充分挖掘本土人才，又要注重对外发力积极引进新鲜血液。可以针对本土人才实际状况和用人主体需求，分门别类建立本土人才库，对优秀人才采取动态管理，注重供需平衡。同时，积极引

① 《让广大青年在乡村一线激扬青春——党的十八大以来各级党组织充分发挥组织优势引导青年人投身脱贫攻坚和乡村振兴综述》，新华社2021年6月22日。

② 《多少钱花在了哪？一起看中央财政的乡村师资建设账本》，中华人民共和国财政部网站2021年9月9日。

导和鼓励在外人才回乡创新创业，对于返乡创业人才在政策方面给予相应支持保障。

调结构，党建引领与服务保障相结合。当前我国脱贫攻坚已取得全面胜利，乡村地区面貌焕然一新，距离实现农业农村现代化虽然还有一段路要走，但成功经验表明我们可以用好党建引领和服务保障的良方，解决乡村人才缺失问题。要坚持党建引领，各地方要将乡村人才振兴纳入党委工作总体部署中，坚持党管干部的原则，整体规划好乡村人才队伍建设。与此同时，要做好服务保障，完善乡村人才引用、培养、激励、考核制度，完善乡村基础设施，落实人才相关生活需求，用真诚打动人才，用胆识破格用才，用良方留住人才。

提质量，精准选派与专业培育相结合。首先要选优配齐乡村基层工作队伍的各类人员，派好乡村干部队伍，派好科技人才队伍，派好下乡志愿服务团，调动多方力量助推乡村振兴。其次要做好乡村人才专业培训，把最新的关于农业农村现代化的要求和举措全面准确地传递到基层；同时依托网络教育资源，积极搭建农业技术推广合作平台，加强与农业高等院校、科研院所以及企业的合作力度，为乡村人才队伍增强才干提供交流合作平台，不断提升乡村人才队伍职业能力。

延伸阅读

山东：激起人才“活水”，助力乡村振兴

从人迹罕至的山区贫困村，到游客蜂拥而至的“网红打卡地”，“乡村振兴合伙人”制度为山东省济宁市泗水县夹山头村带来了翻天覆地的变化，研学拓展、文化创意、餐饮住宿等33个项目落地，集聚各类资金2.5亿元，带动930名村民就业。

在济宁金乡，年轻人周晴晴用菌菇为乡亲们送去致富“金钥匙”

济宁市创新推出的“乡村振兴合伙人”制度，采取创办企业、技术入股、专业服务等个性化模式，与招募村“一对一”开展合作，为企业家、创业者、专家学者、技术能手等各类人才提供助力。截至目前，济宁市设立乡村振兴工作站30家，招募合伙人591名，项目落地485个，吸纳就业2.3万人，带动农民增收6亿元。

2023年以来，山东瞄准企业家、农民工、技能人才等群体，总结推广“乡村振兴合伙人”“首席专家”“归雁工程”等项目经验做法，打造“人才+项目+资金”新型人才引进模式，让各类优秀人才创业有机会、干事有舞台、发展有空间。同时创新实施城乡公益性岗位扩容提质行动，创设五大类30余种乡村公益岗，吸引农村劳动力就地就近就业，今年以来，全省共开发城乡公益性岗位60.97万人，安置上岗56.09万人。

未来，山东在创新体制机制、推动智汇乡村、优化乡村人才发展生态上出新招、求突破，推进乡村人才振兴“走在前、开新局”，为打造乡村振兴齐鲁样板提供坚实智力支撑。

（来源:《山东：激起人才“活水”助力乡村振兴》,《光明日报》2023年8月31日）

22

如何解决农村土地丢荒问题？

原本人均只有1.2亩土地的广东省惠州市龙门县麻榨镇东埔村，近年来土地丢荒越来越严重，到现在已有400多亩土地丢荒，村委会主任廖毅灵看在眼里，急在心里：长期丢荒的土地怎样才能盘活？在东埔村出生长大的廖毅灵眼里，土地要是丢荒在一旁没有产出，就是对土地资源的极大浪费。如今东埔村虾尾冚的土地像一片荒原，大部分土地长着四五十厘米高的茂盛杂草，“这里是我们村的地，绝大部分已经丢荒五六年了”，廖

毅灵语气中充满了遗憾。廖毅灵说，这些长满杂草的荒地原本也是水田，后来被丢荒，没人耕种，杂草丛生。东埔村土地丢荒的情况不是个例，而是我国目前面临的严峻现实，如何治理好农村土地丢荒问题不仅关系着农村土地的有效利用和农村社会的稳定与发展，而且对维护国家粮食安全、推进城乡一体化进程至关重要。

我国耕地总面积广大，但人口总量多，人多地少的基本国情决定了必须把关系十几亿人吃饭大事的耕地保护好。当前，部分农村土地“丢”在哪里？又“荒”在哪里？**丢在农田非粮化**。一些粮食作物生产成本高、售卖价格低，农民感觉不划算，就不愿意耕种粮食作物，反而选择耕种经济作物，导致农田非粮化。**丢在农田毁坏**。部分农民在经济利益的驱使下，违反国家法律法规，占用农田建房、建窑、建坟，擅自在耕地上挖砂、采石、采矿、取土等，导致部分农田被严重毁坏，无法继续耕种。**荒在农田长满杂草**。部分农民由于生活困难而外出打工，任那些适宜耕种的土地常年处于闲置、荒芜的状态，农田不长农作物，长满了杂草。**荒在季节性闲置**。有些农田并非无人耕种，而是农民考虑成本后进行季节性闲置，例如双季稻改种单季稻，一年中有几个月份农田处于荒芜状态。

农村土地丢荒为何近年来频繁发生？这是由多种复杂因素造成的。**农业生产成本上升是首要因素**。农业基础设施投入较大、农业生产资料价格不断上涨、粮食价格难以进一步上涨等诸多因素，导致农业生产成本不断上升，部分农民难以承受高昂的生产成本，进而主动选择丢荒。**农业收入不稳定**。一些地区的农业生产方式较为落后，缺乏规模化、集约化经营，导致农业生产效率低下，农民收入增长缓慢。另外，农业生产受自然环境的制约较大，风险也大，导致农民收入不稳定，进而影响农民对土地的投入积极性。**农业生产的劳动力流失**。现代工业的快速发展以及城市化进程的不断推进，导致越来越多的农民选择进城务工，放弃耕种土地。另外，

被流转土地的农户在收割薰衣草

随着农村人口老龄化的加剧，很多老年人由于身体原因无法继续从事农业生产，农业生产缺乏劳动力。**土地流转困难**。虽然各地已经制定了一些土地流转办法，但土地流转体制机制不够健全，缺乏一定的灵活性，土地流转之后的保障性措施较少，农民操作起来也有难度。农田碎片化导致很多地方的土地流转处于自发、无序的状态，部分农民不能及时有效地将土地转让出去，部分土地不得不被丢荒。总的来看，**种粮成本高、收益低是造成土地丢荒的根本原因**。

把粮食生产作为核心要务来抓

“人靠饭，铁靠钢，一顿不吃饿得慌。”

这句俗语广为流传，是老百姓对粮食问题的直观感受。

民以食为天，中国人的饭碗在任何时候都要牢牢端在自己手中。农业、农村、农民，一直是习近平总书记心之所系。为此，习近平总书记深入走访祖国南北的大小山村。田野里、灶台旁、炕沿儿边，一句句接地气的暖心话，一次次真感情的手握手，寄托着习近平总书记对土地、对乡亲的殷殷关切、拳拳深情。“种地收入多少？”“生活怎么样？”围绕农民最关心的土地、收入等问题，习近平总书记始终记在心上，给出了一系列的“锦囊妙计”。

怎样才能防止土地丢荒，保障粮食安全？习近平总书记从国家粮食安全的战略高度出发，强调要调动农民种粮积极性，稳定和加强种粮农民补贴，切实解决农民土地抛荒撂荒问题，指出："农田就是农田，只能用来发展种植业特别是粮食生产，要落实最严格的耕地保护制度，加强用途管制，规范占补平衡，强化土地流转用途监管，推进撂荒地利用，坚决遏制耕地'非农化'、基本农田'非粮化'。"①**怎样才能真正利用好撂荒地？**习近平总书记指出："加强撂荒地治理，摸清底数，分类推进，因地制宜把撂荒地种好用好。要积极开发各类非传统耕地资源，加强科技研发和生产投资，探索有效发展模式，突破我国传统耕地稀缺的自然条件限制。"②**怎样才能让耕地稳产又高产？**习近平总书记指出："保耕地，不仅要保数量，还要提质量。建设高标准农田是一个重要抓手，要坚定不移抓下去，提高建设标准和质量，真正实现旱涝保收、高产稳产。"③**怎样才能让农民安心种地，切实增加农民收入？**习近平总书记指出："要稳定和加强种粮农民补贴，提升收储调控能力，坚持完善最低收购价政策，扩大完全成本保险和收入保险范围。"④

土地是农民的根子，曾经在梁家河村当过7年农民的习近平总书记始终牵挂着农村的土地。习近平总书记关于维护国家粮食安全和增加农民收入的一系列重要论述，彰显大国领袖的高瞻远瞩和为民情怀，为新时代新征程深化破解农村土地丢荒问题提供了科学方法和根本遵循。

---

① 《论"三农"工作》，中央文献出版社2022年版，第332页。

② 《切实加强耕地保护 全力提升耕地质量 稳步拓展农业生产空间》，《人民日报》2023年7月21日。

③ 习近平：《坚持把解决好"三农"问题作为全党工作重中之重 举全党全社会之力推动乡村振兴》，《求是》2022年第7期。

④ 习近平：《坚持把解决好"三农"问题作为全党工作重中之重 举全党全社会之力推动乡村振兴》，《求是》2022年第7期。

延伸阅读

湖南靖州纪委监委督导耕地抛荒治理 主动作为 联动监督

“最近两年，我们把几百亩‘荒田’变成了‘良田’，全部种上了油菜，收割后还能再种一茬水稻。纪检监察部门的联动监督，对我们来说既是压力，又是动力。”近日，湖南省靖州苗族侗族自治县甘棠镇高峰村党支部书记张定华站在治理好的田边说，县里推行耕地抛荒专项整治后，村集体流转300多亩农田发展优质稻，采取“稻菜轮作”模式，目前收入达到了60万元。

为切实扛稳粮食安全政治责任，靖州县扎实推进耕地抛荒专项整治。强化组织保障和政策引导，靖州县纪委监委积极摸清底数，认真开展专项督导，以“室、组+主体”联动监督，全程抓好事前、建设、验收监督。2022年开展多次督查，整改发现问题，有效推动项目落实。同时，靖州借助政府引导、群众参与、吸纳社会资本等手段，采取群众自行复耕复种、土地托管、项目带动和引导流转等形式，全面开展耕地抛荒整治，并探索“村集体托管代耕代种”“联合社+村集体+农户”等耕地抛荒治理长效机制。

（来源：《湖南靖州纪委监委督导耕地抛荒治理 主动作为 联动监督》，《人民日报》2023年6月19日）

变荒为宝，提高土地的经济效益

农村丢荒地如何再生新活力？变“荒”为“宝”是关键。只有打出一套组合拳，多管齐下，才能有效提高土地的经济效益。安徽省黄山市黄山区耿城镇积极探索“党建引领粮食生产+撂荒地治理+集体经济发展”新发展模式，稳步推进丢荒地治理。当地通过江南农村产权交易平台，与某生态农业综合开发有限公司成功签约，将270余亩“沉睡”已久的闲置农田流转给公司，全面开展水稻集约化种植经营，有效提高土地利用生产率。公司在获得自身收益的同时，既带动村集体每年实现10余万元增收，又带动村民通过资产变现、吸纳务工等方式实现增收，有力推进农业强、农村美、农民富的美丽新家园建设。党的十八大以来，中国共产党高度重视土地丢荒、耕地保护、农民增收等问题，把国家的战略需要同农民的个人需要有机结合起来，为推动农村土地丢荒问题的集中整治推出了一系列政策，取得了一系列突出成效。

加大政策支持力度，盘活丢荒土地。党的十八大以来，各地积极引导各类农业经营主体盘活丢荒土地，大力发展壮大乡村产业。福建省在资金支持上，围绕建设优势特色产业集群、现代农业产业园、农业产业强镇，进行系列财政帮扶，加大财政支持力度，近年来累计投入2.14亿元资金。在公共服务的优化上，开展了高素质农民培育计划，加强农村实用人才带头人培育，支持科研机构开展专业技术人员培训。四川省南充市河溪街道成立撂荒地专项整治工作领导小组，以动员会、专题会、推进会形式切实加强组织领导，压实各级主体责任，及时推动工作落地落实。在强化宣传引导方面，通过大小会议，积极运用广播村村通、宣传车、手机微信群、印发宣传资料等多种方法展开广泛宣传，使广大农民充分认识到保护耕地、恢复撂荒地耕种是自己应尽的义务，增强爱惜土地、种好土地的自觉性，激发农民群众种地热情，为整治工作营造浓厚氛围。在综合施策方面，坚持实施分类施策和综合治理，认真分析撂荒地产生的原因，提高整治的针对性和有效性。各村居按批按计划以发动群众自种、企业流转包种、收归集体统种的复耕复垦方式种植大豆、红薯、玉米、花生、油菜等传统农作物，撂荒土地有序进行复耕复种4000亩左右。

坚持因地制宜，打造“农文旅”相结合的发展模式。党的十八大以来，党带领人民不断推进农村文化旅游全面发展。在广东省湛江市湛江区坡头镇，当地引进社会力量，将1000多亩撂荒地流转利用起来，打造成一个集休闲观光乡村旅游为一体的景观带。放眼望去，在这片美丽的土地上，小溪潺潺，白鹭栖息，充满生机，如诗如画。坡头镇南调街道将南调河沿岸撂荒地整合，种上了500亩油菜花，春节期间吸引了大量游客前来赏花拍照。这些新涌现出来的农业公园，正成为人们周末游、亲子游、生态游的好去处。"农文旅"相结合的发展模式让丢荒土地得到了综合利用，既避免了土地闲置，又对土地实现了立体式开发，增加了土地的价值，让农民有更多机会把农业和文旅服务业结合起来。农民的腰包鼓起来了，脸上的笑容多起来了。

南调河沿岸的油菜花田（图源：湛江日报社）

小田变大田，实现土地规模化经营。"小田"变"大田"的有关探索，已被列入农业农村部全国农村改革试验区典型案例。2019年，在江苏省农业农村厅指导下，江苏省盐城市亭湖区开展"小田变大田"改革试点。当地以尊重农民意愿为改革的第一原则，召开村民大会宣传动员，挨家挨户征求意见，近八成村民提出流转需求。"先选地、再划区"，自种户可根据土地确权面积，在靠家、靠路、靠水源的地方，优先选择整块土地，社

土地规模化经营，几名种粮大户驾驶收割机转场收割（董乃德 拍摄）

区再将这些选定地块划为“自种区”。可以吃“后悔药”，针对想讨回土地的村民，根据其原先土地确权的面积，为其划出临时过渡地，待流转合同到期，再由大户置换出来，这段时间，流转金不兑付，相当于未曾流转。试点至今，亭湖区6.6万余户农户的36.22万亩承包地由19.75万块合并成4.08万块，新增高产田4.2万亩以上，土地利用效率进一步提升，农业适度规模经营加快发展，有效推动了农业规模化经营，有利于更好地利用土地。

耕地保护是“国之大者”，要严守18亿亩耕地红线，防止耕地抛荒撂荒。我国目前的城市化发展较快，大量人口由农村迁移到城市，对农村土地保护和利用提出了更高要求。面对土地丢荒的现实难题，我们应总结过去的经验，与时俱进，探索新方法、寻找新答案，切实用好宝贵的土地资源。

建立土地丢荒整治长效机制。进一步贯彻落实中央粮食安全保障体系建设和“藏粮于地、藏粮于技”战略部署，建立健全土地抛荒撂荒长期预警、整治机制，完善逐步整治系列措施，充分调动农民种粮的积极性、主动性，确保抛荒撂荒整治效能常态化。

整合好土地资源。采取系列具有针对性的保障措施，引导农民实现农村土地经营权的有序流转，实现农业生产的适度规模经营，及时化解因无法规模化经营导致的土地丢荒矛盾。土地经营权受让方要依法合理利用土地，不得闲置撂荒。

加大农田基础设施建设力度。根据粮食耕种现实需要，合理布设农业生产所必需的土地平整、土壤改良与培肥、灌溉与排水、农田防护与生态环境保护、农田输配电、科技服务等工作，有效解决耕地立地差、耕作条件差等问题。

引导农民复耕撂荒地。健全补贴机制，让农民种粮有账算、有钱赚。鼓励地方出台利用撂荒地种粮的支持政策，进一步提高耕地地力保护补贴的针对性和导向性，对长期撂荒的停止发放补贴，待复耕复种后重新纳入补贴范围，降低农民生产经营风险。

延伸阅读

四川渠县盘活4000余亩耕地资源
昔日撂荒地　今变丰收田

春光正好，暖阳高照。四川省达州市渠县定远镇桔园村，翻耕的土地平铺在田间。远处，旋耕机的轰鸣声不断。翻耕过后，看着昔日杂草丛生的撂荒地重焕生机，村民们的脸上满是笑容。

定远镇党委书记张雪梅介绍，近年来，渠县推行“村集体经济组织+劳务公司+经营主体+农户”模式，由村集体经济组织出资，劳务公司负责土地整治，再将整治后的土地流转给企业、家庭农场、种植大户。目前，渠县全县已完成4000余亩的撂荒地整治。“土地流转后，不但有流转费，还能到村里的橘子园和药材基地务工。”与土地打了一辈子交道的村民费开琴说，“现在轻松又省心。”

为稳住粮食基本盘，渠县今年将围绕全县计划种植大春粮食作物162.3万亩、产粮61.3万吨的目标，调整种植结构，扩大种植规模，力推22万亩大豆玉米带状复合种植模式，稳粮提质增效，推动农业高质量发展，真正把“粮袋子”“菜篮子”变成群众增收的“钱袋子”。

（来源：《四川渠县盘活4000余亩耕地资源 昔日撂荒地 今变丰收田》，《人民日报》2022年4月19日）

23

如何解决农村陈规陋俗问题？

2019年，在江西鹰潭因彩礼引发的一起恶性案件，再度将天价彩礼问题推向风口浪尖。受害者是一位年仅23岁的妙龄女孩，与男方从相识到订婚只用了22天的时间。因二人已到适婚年龄，为尽快促成姻缘，男方给付了近40万元的彩礼、上门钱等各项费用，并为男孩营造出了“金龟婿”的形象。而女孩在订婚后发现对方的家庭条件并不像自己想的那般好，男孩甚至还有几千元的外债，产生悔婚的念头。虽然女孩答应偿还

32万元的彩礼，然而面对悔婚又相谈不恰的女孩，面对负债累累的年迈父母，男孩最终选择对自己的未婚妻挥刀相向……悲剧的背后是陈规陋俗的现实问题，这是实施乡村振兴战略中不可忽视的“攻坚战”，也是精神文明建设中不容小觑的“持久战”。

实施乡村振兴战略，是党的十九大作出的重大决策部署。在党中央的带领下，全面推进乡村振兴取得了重大成就，农村精神文明建设也迈上了新台阶。然而，在精神文明建设的具体实践中，还有许多亟待解决的突出问题，农村陈规陋俗仍在某些地区潜滋暗长。总括之，可以用“物化情义”和“铺张浪费”两个词来概括。那么具体说来有哪些方面呢？**婚丧嫁娶大操大办。**许多家庭将彩礼视作交换价值，希望得到一笔可观的收入，美其名曰“不能委屈了自家闺女”。“万里挑一”“一动不动”“万紫千红一片绿”等彩礼熟语的创制和传播，恰恰表现了人们对于高价彩礼的认同。以此来对标婚姻对象的能力与价值，让多少原本心生爱慕的青年男女面对婚姻殿堂时望而却步，多少稍见窘迫却幸福美满的家庭负债累累。**厚葬薄养大行其道。**百善孝为先，“孝”是中华民族的传统美德。然而现实中有些人却将“孝”字掉了个儿。父母健在，却钻国家政策空子，将危楼旧房留给父母，将其政策补助占为己有，把他们当作“挡箭牌”和“提款机”。在其父母百年之后，却急于向外界展示孝心。宴席、歌舞、礼金，铺张形式的背后尽显虚伪的孝道。**人情礼金摆阔斗富。**在某种程度上说中国是一个人情社会，这样的社会特点在经济水平相对落后的地区尤为明显，由此形成了“关系为大”的风土人情。新生、满月、考学、婚丧，有些人的一生都离不开“饭局”二字，甚至可以说为了脸面而活，被“面子”绑架。“宁荒一年田，不丢人情场”，讲求排场阔气一味攀比，让许多本不富裕的家庭更显拮据。**赌博成瘾十转九空。**农村的经济条件与生活资源相较于城市来说有不小的差距，而社会管理相对城市来说较为疏松。加之有些人思想懈怠、身体懒惰，“纠集性”聚赌和“职业化”赌场时有发生。

陈规陋俗的存在是乡村振兴和社会主义精神文明建设的绊脚石，其存在亦有深层次的社会原因。那么，这些陈规陋俗到底是如何产生和发展起来的呢？**发展滞后是产生根源。**经济因素是根本的、起决定作用的要素。陈规陋俗为何如此顽固？究其根本，是经济发展的不平衡和资源分配不均造成的思想观念滞后，使其不能与时代发展同步。同时，因经济受限，在文化建设方面投入少、产出少，难以实现现代意义上的文化解放和思想解放。**文化枉曲是存在前提。**之所以出现天价彩礼，一方面是因为随着生活水平的提高，人们对物质和精神等各方面要求进一步提高；另一方面是因为“面子”和“架子”，原本象征美好之事变了味道。“男女无媒不交，无帛不相见”，体现的是中国传统社会中男女对双方的尊重和美好愿景，但在有些人的歪曲解读下，“帛”与“礼”不是礼仪的代名词，反而成为买卖的砝码。**盲目跟风制造“羊群效应”。**在发生陈规陋俗事件的背后，隐藏着一批盲目跟风的从众心理，这就导致人们无论有无经济实力，都要与别人争个一二。特别是遇到婚丧嫁娶等事，都要参照“最高规格”去办，一场活动的花费对于普通家庭来说是天大的负担。**管理缺位制造活动空间。**农村基层组织对农村实际形势的忽视与农村精神文明建设的“跛足”状态，造成文化事业发展滞后、文化产业发展落伍、社会主义核心价值观价值引领力较弱以及乡贤的引领作用力度较小等问题。另外，对封建落后思想的清理不及时、不彻底，因而出现风俗变浊以及个人道德滑坡、价值观扭曲等现象。如何冲破陈规陋俗对人们的无形束缚，是乡村民风建设的重点环节，也是乡村振兴迈向新阶段的关键一步。

培育文明乡风、良好家风、淳朴民风

“人情大于债，头顶锅子卖。”

近年来，个别地区农村陈规陋俗的大行其道已让人谈之色变，闻之丧胆。

乡村振兴靠民风建设以阔步前行，文明新风借移风易俗以阐扬光大。“乡村是要有人情味，但不能背人情债。”[①]习近平总书记在不同时间、不同场合，多次就遏制农村陋习、推动移风易俗、树立文明乡风作出一系列重要指示批示，把“乡风文明”置于乡村振兴视野下加以审视，为我们解决陈规陋俗的问题提供了理论根基和思路指南。

对于农村精神文明建设问题，习近平总书记从战略高度对其进行定位，强调“乡风文明，是乡村振兴的紧迫任务，重点是弘扬社会主义核心价值观，保护和传承农村优秀传统文化，加强农村公共文化建设”[②]。那么该如何破除陈规陋俗这座大山？习近平总书记指出：“要弘扬新风正气，推进移风易俗，培育文明乡风、良好家风、淳朴民风，焕发乡村文明新气象。”[③]“改善农民精神风貌，提高乡村社会文明程度。”[④]民俗文化之中虽有陈规陋俗的寄居，然而其中也存在优秀文化传统。对此，习近平总书记指出，“很多风俗习惯、村规民约等具有深厚的优秀传统文化基因，至今仍然发挥着重要作用”[⑤]，“要在传统礼俗和陈规陋习之间划出一条线，告诉群众什么是提倡的，什么是反对的”[⑥]。辨别良莠因素，又该怎样为农村注入新的文化生命呢？习近平总书记从宣传手段入手，指出“要把党的政策用生动通俗的形式宣传好，让广大群众听得懂、能理解。要加强村规民约建设，移风易俗，为农民减轻负担”[⑦]，并且“要整合乡村文化资源，广

---

① 《论坚持全面深化改革》，中央文献出版社2018年版，第407页。

② 习近平：《把乡村振兴战略作为新时代“三农”工作总抓手》，《求是》2019年第11期。

③ 《中国共产党宣传工作简史》(下册)，人民出版社2022年版，第667页。

④ 《习近平关于“三农”工作论述摘编》，中央文献出版社2019年版，第22页。

⑤ 《习近平关于“三农”工作论述摘编》，中央文献出版社2019年版，第137页。

⑥ 《论坚持全面深化改革》，中央文献出版社2018年版，第407页。

⑦ 《习近平关于“三农”工作论述摘编》，中央文献出版社2019年版，第151页。

泛开展农民乐于参与的群众性文化活动”①。

习近平总书记关于解决陈规陋俗的重要论述，体现出总书记深邃厚重的人民情怀、实事求是的科学态度、高度自觉的大局意识和对中国特色社会主义现代化建设深刻的规律认识，为扎实有效持续推进移风易俗工作、解决陈规陋俗问题提供了重要遵循。

延伸阅读

“最美家庭”肖春家庭：一家三代“零彩礼” 移风易俗我先行

作为全国“最美家庭”，在当地提起肖春一家，那是人人羡慕的幸福之家——四世同堂，上有老人，下有一双儿女，一个可爱的外孙女，夫妻和睦，婆媳融洽。而作为一名基层社区妇联主席，肖春也用自己的实际行动影响着每一位社区居民。

不要彩礼要幸福。“重金彩礼只是一时的排场，家庭和谐才是最真实的幸福。”女儿谈婚论嫁时，江西省赣州市南康区南水社区妇联主席肖春坚持“零彩礼”。“20多年前，我结婚时就没收彩礼，我母亲认为把日子过好就行了。”肖春认为，她要将这种好的家风传承下去。

新时代的文明婚礼

① 《习近平关于“三农”工作论述摘编》，中央文献出版社2019年版，第123页。

以身作则带领友邻移风易俗。肖春一家三代“零彩礼”在当地已经传为佳话，也影响着越来越多的群众。在肖春一家的感染下，周边很多亲朋好友、乡邻乡亲都在效仿她移风易俗的做法，要么“零彩礼”要么低彩礼，大大减少了因“高价彩礼”引发的家庭矛盾纠纷。

生前尽孝厚养，身后从简薄葬。公公病重期间，夫妻俩每天轮流守在床前，照顾老人的饮食起居，用实际行动诠释了“生前尽孝”的含义。公公去世时，为响应“丧事简办”政策，肖春一家召集长辈兄弟，提议用绿色生态的安葬方式，慎终追远。不收受邻里朋友的情币，不穿戴孝服，不放烟花鞭炮，从简治丧，用鲜花祭奠、无烟祭扫的方式庄重肃穆哀悼故人。

（来源：《中国妇女报》）

推进移风易俗，焕发乡村文明新气象

文明浸润乡土，新风吹进心田。进入新时代，党和国家积极推进移风易俗，组织开展移风易俗宣教活动，纠治“一婚穷十年”陈规陋俗，割除“十赌十骗”聚赌毒瘤，踩下旧俗歪风的“急刹车”，进一步解决了农村思想顽疾“树倒根存”的现象。同时，各基层组织与部门积极探索，扎实推进，形成了一系列有效有益的实践经验，乡村社会文明程度进一步提高，助力乡村振兴工作全面推进。

积极推进“塑形”“铸魂”有机结合。乡村振兴既要人们的“口袋鼓起来”，也要人们的“脑袋富起来”，缺少任何一样都无法实现此战略目标。“富口袋”和“富脑袋”相依相存，须臾不可离，“富脑袋”不“富口袋”是痴人说梦，“富口袋”不“富脑袋”是野蛮退化。在山西省晋城市

孝老爱亲文明标兵代表交流心得（图源：河北省迁安市委宣传部）

固县乡，积极推行“积分制”，把“积分制”当作移风易俗工作的“助推器”。按照“立足需要、量力而为”的原则，要求各村以精神奖励为主、物质奖励为辅，从而形成正确价值导向。其中元上村可谓一个先进典型。作为曾经的省级贫困村，元上村没有止步于“物质脱贫”，在“思想脱贫”方面也大有作为。为贯彻实施“积分制”，村里专门开辟了积分记录栏，任务重点明确，积分事项清晰，实现了精神文明创建工作的“可量化”考察。元上村还依托新时代文明实践站，联动村里的电商小超市，每月公示各农户积分排名，鼓励群众自主到实践站或电商小超市兑换日常生活用品或志愿服务内容，并将积分结果与评先评优、入团、入党、子女入伍、公益性岗位竞聘等挂钩，推动积分在各领域的广泛运用。

充分发挥先进典型示范作用。充分发挥模范典型的作用，树立正确的价值导向。河南省开封市城乡一体化示范区杏花营农场班村提倡“结婚零彩礼”“喜事低随礼”。本村乡亲在红白事的随礼上不得超过50元，且有统一的操办标准，即宴席以及菜品的价格不得超过当地的平均水平，党员干部带头形成“不办无事酒席，俭办红白喜事”的良好风气。班村村“两委”调研落实，完备的配套设施，专用的组织场地，自觉的群众监督，资源的整合利用，合理的规模形式，帮助人们降低了高负荷排场带来的面子压力。这样走到人们心坎儿里去的措施，更好地将外在规范转化为内在自觉，成为别村学习效仿的典范。

加强"排头兵""红旗手"引领带动。党员的先锋模范作用是扭转局势的关键力量。党员干部带头，既要靠自觉，也要有监督。四川省为加大治理农村高价彩礼、大操大办等陈规陋俗的力度，选取部分县（市、区）为第二批省级婚俗改革实验区，各市（州）确立相应的市级婚俗改革实验区。将党员践行移风易俗情况纳入农村基层党组织年度组织生活会进行对照检查，将专项治理开展情况列入县、乡党委书记基层党建工作述职评议考核内容。落实主体责任，加强统筹协调，确保群众这个"主体力量"有参与感和获得感，营造良好社会氛围，促成文明乡风、良好家风、淳朴民风。

努力实现社会主义核心价值观化人聚力。占据风俗建设的高地，以文明新风取代陈规陋俗。广西壮族自治区百色市隆林各族自治县以改革创新的精神继续深入抓好移风易俗工作，不断"除陋习、树新风"，在当地积极推动社会主义核心价值观日常化、生活化，全面倡导移风易俗，让文明乡风吹遍乡村的各个角落。隆林县确立重殓厚葬大操大办、杀牲口扩大化、占道办理白事、治丧时间长且殡乐队过多过久、早婚早育、彩礼过高6条负面清单，倡导"丧事简办、婚事新办、好事多办、余事不办"，县、乡、村三级合力推进，打响破除陈规陋习"攻坚战"。组建30支移风易俗宣讲队，走村入户开展宣传动员。将移风易俗政策、倡议书编写成快板、歌曲、小品、八音坐唱等，用普通话、壮话、苗话3种语言录制，并通过抖音、微信公众号和应急广播等平台进行宣传，新政策也变得人人爱看、人人知晓。

文明新风启润民心，高德风尚沾溉民志。农村的陈规陋俗留不得、要不得。彻底革除"娶不起""死不起""还不起"[①]的歪风邪气，是民心所

① 杨增崇：《乡村振兴战略实施中的移风易俗：现实问题与积极进路》，《贵州社会科学》2021年第9期。

向、民生所指。应看到，我们在取得重大成就的同时仍然任重而道远，需要进一步建立健全体制机制，强化刚性约束和韧性保障。

党员带头，以身作则树立标杆。有破有立，是党员干部在破除陈规陋俗这场“持久战”“攻坚战”中的题中应有之义。既要带头“破陋俗”，又要领头“树新风”。以人们喜闻乐见的方式深入群众，服务群众。同时，要想行动见实效，提升素质是关键。在组织农村精神文明建设时，要选拔政治性强、文化素质好、群众公认度高的党员充实到农村基层组织一线，在农村各项风俗活动中践行文明新风，树立良好导向。层层压实责任，用制度管好党员，维护好党员干部良好形象，确保其在破除陈规陋俗的战役中始终发挥带头模范作用。

软硬兼施，在“硬规定”上下功夫。移风易俗既要有“软约束”，也要有“硬规定”。制度上的保障是助推器，思想观念的转变更能够成为村民“破四旧”“开新风”的内在动力。然而封建顽疾的根深蒂固及其易产生“破窗效应”的特点，决定了刚性约束的势在必行。要推动形成符合各地经济发展水平以及文化风俗习惯的婚丧礼俗倡导性标准，构建农民群众自我管理、自觉践行移风易俗的长效机制；完善村规民约中关于婚丧嫁娶、孝亲敬老等内容，明确“红线”“底线”，树立文明新风。

巧借“面子”，创设多样激励机制。陈规陋俗多是为了“情面”，从乡民最在意的“面子”着手，更能取得事半功倍的效果。嘴上要说，身体要做，既要宣传，也要表彰。在做好群众动员工作的同时，评选、激励、表彰文明模范，在群众中树立起正确的价值引导。“巧借面子”还要利用好现代乡贤的形象优势，发动群众积极参加到移风易俗、文化建设的活动中，让崇德向善的良好风尚蔚然成风。因俗而治，创新发展宣传途径。“十里不同风，百里不同俗”，“一刀切”不会切除顽瘴痼疾，反而会切伤群众的心。要教育引导广大群众树立新型婚丧嫁娶观念，自觉抵制铺张浪费、炫富攀比、大操大办、聚众赌博等陋俗。

延伸阅读

“小气候”温润“大环境”

——宁夏中卫移风易俗劲吹文明和谐新风

在宁夏回族自治区中卫市沙坡头区永康镇永丰村，早年间村民办理婚丧喜庆事宜时，往往要大操大办一番，“喜宴”“百日宴”少则几十桌，多则上百桌。如今，不论谁家举办什么宴席都不超过10桌，人数不超过100人，礼金限额在100元—300元之间，山区群众嫁女儿彩礼不超过3万元，川区不超过6万元……一系列移风易俗“公约”，成为村民的自觉遵守。

2019年春节，以禁止燃放烟花爆竹为抓手，宁夏中卫市中宁县宁安镇古城村掀起了“清风行动”，将移风易俗写入村规民约，倡导喜事新办、丧事简办。“现在白事仅燃放烟花爆竹和请人唱戏就能节省数千元，再不用花钱撑面子，这个政策着实好啊！”古城村村民彭宝君说。

在移风易俗新风吹拂下，中卫市400多个村（社区）重新修订了村规民约，对红白事操办作出“硬性规定”，划出婚丧喜庆事宜等方面的“红线”。2019年11月，宁夏回族自治区开展了“2019年度推动移风易俗、树立文明乡风群众满意度调查”，对各地“一会”“一约”建立情况，红白理事会作用发挥情况，喜事新办、丧事简办、俗事省办以及各地推动移风易俗树立文明乡风宣传引导工作和党员干部带头等情况进行群众满意度调查，中卫市群众满意率超过80%，群众对移风易俗工作的知晓率、认同率不断提升。

（来源：光明日报客户端）

24

如何解决农村取暖问题？

“山西运城80多岁农村老人烧柴取暖被封炕”的消息一经传到网上，立刻引起了社会的广泛关注。二人都是独居老人，因取暖的吊炕烧柴冒烟，被乡政府的工作人员发现后封炕。其中一位老人已经85岁，听力不好，直到有人上门来封炕，才知道村子里的广播通知过不让烧炕。两位老人家中都安装了清洁能源改造的热风器，政府也有采暖电费补助，但老人因为生活习惯和勤俭节省的心态，冬天还是通过烧柴取暖。封炕的第二天，村干

部给老人送了电暖器。但晚上睡觉的时候，老人担心开着电器不安全，便将电暖器关掉。我国农村清洁取暖工作正面临着复合型经济性难题和农村建筑能效提升相对滞后的困境，涉及资源可获得性和经济可承受性等问题。近些年来，为建设美丽乡村和实现乡村振兴，我国农村地区正普遍进行能源消费方式的新变革，但农村取暖问题仍是其中的一大短板。将这一短板补齐，是持续改善民生、增进人民福祉的重要内容。

中国共产党坚持抓发展，始终以改善民生为前提，在发展中保障和改善民生，让人民群众享受到实实在在的发展红利，“不断实现发展为了人民、发展依靠人民、发展成果由人民共享”[①]。当下，要真正实现农村取暖转型升级、打造农村取暖工作的新格局，我们还有一些“硬骨头”要啃，还有一些问题亟待解决。所谓的取暖“硬骨头”，究竟“硬”在哪里呢？**高昂的取暖费用**。农村房屋面积普遍大，且天然气取暖成本远远高于传统烧煤烧柴取暖，取暖费用成为农村家庭中一笔不容忽视的开支。**烦琐的取暖清洁**。在农村，人们安装清洁供暖设施需要改造传统的供暖设备，并完善管道、电网等基础设施。取暖设备使用过程中，人们还需要定期管理与维护，这使得清洁供暖设备运行、使用的时间成本大幅增加。**参差的供暖质量**。尽管国家关于冬季供暖出台了相关的标准规定，但由于各地执行力度不同、房屋保温效果不同等问题，部分地区仍出现室温不达标、舒适度不佳、群众“挨冷受冻”等现象。

农村地区冬季清洁取暖问题，一端连接绿色低碳发展，一端紧系民生福祉。因此，精准找到农村地区清洁取暖工作推广中存在的痛点，解决治理农村生态环境和打造农村宜居生活环境中存在的难题，深入研究农村地区清洁取暖问题，统筹推进农村地区清洁取暖普及势在必行。那么，农村

① 《高举中国特色社会主义伟大旗帜 为全面建设社会主义现代化国家而团结奋斗——习近平同志代表第十九届中央委员会向大会作的报告摘登》，《人民日报》2022年10月17日。

地区清洁取暖工作为何会存在痛点呢?**经济发展不平衡**。尽管政府对农村地区清洁取暖项目有相应的财政补贴支持,但我国农村居民人均收入普遍低于城镇居民人均收入。对于仅靠种地获得收入的农村家庭来说,冬季取暖花费仍在一定程度上加重了家庭的经济负担。**传统观念未改变**。烧柴做饭、烧炉子取暖、烧炕取暖,是农村人的生活习惯,且老年人接受新事物比较慢,对于清洁取暖这一新生事物的接受程度较低。加之,我国拥有丰富的煤炭资源,煤炭价格低廉、容易获得,因此农村尚存在采用分散燃煤小锅炉等方式取暖。**取暖效果不稳定**。农村人口居住分布密度较低,长距离输送天然气等清洁能源会造成一定的热损失。此外,相较于城市居民楼,同一单元的住户开通暖气后可以互助热量,农村大多独门独户,周围墙壁无遮无拦,再加上农村建筑重外观而轻保温性能等原因,清洁供暖的效果难以保证。

乡村建设是实施乡村振兴战略的重要任务,也是国家现代化建设的重要内容。党的十八大以来,各地区各部门认真贯彻党中央、国务院决策部署,持续改善农村村民的生活条件。同时,我国农村基础设施不健全,部分领域还存在一些突出短板和薄弱环节,未能满足农民群众日益增长的美好生活需要。由此,解决好农村取暖问题刻不容缓。

冬季取暖是重大的民生工程、民心工程

让家家户户都能温暖过冬,始终是习近平总书记念兹在兹的一件大事。习近平总书记指出,“推进北方地区冬季清洁取暖等6个问题,都是大事,关系广大人民群众生活,是重大的民生工程、民心工程”[①]。为解决好农村取暖等人民群众普遍关心的民生问题,习近平总书记切实回应人民关切,作出重要指示,并亲自谋划、推动、部署农村取暖工作。

① 《建设现代能源体系》,中国计划出版社、中国市场出版社2020年版,第6页。

延伸阅读

总书记关心的“电热炕”到底啥样?

2021年3月7日，第十三届全国人大四次会议青海代表团审议现场，来自海东市互助土族自治县的阿生青代表发言后，习近平总书记关切地问：“村民们的电热炕是什么样的？”几年前去考察，总书记踩着雨后泥泞去新村时，还没有这种炕。“比较实惠，一晚上就一度电、几毛钱。”阿生青代表向总书记介绍了班彦村的电热炕。

总书记关心的“电热炕”到底啥样?

班彦村的电热炕，是在火炕表面加装一块碳纤维发热板，通电之后产生热量，通过控温装置实时调节温度，以达到恒温取暖的效果。电热炕兼具火炕和电热毯的优点，既能干干净净取暖，又让人睡得舒舒服服。关键是，电热炕10个小时的耗电量仅有1.2度。按青海180天的采暖季计算，一个冬天仅需100多元。

班彦村，位于青海省海东市互助土族自治县，其中五社、六社的129户、484人之前住在山头，贫困率一度高达56%。

2018年1月，班彦新村实施“柴改电”项目，村民每户安装了两个6平方米的电热炕。几年下来，村民赞不绝口。村民白玛卓嘎说：“电热炕卫生、方便，调好温度，就能热乎乎地睡一整晚。”电热炕暖了身子，也暖了心。

一枝一叶总关情。总书记的惦念背后，是班彦村村民越变越红火的日子和一张张笑脸。

（来源：《总书记关心的“电热炕”到底啥样?》，人民网2021年3月11日）

党的十八大以来，习近平总书记对稳步推进煤改气、煤改电等重点民生工程建设等方面作出了一系列部署，统筹规划乡村建设工作，持续改善民生。**推广清洁取暖，加快绿色低碳转型。**推进北方地区冬季清洁取暖关系北方地区广大群众温暖过冬，关系雾霾天能不能减少，是能源生产和消费革命、农村生活方式革命的重要内容，习近平总书记指出，“尽可能利用清洁能源，加快提高清洁供暖比重”①。冬季清洁取暖的专项计划实施，不仅改善了民生，也改善了农村冬季的环境质量。**构建多元供应体系，确保能源供应安全。**总书记从系统观念出发，提出“推动能源供给革命，建立多元供应体系；推动能源技术革命，带动产业升级”②，“煤改气要多方开拓气源，提高管道输送能力，在落实气源的前提下有规划地推进，防止出现气荒”③。通过统筹规划、周密部署，我们要不断完善升级能源供应体系，确保供暖设施安全稳定运行，将各类能源供应安全隐患消灭在萌芽状态。**借助市场化改革，推进清洁取暖革命。**总书记点明要放开供暖、能源生产和使用等方面准入限制，建立有利于清洁供暖价格机制，“要通过发展绿色金融，加大对清洁供暖企业和项目的支持力度”④。激发市

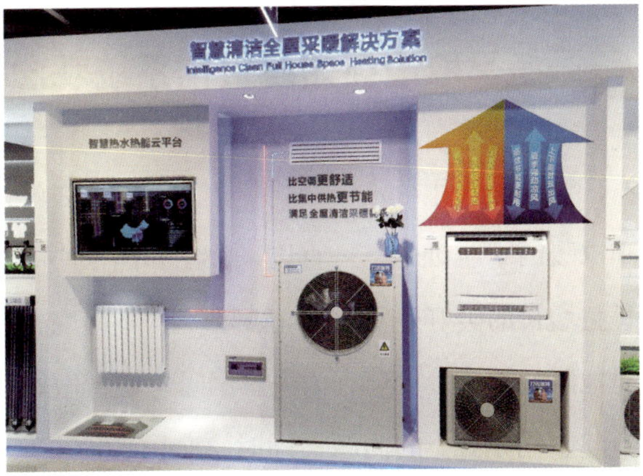

智慧清洁采暖方案

① 《论坚持人与自然和谐共生》，中央文献出版社2022年版，第159页。
② 《加强煤电油气产供储销体系建设》，中国市场出版社、中国计划出版社2020年版，第3页。
③ 《论坚持人与自然和谐共生》，中央文献出版社2022年版，第160页。
④ 《论坚持人与自然和谐共生》，中央文献出版社2022年版，第160页。

场主体活力，发挥市场主体在清洁供暖生产改革与推广等方面的积极性。**遵循因地制宜原则，实现稳步推进**。总书记强调各级党委和政府要研究制定清洁取暖的总体规划，对适宜于集中供暖的，继续推进集中供热并提高清洁化水平，对不适宜集中供暖的广大农村等地区，主要通过分布式清洁供暖的方式替代散煤取暖，“要按照企业为主、政府推动、居民可承受的方针，宜气则气，宜电则电”[①]。结合各个地区的实际情况，稳步推进清洁供暖工作的进行，切不可不顾群众生活的实际情况进行“一刀切”。

习近平总书记始终高度重视农村取暖等重点民生工程，体现了总书记对民生问题的关心与重视。总书记针对该问题提出的诸多重要论述，为各地开展好农村清洁取暖、集中供暖工作，系统扎实推进煤改气、煤改电等民生工程提供了价值指向与根本遵循，有助于保证农村清洁取暖、集中供暖工作取得实效。

冬季取暖要始终贯彻系统观念

“燃煤费用太贵，舍不得烧，能挨过去就挨过去”，这是困扰农村冬季取暖的掣肘难题。一直以来，党和国家心中装着百姓，将满足人民群众日益增长的美好生活需要记在心里，不断完善民生保障制度，统筹推进乡村地区能源消费变革，为民解困暖人心，做好百姓贴心人，着力解决“用不起、用不好”的问题。同时，全国各地也积极探索解决农村清洁取暖、集中供暖问题的新思路、新举措。通过统筹协调推进、灵活运用各种补贴支持政策、确保能源安全等举措，“返煤”、群众“挨冷受冻”等问题得以及时有效地解决。

怎么保证农村的清洁取暖，让民心更暖天更蓝？推进农村冬季清洁

① 《论坚持人与自然和谐共生》，中央文献出版社2022年版，第159页。

取暖，关系到广大人民群众的生活，是重大的民生工程、民心工程。党的十八大以来，以习近平同志为核心的党中央注重规划引领，部署顶层设计，积极发挥政府在农村清洁取暖、集体供暖工作的推进过程中的“主心骨”作用。青岛市政府注重顶层设计和规划，积极承担起属地责任，通过充分调研和汲取其他城市的成功经验逐渐探索构建起适合自身发展的工作推进模式。针对“气代煤”“电代煤”、集中供热等项目确定了不同的推进方案，合理解决了既要温暖过冬，又要蓝天白云的问题。

保障能源供应安全、畅通是确保农村农民温暖过冬的关键。“巧妇难为无米之炊”，“煤改气”“煤改电”政策的落实有赖于清洁能源供应充足、畅通的保障。自2019年以来，呼和浩特市“煤改电”“煤改气”项目有序推进，累计配套电网117公里，安装变压器450台，配套燃气管网300公里。未来，我国农村地区所使用的能源取暖技术必须更加注重环保和可持续性，持续优化农村地区的取暖能源结构，增加可再生能源和新能源的使用率，推动更多取暖热力由非化石能源供给。

呼和浩特市玉泉区“煤改电”（图源：“活力玉泉”微信公众号）

因地制宜是各地取暖政策落实的重要抓手。“一把钥匙开一把锁”，“宜”字是我们推进农村清洁取暖、集中供暖过程中的重中之重。长治市通过学习兄弟地区的先进做法、积极参与清华大学、亚洲开发银行等举办的各类论坛。所辖的长子县成为亚洲开发银行农村清洁取暖试点。长子县开展石墨烯、空气源热泵热水机、地源热泵等多种清洁取暖方式试点，以热力增效，为蓝天“减负”。长治热力追赶冬季清洁取暖集中供热改造步伐，用实际行动改善居民取暖方式，让清洁热源走进寻常百姓家，堪称农村清洁取暖的先锋模范。

落实供暖设施维修维护，解决群众取暖后顾之忧。清洁取暖、集中供暖的相关设施铺设、改造完成以后，后期运行过程中维护和保障应该由谁来管，又该怎样管呢？青岛市在招投标文件中就对设备的参数、施工的工艺以及后期运行维护等问题做出了具体、明确的要求，如关于设备的质保期要求生物质环保炉具不得低于3年，热泵主机不得低于6年等，通过一系列有效举措明确了责任，确保了服务到位。农村供暖是一项全过程的工程，我们不仅要做好事前的规划和事中的执行，同时要注意事后的监督管理。供暖设施改造完成后，明确后期设施的运行维护责任是切实保障群众利益、推进农村供暖改革的重要举措。

农村取暖工作是一项长期的、系统性的工程，随着从中央到地方各级政府对农村取暖工作，特别是清洁取暖认识的不断深化以及相关工作的稳步推进，各地已经打造和形成了一系列可资借鉴的模式和经验，农村居民的幸福感、舒适感不断增强。但受到旧有观念和消费习惯的影响，真正解决农村村民取暖问题还有很长的路要走，真正实现暖了百姓，美了环境的美好愿景，需要各主体协同参与，绵绵用力、久久为功。

坚持政府引导，加大相关政策支持与保障力度。针对“煤改电”“清洁取暖”等问题完善供暖补贴、企业支持等政策；因地制宜，结合当地经济发展水平、资源禀赋等制定取暖政策。宜气则气，宜电则电，多模式推进并保障农村取暖工作稳步发展，让百姓获得实实在在的幸福感，让天更蓝、空气更清新。

鼓励居民参与，增强居民清洁取暖意识。打赢蓝天保卫战，需要居民团结一心，重点围绕清洁取暖、集中供暖的经济效益、取暖效果等开展观摩教学、现场体验等，提高农村居民参与的积极性与主动性，使冬日的村庄不再烟雾缭绕，让居民既能呼吸清新空气，又可享受蓝天白云。

加强技术创新，发挥企业创新主体作用。鼓励民营企业进入清洁供暖领域，鼓励社会资本设立产业投资基金，投资清洁取暖项目和技术研发。积极引导相关企业进入供暖市场，加大科技创新和研发，使用高效节能的设备，采用先进的生产工艺和技术，实现节能环保。

实现多主体联合，健全责任监督体系。保障政策的落实和资金的规范使用，确保清洁取暖改造工作符合环保要求和能源政策，提高清洁取暖改造工作的质量和效果，加强对农村清洁取暖改造项目的监督和管理，真正打造政府、企业、农村村民协调配合、共同推进的新格局，让百姓在更多的蓝天白云下，度过安心、舒心、暖心的冬季。

延伸阅读

阜康市：农村地区清洁能源取暖改造项目全面完工

实施农村清洁能源双替代工程“煤改气”“煤改电”项目，是一项重大民生工程、民心工程，也是推进环境治理，改善空气质量的重要举措。今年阜康市投资3亿多元的农村地区清洁能源取暖改造项目已全面完工，5958户村民彻底告别燃煤取暖。

10月17日，在阜康市滋泥泉子镇街西片组居民胡宗兰的家中，燃气公司的工作人员正在对“煤改气”取暖设备进行点火前的最后调试检查。滋泥泉子镇是阜康市今年首个清洁能

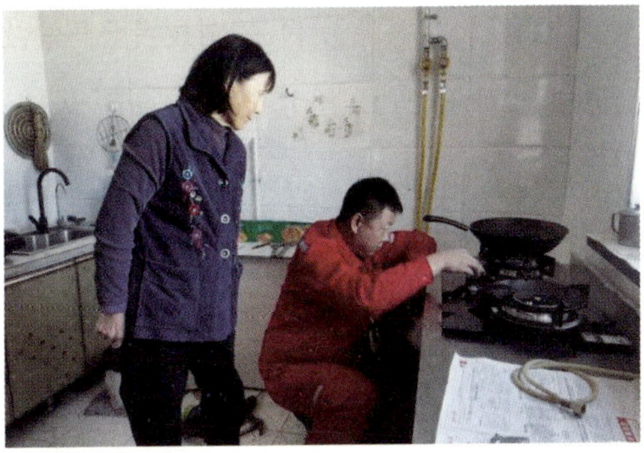

工作人员在居民家中调试“煤改气”取暖设备（刘媛 拍摄）

源替代“煤改气”通气运行的乡镇，全镇居民彻底告别了“火炉时代”，用上了安全、高效的天然气。

阜康市农村清洁能源双替代工程通过安装清洁取暖设备，以电和气代替煤，改变过往的取暖方式，提高老百姓生活品质。如今，在阜康市各乡镇每家每户的墙外，燃气管线排列有序，悬挂的燃气表箱清晰印有燃气报修电话，农村群众也能和城区居民一样舒适过冬。滋泥泉子镇商户李维民说：“现在使用壁挂炉我们可以自己调节温度，而且可以一炉多用，很方便，享受到这么好的政策，打心眼儿里高兴。”

阜康市滋泥泉子镇副镇长吴子良表示，今年滋泥泉子镇立足“宜气则气，宜电则电”的原则，大力实施“煤改气”“煤改电”项目。此次清洁能源取暖改造项目覆盖了25个村组和1个社区，惠及1730户村民。下一步，滋泥泉子镇将持续加强安全用气宣传，提升群众的安全用气意识，为阜康市天更蓝，山更绿，水更清，环境更优美作出贡献。

近年来，阜康市全力加快农村地区清洁能源取暖整村推进工作。2021年至2023年，累计投入资金8.2亿元，对全市16716户农牧民实施清洁能源替代“煤改气”“煤改电”“集中供热”项目，可减少散煤燃烧约16.7万吨，阜康市农村地区已陆续告别传统燃煤取暖，实现了低能耗、高效能的清洁取暖目标。

（来源：阜康市人民政府网站）

25

如何解决农村出行问题？

2022年6月，23岁的傈僳族姑娘余燕恰从昆明医科大学顺利毕业。没有任何犹豫，余燕恰毅然选择回到家乡就业，成为怒江州人民医院的一名医务工作者。常人眼中再平常不过的就业选择背后，却蕴藏着一个因桥改变命运的感人故事。十多年前，余燕恰因在怒江上独自“飞索求学”，引发了无数网友的关注。她的童年是在溜索上度过的，从一年级开始，就需要先走山路下山，再借助随身携带的绳索，溜索到达怒江对岸的学校。

（张勤雷 拍摄）

"耳边是呼啸的风声，身下是汹涌咆哮的江水，还有我剧烈的心跳声。"直到现在，余燕恰还对坐溜索过江记忆犹新，这不仅反映了当地人民无路可走的辛酸，也反映了我国农村长期以来存在的"行路难、过江难"的现实境况，更映射出不断改善人民群众出行环境、助力乡村振兴任重道远。

要想富，先修路。从小路到大路，从九曲十八弯到天堑变通途，自从开展脱贫攻坚战以来，经过多年的积极探索和改革，农村群众出行"最后一公里"的历史性难题得到根本性解决。一条条农村公路修到了村头，一架架桥梁搭到了乡亲们的家门口，"晴天一身土、雨天一身泥"的状况成为历史，农民阔步走上美好生活的幸福路。但"出行难"依然是制约部分农村地区发展的瓶颈，是交通强国建设征程中需要跨越的鸿沟。所谓的"出行难"，究竟"难"在何处呢？**村民无路可行**。农村部分地区的交通基础设施不够完善，通村路、硬化路未能完全覆盖居民的生活范围。部分山村地区山势险峻、路况复杂，至今未通公路。当城里的孩子步行或乘坐公交地铁上学时，山里的孩子却要靠坐溜索、爬藤梯等非常规途径，冒着生命危险求学。过去，四川凉山悬崖村的孩子们要去山脚下的小学读书，需要手脚并用攀爬17段、落差近千米的陡峭藤梯。如今，藤条绳已被钢管替换，大多数路段都修了铁梯。虽然比往日安全了许多，但村民们爬起来依然耗时耗力。尤其是对农村的老年人和留守儿童而言，乡村出行难意味着他们在看病、教育等方面会遭遇更大的困难。例如，2023年的数据显示，山西省有30%的留守儿童因为交通不便放弃了学业。**道路状况堪忧**。当前部分农村地区公路修建时间较早，再加上缺乏专门的养护，一些道路破损严重。在经济欠发达地区的农村，依旧有很多村内道路和入户道路没有完成硬化，尤其是常年失修的泥路、土路，遇雨则泥泞打滑，遇风则漫天尘土，车辆难以通行，造成村民出不去、外界进不来的尴尬局面。**堵车现象严重**。部分农村的道路修建质量标准较低，规划不科学，路面宽度过窄，村子的主干道只有2米至3.5米宽，连最基本的会车都难以满足。在农忙、过节等时段，农村交通压力大增，错车困难，易交通堵塞，甚至车祸频发，群众怨声载道。**交通事故频发**。近年来，随着农村居民收入水平的提高和消费结构的变化，大量电动车、摩托车进入农家，给农民日常出行带来极大便利，但随之而来的逆行超速、乱停乱靠、违法载人、无证驾驶等违法违规现象屡见不鲜，交通秩序混乱，交通事故频发。数据分析表明，每年全国重大伤亡的交通事故有三分之二发生在农村地区。有村干部多次反映，农村摩托车管理是一个棘手的问题，是当下农村交通安全的最大隐患，主要表现为村民交通安全意识差，摩托车无证无牌无保险，村民不戴头盔等。村民一旦发生摩托车交通事故，后果难以想象。

那么，“出行难”现象为何难以破局呢？**建桥修路成本极高是掣肘村民“出行难”的核心原因**。当前由于资金投入有限，道路修建不可能兼顾所有村庄，部分村镇不属于扶贫范围。农村修路项目的审批并非上报即中，需要考虑占地赔偿等问题并需要长期沟通协调，获批之后才能投入建设。况且，很多村镇在入户道路建设方面大都采用政府资金为主，村民募捐为辅的办法。据了解，政府对农村公路每公里补贴5万元，对村内道路每公里补贴1万元，剩下的资金只能靠地方筹集。由此一来，修路不仅占用耕地，而且耗费钱财。因此，对于经济条件相对落后的地区而言，修建宽阔的道路很难获得当地农民的支持。**缺乏常态化、制度化的养护措施是重要原因**。大部分农村道路养护跟不上建设，不少道路缺乏养护资金、养护机构，致使问题公路只能一段段进行养护。加之人员不足、技术力量薄弱等原因，少数施工方为了赶工期、省材料，没有选择动工重建，而是在原有道路的基础上重新铺设。因路基没有经过合理的垫高或者固化处理，所以雨季常会出现大水漫灌公路的现象。**农村交通安全基础设施相对薄弱是一大难题**。随着经济水平的提高，农村交通格局在新形势下发生了新变化，但农村地区交通安全保障体系由于规划滞后尚未健全，信号灯、交通标志、桥梁护栏、路灯等必要的交通安全设施严重不足。同时，农村道路通行区间由于缺乏硬性交规制约，道路交通管理水平较低，为村民出行埋下极大安全隐患。**交通工具单一是影响村民出行的重要因素。**在高质量发展与城乡一体化进程加速推进的时代背景下，农村乡镇地区的交通配套设施的转型升级是解决村民出行“慢”的关键，也是畅通城乡要素流动的重要因素。当前农村居民的村内出行主要以骑行为主，恶劣天气、缺乏适宜交通工具等会改变村民出行选择、降低村民出行效率、影响村民出行体验。多重因素交织导致村民出行费时费力，造成出村慢、回村难，政府通过推行切实有效的办法措施真正解决村民“出行难”问题，有助于提升农村群众的出行体验与生活质量。

把农村公路建好管好护好运营好

“望天一条缝，看地一条沟。牛羊吃草无路走，猴子过崖眼泪流。”这首流传甚广的歌谣，生动描绘了农村群众因群山横亘、江河交错，而饱受“行路难、过江难”的苦楚。

全面奔小康，关键在农村；农村奔小康，基础在交通。乡村道路是群众的“致富路”，更是党和群众的“连心路”。山高水远，风雨无阻；行程万里，不畏寒暑。从太行山深处的老区群众，到甘肃农村的困难家庭，再到海南三亚的黎族花农，习近平总书记的坚实足迹印在祖国大地上，深切关怀留在百姓心间。“出行方不方便？”“小康路上不让任何一地因交通而掉队。”围绕农村群众出行的难点、痛点，总书记牢记在心，“把诊问脉”，打通了农民致富奔小康的“最后一公里”。

怎么防止农民群众无路可走？习近平总书记多次强调，交通基础设施建设具有很强的先导作用，提出要“把公共基础设施建设的重点放在农村，推进城乡基础设施建设共建共享、互联互通，推动农村基础设施建设提档升级，特别是加快道路、农田水利、水利设施建设，完善管护运行机制”[①]，致力于织牢织密农村交通网，满足农民群众生活需求。**怎么保障农民群众出行安全？**习近平总书记高瞻远瞩，站在国家战略高度，提出“要加强交通运输、消防、危险化学品等重点领域安全生产治理，遏制重特大事故的发生”[②]。筑牢农村道路安全防线，夯实农民群众出行安全保障基础。**怎么推动农民群众因路致富？**习近平总书记统筹全局，审时度势，指出“只有解决好发展不平衡问题，才能够为人类共同发展开辟更加广阔的前景。要发挥交通先行作用，加大对贫困地区交通投入，让贫困地区经济民生因路而兴”[③]。我们要改变农村面貌，搭建起农民群众脱贫致富的“幸福桥”。

一路一桥总关情。习近平总书记始终心系我国交通事业，牵挂老百姓“行路难”问题，提出要“聚焦突出问题，完善政策机制，既要把农村公路建好，更要管好、护好、运营好，为广大农民致富奔小康、为加快推进农业农村现代化提供更好保障”[④]，彰显了对农村出行问题的关切和对交通扶贫的重视。总书记关于农村交通发展的重要论述，为解决农民群众“行路难”问题提供了科学方法和根本遵循，为逐步消除制约农村发展的交通瓶颈，巩固脱贫攻坚成果、有效衔接乡村振兴奠定了坚实的理论基础。

---

① 《在高质量发展中促进共同富裕（奋进强国路·总书记这样引领中国式现代化）》，《人民日报》2022年3月1日。

② 《牢固树立认真贯彻总体国家安全观　开创新形势下国家安全工作新局面》，新华社2017年2月17日。

③ 《与世界相交　与时代相通　在可持续发展道路上阔步前行——在第二届联合国全球可持续交通大会开幕式上的主旨讲话》，新华社2021年10月14日。

④ 《把农村公路建好管好护好运营好　为广大农民致富奔小康加快推进农业农村现代化提供更好保障》，新华社2017年12月25日。

延伸阅读

“心系百姓行路难”

——习近平关心百姓出行的故事

云南贡山独龙族怒族自治县独龙江乡，山高谷深，自然条件恶劣，曾是云南乃至全国最为贫穷落后的地区。习近平总书记对独龙江乡的道路交通一直记挂在心。2014年元旦前夕，云南省贡山县干部群众致信习近平总书记，报告了多年期盼的高黎贡山独龙江公路隧道即将贯通的喜讯。收到来信后，习近平总书记作出重要批示：“获悉高黎贡山独龙江公路隧道即将贯通，十分高兴，谨向独龙族的乡亲们表示祝贺！独龙族群众居住生活条件比较艰苦，我一直惦念着你们的生产生活情况。”字里行间，殷殷深情。一年后，正在云南昆明考察调研的习近平总书记特地抽出时间，把当初写信的5位干部群众和2位独龙族妇女接到昆明见面。在驻地宾馆的会议室里，独龙族“老县长”高德荣激动地说道：“解放前当地人翻越高黎贡山走到贡山县，来回要半个月；新中国成立后修通了人马驿道，一个来回要六七天；1999年独龙江简易公路贯通后，除去大雪封山，七八个小时可到县城；如今隧道通车后，3个小时就可以到县城。”。如今，公路隧道的贯通，还催生了旅游业，吸引游客纷至沓来，带动当地群众脱贫致富。“晴天一身土、雨天一身泥”成为历史，老百姓“出门硬化路、抬脚上客车”逐渐变为现实。

〔来源：《“改一条溜索、修一段公路就能给群众打开一扇脱贫致富的大门”（习近平的小康故事）》，人民网2021年7月5日〕

促进农村交通基础设施建设提速增质

“大桥通了，路修到家门口，坐汽车、骑摩托车很便利。”“这就好像原本漆黑的道路上多了一盏盏明灯，生活不再那么苦涩，于是我更加努力学习。”2008年3月，爱心桥的建成让余燕恰在内心播下了希望的种子，余燕恰的命运，也因此而改变。在国家政策资金的扶持下，怒江“溜索改桥”按计划完成。怒江州境内，42对溜索已改造为36座跨江桥梁，沿怒江而建的美丽公路顺利通车，怒江两岸旅游资源开发快速推进，曾经闭塞的怒江峡谷日新月异。“过江靠溜索”成为历史，保留下来用于旅游体验的溜索成为见证农村交通发展变迁的“活化石”。每一座桥梁的搭建，每一条公路的顺利通车，都是为了使以余燕恰为代表的农村学子，摆脱惊险求学路的困境，让农民群众不再为路所困、因路致贫。党的十八大以来，以习近平同志为核心的党中央始终将脱贫攻坚摆在治国理政的突出位置，把推进农村地区尤其是贫困地区交通建设提速增质作为自己的行动目标，为提升农民群众生活质量，为推进交通强国建设而采取了一系列举措，取得了一系列伟大成就。

完善农村地区交通基础设施建设，“无路可行”问题得到根本性解决。党的十八大以来，全国各地加快农村公路建设，我国“四好农村路”建设取得实实在在的成效，为农村群众改善出行条件以及贫困地区走向富裕提供重要载体。十年来，我国支持贫困地区新改建了6.5万公里资源路、旅游路、产业路，全国共新改建农村公路约253万公里，农村公路总里程净增90万公里，解决了1040个乡镇、10.5万个建制村通硬化路难题，实现了具备条件的乡镇和建制村全部通硬化路。截至2022年，全国农村公路总里程已达453万公里，等级公路比例达96%。地处海拔2500米的山梁之上的三河村，是个典型的彝族村落，受交通条件和产业结构等制约，经济发展滞后。近年来，当地重新修建通村公路，大力推进“四好农村路”建设，村容村貌焕然一新。路畅通了，当地产业发展也在提速，马铃薯、花椒、核桃等特色农产品走出大山，村民收入逐年增加。

加强农村出行隐患治理，出行安全得到有效保障。党的十八大以来，全国公安交管部门坚持人民至上、生命至上，对农村道路交通安全工作高度重视，筑牢交通安全防线，守护群众出行安全。2022年5月30日，国务院安全生产委员会办公室印发《关于切实加强农村道路交通安全工作的通知》，对防范农村道路交通重大风险、强化交通安全责任落实、统筹客运服务供给保障、严格交通安全执法管控、深化源头综合治理、提升道路安全保障、推动事故调查评估和警示教育等提出明确要求。2023年，四川荣县公安交巡联勤组、各乡镇派出所持续在辖区重点路段开展夏季专项整治行动，采取多点位设卡检查、警车巡查相结合的形式，严查酒醉驾、涉牌涉证、超员等重点交通违法行为，形成严管严查高压态势。与此同时，荣县公安交警携手培训学校，深入辖区农村地区，以群众喜闻乐见的方式常态化开展交通安全下乡联合宣传，积极引导交通参与者树立安全第一的理念，从源头上消除出行安全隐患。

推动道路精细化管理，改善农村交通状况。党的十八大以来，我国深入实施新一轮农村公路建设改造，持续创新养护运营模式，规范农村道路建设标准，稳步推进路况自动化监测，初步建立养护科学决策体系，管养主体责任得到进一步落实。2022年

农村房屋整齐划一，道路平坦干净

2月，交通运输部、公安部共同制定了《公路安全设施和交通秩序管理精细化提升行动方案》，通过“公路安全精品路”创建工程，以点带面，推动全国整体实施水平提升，为人民群众出行创造更加安全的公路交通环境。截至2022年底，全国农村公路已基本纳入管养范围，优良中等路率达89%，农村公路基本实现“有路必养、养必到位”。目前，全国共有农村公路路长66.8万人，基本实现了有农村公路管理任务的县级行政单位“路长制”全覆盖。各地累计创建了353个“四好农村路”全国示范县，49个城乡交通运输一体化示范县，命名了30条“最美农村路”。甘肃省张掖市甘州区新墩镇通过“三抓三促”行动，积极寻找道路养护与党建工作契合点，开展“公路精细化养护党性实践活动”，精准实施日常养护任务，精细提升交通安全设施，营造良好路域环境，更好地服务群众安全便捷出行，有效实现了“畅、安、舒、美”的农村公路养护目标。

促进交通转型升级，推动农村便捷出行。党的十八大以来，全国各市交通运输局扎实推进农村交通基础设施建设，完善农村公交网，促进农村客运的转型升级，深入推进城乡公交一体化，有效实现村民“走出去”、资源“流进村”。四川省安岳县于2019年底实现了乡镇和建制村100%通客车，通过转型升级，采取城市公交延伸、农村客运公交化改造，实现了村民“出了家门上车门、下了车门进家门”的美好愿景。此外，该县启用农村客运“小黄车”等创新路径，为村民提供只要一个电话就能实现“全镇接、全城送”的便捷出行服务。如今，在安岳县纵横交错的城乡公路上，一辆辆公交

城乡公交一体化

车、“小黄车”穿梭来往，成为沿线群众进城赶集、探亲访友、商贸往来的“赶集车”“便民车”“致富车”。

从无到有，从小路变大路，从坑坑洼洼的烂路变成平坦坚硬的水泥路。千万条农村公路串街联乡、通山入林，形成了星罗棋布的交通网，架起致富桥，铺就农民幸福路。一直以来，党和国家始终牵挂农民群众的出行问题，夙夜在公、勤勉工作，走基层、进山林，不断推动交通强国建设。进入新时代，面对“走好路、有车坐、加速达”的更高需求，我们仍应继续坚持探索新方法、总结新经验，全方位全周期助力农村高质量出行。

锚定交通强国，夯实农村发展基础。坚持把农村“行路难”作为交通强国建设的切入口，推动“四好农村路”高质量发展，始终坚持以建设人民满意的交通为目标，持续优化路网结构，打通断头路，畅通微循环，推动交通提档升级。党和国家要继续加大对农村地区交通基础设施建设的支持力度，进一步提高农村和边境地区交通通达深度，有序实施乡镇通三级公路建设、老旧公路改造和窄路基路面加宽改造，促进农村交通出行条件不断完善，推进中国式现代化在农村交通领域得到深化拓展。

路融于景，助推乡村生态宜居建设。大力实施村内道路“硬化”工程、民居“美化”工程和村庄“绿化”工程，持续推进乡村生态宜居建设。因地制宜推进较大人口规模的农村通硬化路建设，对灾毁水毁路段及时修复。加强通村公路与村内道路连接，统筹规划和实施农村公路的穿村路段，灵活选用技术标准，兼顾村内主干道功能，助力提升农村人居环境水平。根据村民需求完善交通驿站、停车休息观景点、公共停车场等普通公路沿线服务设施。结合乡村人居环境整治行动，实施农村公路路域环境洁化、绿化、美化，继续推进路宅分家、路田分家，深化“美丽农村路”建设，营造美丽宜人并具有文化氛围的农村交通出行环境，助推美丽乡村建设。

文化撬动，助力农村文创旅游发展。坚持以“路为基础、路为保障、路为支点”的文创旅游发展战略，和“全域统筹、设施共享”原则，依托完善的交通服务体系、深厚的村落历史文化资源和农村特色景观，以交通优化点亮文化产业，以文化产业带动乡村旅游，通过“四级”路网全面串联文创项目、自然风光、田园景观、农耕文化等乡村元素，做到“路随景出、景由路生、移步换景、路景相依”，并同步配套旅游设施，推动乡村文创旅游高质量发展。

“四好农村路”养护

优化运输，提升农村物流品质。引导各地有序推进城乡公交线路向城区周边重点镇村延伸和农村客运班线公交化改造，提升城乡客运均等化服务水平。创新“多网融合、统仓共配、商超联运、资源共享”等先进物流服务模式，努力打造网络节点共建共享、运力资源互用互补的良好局面，全面提升农村物流服务品质和服务水平，有力保障“工业品下乡，农产品进城”的双向流通。

升级管理，改善农民出行条件。深入实施新一轮农村公路建设改造，持续创新养护运营模式。一方面，完善农村公路管理体制，健全农村公路养护长效机制，建立以各级公共财政投入为主、多渠道筹措为辅的农村公路养护资金保障机制；另一方面，完善群众参与体系，促进乡风文明建设。健全群众爱路护路的乡规民约、村规民约，建立共建、共治、共享的群众参与体系。

延伸阅读

天堑变通途："索道山村"的减贫奇迹

从山川阻隔到天路横越，从"贫困村"变迁为"幸福村"，渔山村何以成为"中国减贫奇迹"？天堑变通途，答案就藏在其中。

地处鄂西南边陲的渔山村，被绝壁和深谷包围。曾经，村民出山全靠一条钢缆索道与外界相连，渔山村因此被称为"索道山村"。索道距谷底将近500米，相当于160层楼的高度。"少壮文盲守薄田，缺水少衣无文钱。十有八九光棍汉，辣椒合渣算过年"，便是山村旧貌的写照。2015年春，渔山的修路工程破土动工。面对路沿峡谷边缘进村，夏季就会"水漫金山"的难题，当地因地制宜地制订合理的修路方案：沿峡而行，改沟排洪，路要达标，堤栏共保。2015年9月，一条长8公里的致富路在渔山村后山组贯通，两年后硬化完毕，渔山群众，不再是索道上的"空中飞人"。

告别索道上的惊险，渔山人同样在期待更多生活的改变。过去，由于交通不便，村民采摘的茶叶，往往还没有运出，就已泛黄枯萎，这让村民们心疼不已。2017年10月，全县最大的茶叶加工龙头企业——鑫龙茶业，在渔山村成立分厂。现有的1100多亩茶园全部得到有效利用，有机茶转换技术也被成功引进。渔山村正在从昔日大山深处的"孤岛"联通外界，从贫困村走向全面小康。

（来源：《湖北鹤峰渔山村：一个"壁挂村"的嬗变》，《民族大家庭》2020年第4期）

26

如何解决农村留守儿童和妇女关爱问题？

在这个繁华的社会背后，有一群特殊的孩子，他们被称为“留守儿童”。他们的父母为了生活，不得不远离家乡，到城市打拼。这些孩子在成长过程中，缺少了父母的陪伴和关爱，“任何东西都比不上父亲给我的那一个眼神”“那个拥抱和那句话，一直给我力量”……曾经，一个留守儿童的作文《我太爱那件礼物了》，让人们看到一颗颗渴望陪伴的孤独心

灵。除留守儿童外，还有这么一群人，为赚钱养家，她们的丈夫背井离乡、外出打工，她们忍受着与丈夫长年两地分居的孤寂，守着家中的一亩三分地，赡养老人，照顾孩子，一肩挑起全家的重担，她们被称为“留守妇女”。

2023年4月，国家统计局、联合国儿童基金会、联合国人口基金共同发布了《2020年中国儿童人口状况》报告。有关数据显示，我国农村留守儿童人口为4177万人，这意味着每10名农村儿童中就有近4名是留守儿童，部分留守儿童甚至是单独留守。父母陪伴的缺失，使得留守儿童这一数量庞大的特殊群体陷入生活、教育的双重困境。由于长期缺乏父母的关爱，**留守儿童容易出现心理健康问题**。据调查，留守儿童中患有抑郁症、焦虑症等心理疾病的比例高达30%。这些孩子在成长过程中，缺乏安全感和归属感，容易产生自卑、自闭等心理问题。**留守儿童的学习成绩易下滑**。由于父母不在身边，留守儿童的学习成绩往往不理想。一方面，他们缺乏家长的指导和督促；另一方面，学习压力大，缺乏心理慰藉。这些问题导致留守儿童的学习成绩普遍下滑，部分留守儿童甚至会辍学。**留守儿童的社会适应能力较差**。在与人交往中，他们容易孤僻、自卑等，这对他们未来的人生发展产生了极大的影响。

“男主外，女主内”是我国传统社会的固有思想。近年来，随着改革开放和城市化进程加快，外出务工成为农村青壮年劳力的主要赚钱方式。随着大量青壮年男劳力外出务工，农村留守儿童、空巢老人群体、留守妇女群体数量庞大。丈夫外出，家里所有的重担都落在妇女们的肩上。赡养老人、抚养孩子、下地干活等等，所有的大小事务都得她们去处理。妇女从以前的“能顶半边天”，到如今成为真正意义上家里的“顶梁柱”。面对生活压力大、丈夫常年外出的现状，留守家中的妇女不得不独自担负起赡养老人的重任；秋收春种，残酷的现实让留守家中的妇女们成了“顶梁柱”。由于缺少父亲陪伴，留守儿童容易叛逆。在教育子女的问题上，留守妇女显得有些力不从心。繁重的生活压力，使留守妇女承受着巨大的心理压力。长此以往，她们易患心理疾病和慢性病。由于文化水平低、就业机会少，加之忙于家务，妇女们的个人价值难以实现，也缺乏来自社会的就业关爱服务。

正在田间忙碌的留守妇女

社会底层群体、边缘化等标签“傍身”的农村留守妇女在很长一段时间内成为社会关爱中的“透明人”，从被看见到被关怀，还有很长一段路要走。农村留守儿童、妇女缺乏关爱的问题因何产生？究其原因，**一是关爱与精神支持缺失**。家庭、社会对农村留守儿童和妇女问题的关注简单集中于物质生活，通常认为只要满足了他们的物质需要就可以有效解决留守群体的问题，对他们心理健康、精神健康、职业发展等方面的问题关注较少。文化生活匮乏、情绪压力难以排解等给留守群体心理健康造成严重影响。**二是地区经济发展水平的限制**。受经济发展水平的限制以及政策落实的影响，农村地区在基础设施建设、教育培育、岗位供给等方面还存在短板，难以满足留守儿童、妇女接受更好更高质量教育、实现自身发展的需求。与此同时，基层社会服务体系建设中依旧面临人力、物力、财力等方面资源不足的状况，政府主导、部门负责、全社会参与的协同运作机制有待完善。**三是相关法律法规不健全**。农村留守儿童和妇女属于弱势群体，因其亲属长期外出务工导致监护缺位，其身心健康、合法权益往往容易受到侵害和侵犯，但现行法治体系尚未形成全面、有效的保护合力，国家对农村留守儿童和妇女的保护强度和力度仍有待加强。

完善农村留守儿童、妇女、老年人关爱服务体系

解决农村留守儿童和妇女关爱问题关涉乡村振兴和共同富裕的落实和实现。农村留守儿童和妇女是特别需要关爱的群体，全党全社会都要关心、帮助、爱护他们，习近平总书记一直对农村留守群体关爱问题给予高度重视，曾强调，要“健全农村留守儿童和妇女、老年人关爱服务体系”[①]，“让他们感受到社会主义大家庭的温暖”[②]。习近平总书记的重要指示，充分彰显了大国领袖对亿万妇女儿童深切关怀的人民情怀，深刻展现了我们党始终如一的人民立场和价值追求，为新时代新征程妇女儿童事业发展注入了无穷动力。

党的十八大以来，习近平总书记秉持人民至上的理念，把社会保障体系建设摆在更为突出的位置，围绕如何解决农村留守儿童和妇女的困难和需求问题发表了一系列重要论述。不同于其他社会群体，孤独失助的困境使保护留守儿童、妇女这一特殊群体的合法权益显得尤为重要。习近平总书记认为“维护好这些群众合法权益是一件大事”[③]，要求“加快补齐农村发展和民生短板”[④]，加强对留守儿童、妇女等特殊和困难群体的关心关爱，“保障妇女儿童合法权益”[⑤]，“依法打击农村黄赌毒和侵害妇女儿童权益的违法犯罪行为”[⑥]等。“要抓紧完善相关政策措施，健全农村留守儿

---

① 《习近平关于“三农”工作论述摘编》，中央文献出版社2019年版，第41页。
② 习近平：《在全国劳动模范和先进工作者表彰大会上的讲话》，人民出版社2020年版，第9页。
③ 《习近平关于“三农”工作论述摘编》，中央文献出版社2019年版，第129页。
④ 《习近平关于“三农”工作论述摘编》，中央文献出版社2019年版，第25页。
⑤ 习近平：《高举中国特色社会主义伟大旗帜 为全面建设社会主义现代化国家而团结奋斗——在中国共产党第二十次全国代表大会上的报告》，人民出版社2022年版，第48页。
⑥ 《论“三农”工作》，中央文献出版社2022年版，第230页。

童、留守妇女、留守老年人关爱服务体系，围绕留守人员基本生活保障、教育、就业、卫生健康、思想情感等实施有效服务。”[①]这段话言之凿凿，情之切切，背后是总书记对留守儿童、妇女的深切关怀。从上抓起，明确责任意识，“让农村留守人员生活得踏实、安全、无忧，是各级党委和政府特别是基层党委和政府的重大责任”[②]，加强顶层设计，“要从完善政策、健全体系、落实责任、创新机制等方面入手……处理好政府和群众利益关系，从源头上预防减少社会矛盾，做好矛盾纠纷源头化解和突发事件应急处置工作，做到发现在早、防范在先、处置在小，防止碰头叠加、蔓延升级”[③]。总书记高瞻远瞩，对新时代农村留守儿童、妇女关爱工作作出重要批示，要“推动形成城乡基本公共服务均等化体制机制”[④]，“探索建立贫困地区学前教育公共服务体系”[⑤]。一项项重大举措的出台落地，将守望乡村的留守人员拉出生活的泥沼。

这些论述为新时代留守人员关爱工作指明了方向，提供了价值指向与根本遵循。为扎实推进我国农村留守儿童和妇女关爱工作，我们必须从全面建设社会主义现代化强国和实现全体人民共同富裕的根本立场出发，有效构筑起关爱农村留守儿童和妇女的体制机制，打通“最后一公里”，切实把农村留守儿童和妇女基本的生活和权益维护好保障好。

延伸阅读

营造良好环境　增长真才实学

少年儿童的幸福成长，是习近平总书记心中始终的牵挂。

① 《习近平关于“三农”工作论述摘编》，中央文献出版社2019年版，第130页。
② 《习近平关于“三农”工作论述摘编》，中央文献出版社2019年版，第130页。
③ 《习近平关于“三农”工作论述摘编》，中央文献出版社2019年版，第131页。
④ 《习近平关于“三农”工作论述摘编》，中央文献出版社2019年版，第35页。
⑤ 《习近平关于“三农”工作论述摘编》，中央文献出版社2019年版，第169页。

习近平总书记高度重视少年儿童营养问题。2016年8月，习近平总书记在全国卫生与健康大会上强调，要有针对性地实施贫困地区学生营养餐或营养包行动，保障生长发育。2020年4月，他在陕西省安康市平利县老县镇中心小学考察时，又特意来到学校食堂，了解学生伙食。

在陕西省韩城市的农村学校下峪口第二小学，每到吃饭时间，都飘着浓浓的饭香味儿。学校有580多名学生，家长大多在附近矿上或者工厂上班，绝大多数孩子三餐都在学校吃。为了不辜负家长信任，学校每周制定食谱，努力让孩子们周一到周五有蛋有奶有肉，三餐不重样。像韩城一样，近年来，越来越多的地方把农村义务教育学生营养改善计划全覆盖作为推进义务教育城乡一体化的重要内容，让农村孩子吃得营养，让农村家长无后顾之忧。

（来源：《哺育雏鹰展翅飞｜总书记关心的教育事》，《中国教育报》2021年6月1日）

要让留守儿童感受到社会主义大家庭的温暖

“祝马阿姨母亲节快乐！”2020年5月10日一早，马雪梅收到这条祝福微信，心头一热，自己陪伴了3年多的留守儿童谢诗悦长大了，懂得感恩了，一股幸福感夹杂着成就感在心头翻涌。28岁的马雪梅是四川省射洪市金华镇西山坪村留守儿童守护专员。西山坪村人均耕地少，村里的青壮年大都在外打工。关爱农村留守儿童项目“童伴计划”在村里落地后，曾经是留守儿童也做过留守儿童妈妈的马雪梅踊跃应聘，2017年3月正式成为30个孩子的“童伴妈妈”。一位名叫谢诗悦的孩子给她留下了深刻的印象：“母亲去世、父亲失联，从小跟随外婆生活，家庭无经济来源，本人还患有矮小症。因身体原因，她有自卑心理，对外界很排斥。”从此，马雪梅对小诗悦尤为留意，经常去她家陪她说话，开导她、鼓励她，还邀请她到村部“童伴之家”跟小朋友们一起玩耍。渐渐地，小诗悦变得活泼开朗了。马雪梅通过“童伴计划”项目尽力帮助她，“去年小诗悦要上初中，我跑到县里帮她协调学校，还找相关部门给争取了1万元医疗救助”，帮小诗悦解决了大难题。如今，在射洪市像马雪梅这样的“童伴妈妈”已有数十位。

马雪梅在教孩子们画画（图源：遂宁新闻网）

政府主导因地制宜，织牢织密留守儿童“关爱网”。关爱留守儿童，体现着一种有温度的人文关怀，是一项良心工程、社会工程。留守儿童不是一个模糊群体，而是无数鲜活个体。我们推出各项关爱政策，要触达每一个具体的孩子，给他们以心灵的关怀、精神的慰藉、成长的守护。党的十八大以来，以习近平同志为核心的党中央坚持以人民为中心的发展思想，把社会保障体系建设摆在更为突出的位置，各地因地制宜，在加强农村留守群体社会保障、社会救助、情感关爱等方面做了大量工作。十多年来，我国基本民生保障的覆盖面不断扩大，民政部将事实无人抚养儿童纳入政府保障范围，建立了农村留守儿童、妇女、老年人关爱服务制度，构建起未成年人保护工作体系，留守儿童救助保护机制有效运行。截至目前，全国共配备5.5万名儿童督导员、66.7万名儿童主任，基本实现了村（社区）全覆盖。他们是家庭、学校之外离孩子最近的人，也是留守儿童关爱服务“最后一公里”的关键一环。

学校担责主动作为，让留守儿童感受家的温暖。教育能够促进留守儿童身心健康，是留守儿童成长和发展的重要保障。学校是关爱留守儿童的主要阵地，也是各机构、组织参与关爱行动的助手、载体和协调者。2013年1月10日，教育部等五部门联合下发《关于加强义务教育阶段农村留守儿童关爱和教育工作的意见》，《意见》提出要在学校寄宿、营养改善和交通服务等方面优先保障留守儿童的需求。2010年至2015年，安徽省共投入资金26亿元，建设义务教育阶段寄宿制学校2200多所，其中小学790所，寄宿学生达到70.8万人，占学生总数的12%；在12个集中连片特殊困难县实施营养改善计划，惠及100万农村少年儿童。乡村教师是最直接与留守儿童打交道的群体，为留守儿童留住好的教师，也是一项不容忽视的工作。为此，国务院2015年印发了《乡村教师支持计划》，中央财政拿出22.8亿元奖助扶持乡村教师，令94万人受益。如今，源源不断的乡村支教老师和志愿者走进大山，走到孩子们身边，接力陪伴农村留守儿童健康成长。

齐抓共管精准施策，拓宽留守儿童问题破解路径。关爱留守儿童，是要付出百倍耐心和努力的事情。只有更准确地了解留守儿童的需求，并以更加高效、专业的方式，将各方面的爱心有效整合，才能让祖国的每一个花朵都在社会的温暖中尽情绽放。现实中的留守儿童，有的亟待物质救助，有的呼唤心理疏导；他们有安全教育的需要，也有权益维护的诉求。把关爱留守儿童的

志愿者给留守儿童讲故事（陶冉 拍摄）

工作做到实处，要洞察他们的诉求，有针对性地提供帮助与服务。当前，各地切实有效的经验做法不断涌现，有些地方设立下午“四点半课堂”，为农村留守儿童、困境儿童等提供教育托管服务；有的地方组织游学活动，引导留守儿童见识更大的世界；还有的地方请检察官给留守儿童开展法治教育，为他们的平安、健康成长保驾护航。对千千万万的留守儿童来说，在同一片蓝天下健康快乐成长的美好愿景正逐步实现。

社会关爱全面覆盖，为留守儿童撑起爱的天空。留守儿童问题，从某种意义上来说，依旧是社会转型的痛点。要解决留守儿童问题，政府主导的同时，社会力量的参与也非常重要。《关于加强农村留守儿童关爱保护工作的意见》明确提出，加强农村留守儿童关爱保护工作，维护未成年人合法权益，是各级政府的重要职责，也是家庭和全社会的共同责任，要推动社会力量积极参与留守儿童保护。刘磊曾经是川藏线上的一名汽车兵。1997年退伍后，他主动放弃民政部门的安置待遇，回到位于大别山腹地的家乡安徽省岳西县毛尖山乡。他看到许多留守儿童本来有美好的未来，因为没有人引导教育，最后半途而废，甚至走上了歪路，便自筹资金建立了一个留守儿童服务中心，免费为全乡留守儿童提供学习辅导、思想教育、全日制寄宿等服务。刘磊也成为500多名留守儿童的“代理家长”。然而，真正让留守儿童不再留守，最根本的还是要把父母还给孩子，创造“让一家人生活在一起”的社会条件。开放城市教育资源，接纳更多随迁子女，进行户籍制度改革、异地高考“破冰”，都是解决农村留守儿童问题的途径之一，而通过创造更多就业岗位，让更多农民工在家门口就业，才是更好的解决之道。自2014年起，贵州省碧江区大力实施“雁归工程”，鼓励外出务工人员返乡就业创业。加强园区建设，吸引大批优强企业落户，创造更多就业岗位。两年间，该区一共解决了1.5万人的就业问题，2100余户留守儿童家庭的父母回家就业。

留守儿童问题不仅关乎家庭，更关乎发展，关乎未来。习近平总书记在湖北考察时强调，“农村绝不能成为荒芜的农村、留守的农村、记忆中的故园”[①]。新时代以来，我国留守儿童关爱工作取得重大成效，有效破解了农村留守儿童亲情缺“慰”、生活缺“助”、心理缺“疏”和学习缺“导”的难题。今天，我们正在向第二个百年奋斗目标迈进。新征程中，我们要继续将以人民为中心的发展思想落到实处，交出令人民满意的时代答卷。

由“粗”到“细”，精准识别需求。我国农村留守群体人口众多，在思想观念、文化知识、生活技能等方面的需求因人而异。在进行精准帮扶时，我们要注重识别不同留守人员特点，避免粗放地采取固定统一的做法，要制定具有针对性、差异性的帮扶政策。精准划分群体，掌握不同群体的多样化诉求。建立形式多样、点面结合的个性化帮扶模式，通过全方位识别困难户家庭，逐村制定帮扶计划，争取做到一户一策，建立家庭档案，集中力量进行扶持。

由“寡”到“众”，多方协同发力。推进落实精准帮扶政策，需要多元主体共同参与，相互协调，形成社会互助的良好氛围，运用合力提升帮扶的成效。政府作为领头人，要制定科学有效的帮扶政策，合理规划政策的执行，制定帮扶的具体实施方案，统筹安排公益活动有序进行。同时积极引入社会力量和社会资本，因地制宜设计精准教育帮扶的工作方案，扩大教育帮扶渠道，为农村留守人员提供亲情陪伴、生活照料、精神慰藉、法律援助等服务；通过举办各种培训班、文化下乡、社会公益活动等，拓宽农村留守群体的人际交往渠道，让每一位留守儿童、妇女和老人都真正能感受到“大家庭式”的关爱。

---

① 习近平在湖北考察改革发展工作时的讲话，2013年7月21日至23日。

由"表"及"里"，精准贯彻落实。留守妇女、儿童关爱工作是一项基于实践的长期性工作，必须扎根地方，落到实处，建立长效工作机制。我们要坚持目标导向和结果导向相统一，构建全过程精准帮扶体系，不断完善城乡居民基本养老保险制度和基本医疗保险、大病保险制度，完善最低生活保障制度，完善农村留守群体的社会保障体系。一方面，要加大投入，确保农村留守群体的基本生活、公共服务得到保障；另一方面，要强化基层治理，发挥好每个基层党支部、村委会、卫生室和家庭的作用，通过建立健全乡村文化中心、健康中心、幸福食堂等，增强农村留守群体的获得感、安全感、归属感。

延伸阅读

给事实孤儿一束阳光

保靖县碗米坡镇昂洞村、花垣县民乐镇洞咋村、江永县回龙圩下岩村、耒阳市坛下乡新建村4组、衡阳县井头镇西湖村5组……渠吉亮的笔记本上，密密麻麻地记满了湖南偏远山村的名字。这些村庄，他都一个一个走访过，算下来，行程有8000多公里。

"我总是会想起他们无助的眼神，他们渴望被关注、被关爱的表情让人心痛。"谈起事实孤儿，渠吉亮很是牵挂。他所说的事实孤儿，是指由于父母一方服刑、一方出走或外出打工，失去了生活来源和照顾，成为事实上的"孤儿"的未成年人。

2018年，湖南省司法厅联合民革湖南省委共同开展"小海豚关爱成长计划"活动，渠吉亮积极参与其中，尽管工作异常繁忙，但他几乎每次都参与，先后带队走访事实孤儿近40人，行程约8000公里，自费给孩子购买生活用品和学习用品，还筹资30万元拍摄关爱事实孤儿公益微电影。

“可喜的是，多方关注推动下，服刑人员未成年子女问题已纳入政策视野。”渠吉亮说，2019年6月，民政部等部门联合印发了《关于进一步加强事实无人抚养儿童保障工作的意见》，对进一步加强事实无人抚养儿童保障提出要求。湖南省司法厅联合公安厅、教育厅等14个省直部门联合发文，形成了多部门联动帮扶体系，共募集社会资金5400余万元帮扶服刑人员未成年子女。

〔来源：《让孩子们拥有幸福童年（青春派·青春奋进新时代）》，《人民日报》2020年6月1日〕

27

如何更好满足人民群众精神文化需求？

笔墨穿梭千年，畅想诗画风韵。朱唇、远山眉、山峰发髻、青绿长裙……央视虎年春晚，源自宋代名画《千里江山图》的舞蹈诗剧《只此青绿》选段“青绿”一出场，在社交媒体上被迅速刷屏。这是一场视觉盛宴，创作团队以新的表现形式，呈现了博览群山的恢宏气魄，展示了东方美学的温柔敦厚，慰藉着人民群众的精神世界。《人民日报》全网上线

视频《新千里江山图》，新技术结合多种中华优秀传统文化元素，描绘新时代壮美画卷。丹青不老，重获新生，《千里江山图》等珍品从历史中“走”了出来，在光影中“活”了起来。文脉赓续绵延，站在文化轴线上望向更远的未来，中华文化以先进的技术手段、生动的表现形式活跃在时代舞台上，不断丰富着人们的精神世界，充分满足着人民群众的精神文化需求。

一直以来，中国共产党都强调要丰富人民群众的精神世界，增强中华民族的精神力量。党的二十大报告指出：“中国式现代化是物质文明和精神文明相协调的现代化。物质富足、精神富有是社会主义现代化的根本要求。”[①]然而，与日益快速发展的经济相比，精神文化的发展尚未达到人民的要求，在发展中供需矛盾日益凸显。

当前精神文化发展中的供需矛盾体现在哪些方面？**基础文化设施的总量不足**。由于区域经济发展水平的不同，文化设施的建设凸显出不均等的差异。展览馆、博物馆、美术馆等基础文化设施大都集中在大中城市，小城市与偏远地区却鲜少见到。**精神文化产品分布差别较大**。发达地区及大中城市的文化产品种类多、数量大，文化产品相对多样，偏远地区及农村地区的文化产品相对单一、匮乏，造成部分活动吸引力不大，尤其在农村地区只有传统节日才会有秧歌、大鼓等民俗活动，无法满足人民群众日益多元化的精神文化需求。**精神文化事业资金投入不均衡**。大中城市的文化资金投入相较于小城市及农村地区来说，较多且集中，而农村地区的基本公共文化服务尚需健全，除政府投资外，很难吸引其他投资。**精神文化产品良莠不齐**。“快餐式”文化泛滥，文艺精品较少，一些“流量明星”凭借搞笑等博取观众关注，作品内容与风格流于庸俗、浮夸与肤浅，挤压了优

① 习近平：《高举中国特色社会主义伟大旗帜　为全面建设社会主义现代化国家而团结奋斗——在中国共产党第二十次全国代表大会上的报告》，人民出版社2022年版，第22页。

秀作品的发展空间。我们要真正抓好精神文化建设，满足人民群众对美好生活的向往。

更好满足人民精神文化生活新期待

文化生活是个宝，认真学好有必要。优秀文化塑造人，精神世界能丰富，精神力量能增强。“仓廪实而知礼节，衣食足而知荣辱。”（《管子·牧民》）随着物质生活极大丰富，人民群众越来越需要丰富的精神文化生活。面对人民群众日益增长的文化需求，文化供给却没有及时地跟上脚步，虽然“缺不缺、够不够”的问题总体上得到了解决，但是“好不好、精不精”的问题又摆在了面前。

“一个热爱中华大地的人，他一定会爱她的每一条溪流，每一寸土地，每一页光辉的历史。”[①]总书记时刻强调，中华民族在几千年历史中创造和延续的中华优秀传统文化，是中华民族的根和魂。总书记用脚步丈量土地，对良渚“申遗”作出重要指示。良渚古城遗址于2019年成功入选《世界遗产名录》。精神文明建设，需要我们从生活中找寻办法措施，满足人民群众的期待。

怎样满足人民对精神文化的期待？总书记统揽全局，站在满足人民精神文化需求的高度上作出重要指示，“要强化社会主义核心价值观引领，加强爱国主义、集体主义、社会主义教育，发展公共文化事业，完善公共文化服务体系，不断满足人民群众多样化、多层次、多方面的精神文化需求”[②]。总书记时刻洞察民情，走进百姓生活，严格内容把关，指出“要深入开展群众性精神文明创建活动，广泛开展社会公德、职业道德、家庭美

① 《人民的选择——写在习近平同志全票当选国家主席、中央军委主席之际》，《人民日报》2023年3月11日。

② 习近平：《扎实推进共同富裕》，《求是》2021年第20期。

德、个人品德教育，不断提升人民文明素养和社会文明程度。要加强公共文化设施建设，推动文化产业高质量发展，更好满足人民精神文化生活新期待”①。总书记准确认识城乡发展的现实差距，指出要推进城乡公共文化服务体系一体建设，促进城乡文化资源配置的优化，完善农村文化基础设施网络，增加农村公共文化服务总量供给，缩小城乡公共文化服务差距。“着力提升公共文化服务水平，让人民享有更加充实、更为丰富、更高质量的精神文化生活。”②

进入新时代以来，我国公共文化服务体系建设力度前所未有，优质文化产品日趋丰富，服务能力和水平明显提高，人民群众的文化获得感成色更足，幸福感更可持续。总书记关于精神文明建设的重要论述，为新时代公共文化服务发展指明了前进方向，提供了根本遵循。

延伸阅读

“我们有中国人的独特精神境界”

2013年11月，习近平总书记专程来到山东曲阜的孔府和孔子研究院参观考察。拿起桌上摆放的《孔子家语通解》《论语诠解》两本书，他饶有兴趣地翻看着：“这两本书我要仔细看看”。

“与朋友交，言而有信”“见贤思齐焉，见不贤而内自省也”……总书记强调“我们一定要重视历史文化保护传承，保护好中华民族精神生生不息的根脉”。曲阜市新时代文明实践站内，每个周末，印社的篆刻老师带领孩子们一笔一画体验印信文化的魅力。随着一

---

① 习近平：《在深圳经济特区建立40周年庆祝大会上的讲话》，新华社2020年10月14日。

② 习近平：《在教育文化卫生体育领域专家代表座谈会上的讲话》，新华社2020年9月22日。

枚枚以儒家文化为主题的印章制作完成，蘸取印泥，落章为信。篆刻老师张国旗说："以印为媒、弘扬诚信。学习篆刻不仅是一种文化陶冶，更是为了将中华优秀传统文化印刻在孩子们的心里。"

2023年以来，曲阜市三孔文化旅游服务有限责任公司副总经理张磊说："'三孔'景区接待游客数量明显增加，已达360万人次，其中许多是研学教育班次，成为传统文化研学游重要目的地。"人们沿着习近平总书记考察时的足迹，徜徉在占地约240亩的孔府，感受九进院落、三路布局的堂皇威严，驻足于俯拾皆是的楹联家训前，汲取文化的力量。

（来源：《曲阜"三孔"：儒风千载文脉传》，新华社2023年6月25日）

抓好精神文化建设，丰富人民精神世界

"要把长江文化保护好、传承好、弘扬好，延续历史文脉，坚定文化自信。"[1] 乡村文明是中华民族文明史的主体，村庄是这种文明的载体，耕读文明是我们的软实力。总书记的文化足迹踏入城市、走进乡村，无数文物、遗址、文化遗产正如《新千里江山图》一般，"讲"出自己的故事，真的"活"了起来。同时，党的十八大以来，在习近平总书记的批示要求和决策部署下，党和国家始终把满足人民精神文化生活放在重要战略地位，制定出台国家基本公共服务标准，稳步推进公共文化服务均等化建设，以数字技术打造数字图书馆、国家公共文化云平台、"云端博物馆"

① 《谋长远之势 行长久之策 建久安之基——论学习贯彻习近平总书记在进一步推动长江经济带高质量发展座谈会上的重要讲话》，《人民日报》2023年10月14日。

等内容丰富的智能化服务，着力满足人民群众多样多元的精神文化需求。全国各地也积极地探索优化公共服务的新路子，力求以更便捷、更高效的方式有力保障人民的基本文化权益。

博采众长，促进公共文化服务均等化。积极推进公共服务均等化是保障人民文化权益、改善人民生活品质、补齐文化发展“短板”的重要途径。乡镇文化基础设施建设存在着文化产业发展不快、文化创收项目不多，特别是支柱性文化产业项目少等问题。近年来，随着我国财政收入的增加，中央及地方政府对文化的财政投入不断增加。公共文化服务基础设施建设网络化格局初具雏形，公共文化服务能力不断增强。各地文化馆图书馆总分馆制建设持续推进，有效地促进了优质资源共建共享。截至2021年底，全国共有文化站4.02万个、村级综合文化服务中心57.54万个，且全部免费开放。截至2022年6月，全国分别有2674个县（市、区）建成文化馆总分馆制、2642个县（市、区）建成图书馆总分馆制，在全国县（市、区）一级占比分别达94%和93%。截至2022年末，我国共有公共图书馆3303个、公共博物馆3671个、公共文化馆3317个。如今，文化馆、图书馆、博物馆、美术馆等公共文化场馆分布趋于平衡，基层综合性文化服务中心人气高涨，人们在家门口就能享受到高品质的文化生活。

融入数字技术的孔子博物馆（杨超　拍摄）

精挑细选，加大精神文化产品投入。各地要扩大优质文化供给、丰富精神文化产品，以更多优质的精神产品满足人民群众的需要。随着生活水平的提高，人民对于文化生活、文化活动的需求越来越旺盛。为了更好地

全民广场舞大赛

满足群众需求，文化和旅游部广泛开展群众性文化活动，形成了乡村“村晚”、大家唱、广场舞等一系列群众文化活动品牌，参与人数屡创新高。2021年，以庆祝中国共产党成立100周年为主题的“唱支山歌给党听”大家唱群众歌咏活动参与人次超1.77亿；2022年开展的全国“村晚”示范展示活动参与人次超1.18亿。群众在文化活动中不仅是观众，还是演员、导演，站C位，唱主角，成为真正的活动主体。目前，我国群众文化团队已超45万个，比2012年增长了50%。

2015年，中共中央办公厅、国务院办公厅印发《关于加快构建现代公共文化服务体系的意见》，指出构建现代公共文化服务体系要创新传统文化，丰富优秀公共文化产品供给，建立优秀传统文化传承和发展体系。例如，山东省文化和旅游厅及时捕捉到小戏小剧的“流量”，大力支持并开展小戏小剧群众性巡演活动，将巡演作为重点项目，坚持把小戏小剧演好、演新、演出彩，抓好示范巡演，带动各县各市全面开展巡演活动，并计划组织350场群众性示范巡演，确保全省各地村村响锣鼓、处处唱曲艺。2023年4月，在广东连南瑶族自治县，“粤美乡村——文化新舞台”

活动拉开序幕。作为世界唯一的“排瑶”聚居地，这里瑶族文化底蕴深厚，以开展“文化活动年”为契机，极大地培育了文明乡风，推动了文化和旅游的深度融合，也深化了农村的精神文明建设。

延伸阅读

“群众编、群众演、群众看”
——小戏小剧唱响文旅融合大戏

章丘区文化馆群众性小戏小剧辅导培训

2023年11月10日，济南市群众性小戏小剧巡演暨乡村文化艺术节文化展演活动拉开帷幕。清照文化作为章丘区的文化名片，一向是章丘文艺创作的重要题材。今年章丘区文化馆全新编排的清照词韵舞台剧《寻梦漱玉》融合演唱、舞蹈、古筝演奏、诵读、情景表演等多种艺术表现形式，展现李清照多彩的人生故事与瑰丽的诗词文化。

章丘区文化馆副馆长张帅介绍，他们发布了“清照有约”演员请就位招募令，招募了一批群众演员，馆里的业务骨干对群众演员进行辅导训练，排演了《遇见李清照》，真正做到了“群众编、群众演、群众看”。今年暑期，馆里还招募了一批“小戏骨”排练革命题材作品《辛锐》，三位专业老师给孩子们授课，带领孩子们去辛锐展览馆实地参观学习，并组织了汇报演出。“小戏骨”演员们从最初的胆怯和无所适从，到后来在舞台上的演出自如，孩子们受到很大教益。

（来源：《“群众编、群众演、群众看”——小戏小剧唱响文旅融合大戏》，《济南日报》2023年11月7日）

从“云端”到“指尖”，打通“最后一公里”。数字化技术的发展，能够在拓展精神文化服务空间的基础之上，有效深入基层，极大提高文化服务的便利性、覆盖率和互动性。近年来，我国公共文化数字化建设不断加强，从“云端”到“指尖”，文化服务全时在线。截至2021年底，中央财政累计支持建设全民阅读资源2497.98TB、全民艺术普及资源1346TB，国家公共文化云平台累积访问量达8.8亿人次。“十四五”期间，全国智慧图书馆体系建设项目和公共文化云建设项目启动实施，公共文化智慧化不断升级，借助各类数字化服务，优质的文化艺术资源无阻传输，城乡群众能够同步共享文艺展演、专题讲座、艺术慕课等公共数字文化产品。例如，河南省许昌市推出的“个性定制”“点单式”供给模式，通过文化云、智慧文旅等公共服务数字化平台，广大群众足不出户就能提交需求、预约场馆、报名活动、评价服务。居民还可以通过兑换积分，根据个人兴趣爱好自主选择自己喜欢的数字阅读、展览讲座、艺术培训等，真正地实现了社区公共文化服务供需的精准对接，为人民群众精神文化生活带来切实好处。

保驾护航，加大文化市场管理力度。文化市场自身存在局限性，需要政府发挥宏观调控作用，加强对文化市场的管理，让文化市场更加健康、有序。演出、文化娱乐、艺术品、网络应用、网络文化等文化市场已经成为大众文化消费不可或缺的领域，更是人民群众享受美好生活的重要方式。但文化市场经营中也出现了个别害群之马，他们无视国家法规、无视道德诚信、扰乱市场秩序，在一定程度上影响了文化市场健康发展。同时，文化市场新业态萌发、多业态融合的发展新情况也对主管部门创新监管手段提出了新要求。增强文化市场主体及有关人员的诚信经营意识、提高违法违规成本、强化信用约束和跨部门联合惩戒，积极构建以信用监管为核心的新型监管制度，进而对文化市场形成有力震慑。例如，鄂尔多斯市乌审旗文化市场综合行政执法局充分发挥市场监管职能，不断加大文

身穿汉服的年轻人

化市场执法检查力度。采用明察暗访、“双随机、一公开”等形式，严厉打击文化旅游市场领域违法违规行为。2022年以来，下达责令改正通知书23份，约谈警告9家，送达签署《规范宣传标语标识审核流程告知书》106份。全力维护文化市场经营秩序，助推文化市场繁荣发展。

延伸阅读

唐宫夜宴：一场春晚的火爆“出圈”

2021年春节，一群“唐朝胖妞儿”从博物馆里“复活”，深受网友们喜爱。《唐宫夜宴》的舞蹈诙谐喜感，十分符合春晚喜庆、温暖、好看的定调。舞蹈打破了传统舞蹈在观众心中唯美、抒情的固有形象，而是立足互联网思维，运用融媒体手段呈现。这场美轮梦幻的大唐梦境，不仅再现了大唐仕女的形象，而且藏着妇好鸮尊、莲鹤方壶、贾湖骨笛、簪花仕女图、捣练图、备骑出行图、千里江山图等七大国宝，俨然呈现出一场唐朝少女的博物馆奇妙夜之旅。万物皆可融，将新技术、新手段和悠久灿烂的历史文化相结合，舞蹈中的服饰接近于文创版的唐俑，动漫的空间设置，完全是现代人想象中的美好样子，其代表的是真正的国潮。

《唐宫夜宴》“出圈”后，全国政协委员、河南博物院院长在采访中说，要挖掘文物所蕴含的易于被公众理解和接受的传统文化要素，找寻传统文化和当代生活之间的契合点。作为博物院开发的“考古盲盒”，能够在众多商业盲盒中脱颖而出成为文化爆款，关键在于“考古”。它借助当下喜闻乐见的盲盒形式，创造性地融入让大家感到新颖好奇的考古场景元素，让公众收获考古探索带来的体验感、惊喜感和满足感。我们通过数字“黑科技”，让古今对话成为可能，通过多视频平台的传播，让更多人认识文化、热爱文化，获得精神上的富足。

（来源:《〈唐宫夜宴〉“考古盲盒”文物大众传播的有益探索》，《中国文物报》2021年3月9日）

28

如何更好解决非遗、民俗断档失传问题？

“铁树银花落，万点星辰开”，这就是曾经最极致的中国式浪漫——打铁花。将1600℃的铁水，抛向高空，一挥板，一击打，化为漫天华彩，遍地生金，火树银花交错，在夜空中璀璨绽放，迸发绚丽光芒。确山铁花始于北宋，鼎盛于明清，初源于工匠们的祭祀活动，享有“民间烟火之最”的美誉。然而，这对于表演人员的手臂力量、技巧和勇气都有很高的

要求，像其他非遗、民俗一样面临着老一辈传承人逐渐老去、传承人年龄断层、技艺失传的难题。一千多度的铁水，一千多年的绝技，承载的是千年的浪漫，而这千年的浪漫却是千年的传承，千年的传承与发展是对保护非物质文化遗产，更好满足人民日益增长的精神文化需求的最好回答。

一直以来，非遗和民俗来源于生活，流淌在中华儿女的血脉里。我国非物质文化遗产保护传承体系逐渐健全，传统文化不断“出圈”，但当前非遗、民俗传承后继无人、断档脱节问题突出。那么民俗传承是何以“后继无人”“断档脱节”的呢？**非遗和民俗传承人断档**。非遗和民俗传承梯队断档、队伍老龄化是非遗传承过程中的头等难题。我国国家级非遗传承人很多年过七十，由于年龄、体力、眼力等因素的干扰，在技艺的纯度上容易走“下坡路”。非遗和民俗传承需要更多青壮年参与，将技艺传承下去，否则易出现青黄不接的局面。**非遗和民俗传承渠道不足**。非遗产品和民俗文化是需要世代传承的独特产品和精湛技艺，但当今缺乏适合的渠道向更多年轻人“原汁原味”地展现其内在的精神价值，造成部分“老字号”不敌“新网红”的局面，面临着“表达难”的困境。**非遗和民俗产品陈旧创新力不足**。非遗和民俗是中华文化的“瑰宝”，但因缺乏创新与表达，存在自主产品少而精、覆盖面窄等问题，令年轻消费者“高不可攀”，“走进”非遗“路漫漫其修远兮”，文化价值有待进一步挖掘。

那么，接下来让我们一起探究当前非遗、民俗传承为何后继无人、断档脱节。**技艺学习周期长位居首位**。“因为市场需求小，徒弟们不愿意专职做龙狮彩扎，都是周六、周日兼职学习。经过几年学习，徒弟们现在已经掌握基本技艺，但离单独制作龙狮彩扎还需要至少五六年的历练。”80多岁的徐仁安老人作为昆明市为数不多掌握龙狮传统编扎技艺的手艺人在一次采访中谈道。可见，非遗、民俗技艺的制作费时费力，学徒想要系统地学习制作工艺，需要几年甚至几十年的时间，在这样的时间成本之下，得到的回报收入却入不敷出。**“市场萎缩”，徒弟易产生**

“学而无用”思想。“快”是当今生活的主要特点，随着社会不断进步，科技更新换代快，新的生活方式、思维方式、审美观念产生，大多数手工艺人难以追赶科技日新月异的步伐。非遗技艺市场需求面窄，年轻人学成后很难单纯靠非遗技艺谋生，所以学习积极性不高。为非遗技艺注入创新动力，使其走进现代生活成为非遗和民俗文化传承发展的突破口。**非遗、民俗文化宣传推介和普及力度不够**。比如，和非遗相关的产业发展前景不明朗，一些传统观念等导致社会公众，尤其是年轻一代对非遗文化的认知度不高、重视不够、保护意识不强、缺少“走近”非遗和民俗文化的热情。**非遗、民俗传承人认定和保护制度不完善**。目前，我国采取代表性非遗传承人的认定制度存在认定方式单一、一般性传承人的权益无法保障、缺乏造血式的私权激励等问题。解决好非遗、民俗传承后继无人、断档脱节问题，把中华优秀传统文化传承好、发扬好，建设文化强国成为每一位中华儿女的共同愿景。

把老祖宗留下的文化遗产精心守护好

“你要带我回中国吗？”“家人，我在外面流浪了好久好久。”

最近，一部讲述在大英博物馆的一盏玉壶出逃寻乡剧《逃出大英博物馆》爆火“出圈”。该短剧讲述了一盏从大英博物馆出逃的中华缠枝纹薄胎玉壶变身成一个身着汉服的女孩，偶遇了一位在海外工作的中国媒体人，在媒体人的帮助下，玉壶回到中国。大英博物馆现在收藏的中国文物至少有2.3万件，外国人只是将它们看作一个个物件，更不敢直面其来历；而在中国人眼中，每一件文物都像是有血、有肉、有灵魂的人。这部剧拍出了文物们流浪海外无处可走的窘境，更拍出了文物并不只是历史的沉淀、岁月的陈酿，而是寄托着文化血脉的传承。我们要把老祖宗留下的文化遗产精心守护好，让他们在家中有安全感。

非物质文化遗产是中国人“记得住的乡愁”，是中华优秀传统文化的重要组成部分。“要把长江文化保护好、传承好、弘扬好，延续历史文脉，坚定文化自信”[①]，从良渚古城遗址申遗到四川广汉三星堆博物馆再到江西长江国家文化公园建设，总书记探寻长江文化的深厚底蕴和博大精深，守护着文脉、水脉。从景德镇陶瓷文化到苏绣、苗绣……总书记注重非物质文化遗产的保护和传承，传承人的培养，激励传统文化代代相传、薪火不断。

怎样把非物质文化遗产守护好呢？习近平总书记站在传承中华优秀传统文化的战略高度，不断完善非遗保护制度，搭建起我国非遗保护的“四梁八柱”。**怎样保护非物质文化遗产？**文化遗产关乎国运、国本，“历史文化遗产是不可再生、不可替代的宝贵资源，要始终把保护放在第一位”[②]。“要扎实做好非物质文化遗产的系统性保护，更好满足人民日益增长的精神文化需求，推进文化自信自强”[③]，让历史文化遗产永续传承下去。**怎样传承非物质文化遗产？**“要加强非物质文化遗产保护和传承，积极培养传承人，让非物质文化遗产绽放出更加迷人的光彩。”[④]以人为本、活态传承，非物质文化遗产才能世代相传、亘古绵延。**怎样发展非物质文化遗产？**总书记强调，中华优秀传统文化要不忘本来，吸收外来，“要推动中华优秀传统文化创造性转化、创新性发展，不断增强中华民族凝聚力和中华文化影响力，深化文明交流互鉴，讲好中华优秀传统文化故事，推动中华文化更好走向世界”[⑤]。我们要健全非物质文化遗产保护传承体系，

---

① 《习近平的长江情怀》，新华社2023年9月5日。

② 《全面建成小康社会 乘势而上书写新时代中国特色社会主义新篇章》，《人民日报》2020年5月13日。

③ 《扎实做好非物质文化遗产的系统性保护 推动中华文化更好走向世界》，《人民日报》2022年12月13日。

④ 《以更大魄力在更高起点上推进改革开放 在全面建设社会主义现代化国家新征程中走在全国前列创造新的辉煌》，《人民日报》（海外版）2020年10月16日。

⑤ 《扎实做好非物质文化遗产的系统性保护 推动中华文化更好走向世界》，《人民日报》2022年12月13日。

为人民日益增长的精神文化需求提供保障。

一生中，我们历遍山河，留住的是中国精神，传递的是华夏文化。习近平总书记高度重视非遗传承工作，始终秉持赓续传统、修复生态的文化发展战略，指明了我国非遗事业在发掘保护、传承发展中的前进方向，为非物质文化遗产的可持续发展注入强大生命力，为解决非遗、民俗断档失传问题提供了科学依据。

延伸阅读

“手上的技艺，心中的记忆”

沈少三在展示撂石锁技艺（图源：印象河南网）

人活一“嗨”，别活一“该”。这是生活在郑州的撂石锁国家级代表性传承人沈少三的一句名言。重达三五十斤的石锁在空中翻飞落下时，他用头接、用拳接、用掌接或用肘接，整套动作行云流水，看似轻巧，实则惊险刺激。……在关于沈少三的纪录片里，有一个画面十分“抢眼”：年近九旬的他还在带徒传艺，而年轻一代的撂石锁翻花，拳、肘、三手指接法等方面的技艺，与老人相比竟然落在下风。面对后继无人的境况，老人坐在一把粉色塑料凳上，沉默不语。

叱咤风云的“一代跤王”、武术大师、非遗传人，在人生暮年仍是壮心不已，哪怕面对时代变迁力有不逮、“大师孤独”，坐在格格不入的粉色塑料凳上，依然保有威严，固执地坐在自己的“席位”上，旁观徒子徒孙们的业余动作，心中的傲、眼中的神，一样不少，没变。老爷子这一辈子，多酷，多倔，多嗨。

手上的技艺，心中的记忆，就像一团火。老人怀揣着火种穿越时代，哪怕风雨飘摇，也要用毕生心血为它遮风挡雨；后辈尽管本领尚浅，却不愿它熄灭，仍然郑重其事掏出口袋里仅有的火柴。

唯其如此，传承的故事才能绵延不绝。

（来源：《传承，写不尽的非遗故事》，《光明日报》2022年8月17日）

让非物质文化遗产绽放出更加迷人的光彩

一幅幅色彩鲜艳、制作精美的唐卡，带动超万人从事周边产业，西藏自治区唐卡年产值突破2亿元；一曲曲气冲霄汉、催人奋进的黄河号子，让观众惊叹“这就是黄河的力量”；一个个“非遗+文创”“非遗+文旅”创新项目，让传统文化火起来……如今，从城市到乡村，越来越多的非物质文化遗产在人们生活中精彩亮相，为经济社会发展注入新动力。非物质文化遗产源于人民群众的生产生活实践，涉及社会发展的方方面面，是满足人民精神文化生活需要、增进民生福祉的重要内容。习近平总书记强调“要推进黄河文化遗产的系统保护”，提出“要把大运河文化遗产保护同生态环境保护提升、沿线名城名镇保护修复、文化旅游融合发展、运河航运转型提升统一起来”，赞扬赫哲族伊玛堪说唱很有韵味，称赞特色苗绣“既传统又时尚，既是文化又是产业”……在总书记的亲切关怀下，各地深入开展非遗保护传承，挖掘和合理利用非遗资源，让非物质文化遗产绽放出更加迷人的光彩。

因势利导，开拓发展空间。非物质文化遗产是中华文明绵延传承的生动见证，政府的财政投入和政策支持能够为非遗传承和利用提供极大的助力和动力。“手造之美”胶东民间窗花剪纸艺术展、烟台绒绣艺术精品展、

山东手造烟台综合展示中心沉浸式体验活动

旗源旗袍裁缝店、沉浸式钢琴演奏区……山东手造烟台综合展示中心在保持历史建筑原貌的基础上，以传统文化为主题，打造城市IP品牌，将灯光、颜色、声音、文创等元素融为一体，使传统文化风情与现代审美意趣兼具，让市民和游客感受中华优秀传统文化的无限魅力与风采。

打牢精神印记，为传承续薪火。非遗代际相传薪火不断，靠的就是以传承人为纽带构筑的物理与精神空间。传承人是民间艺术等非物质文化遗产的重要承载者和传递者，是文化遗产活态传承的关键。西藏自治区民族艺术研究所所长努木开明宗义地表示，只要抓住了“人”这一核心，就抓住了民间艺术传承、非物质文化遗产保护的关键所在。西藏自治区高度重视非遗事业，加强非遗传承人保护，更好地促进非遗活态传承。一方面，自2015年以来，西藏自治区群艺馆（区非遗保护中心）完成32名国家级非遗代表性传承人和6名自治区级非遗代表性传承人记录工程，内容涵盖藏戏、藏族天文历算、藏药炮制、藏香制作和藏族矿植物颜料制作技艺等；另一方面，全面开展非遗进校园工作，将西藏大学等7所院校命名为“西藏非物质文化遗产进校园示范基地”，组织开展非遗普及培训班，大力培养青年传承人，为西藏自治区非遗永续发展提供了人才保障，促进了非遗传承人薪火相传。

立足非遗传统，发掘市场潜力。传承非遗需要在保持传统文化核心不变的基础上，不断与现代社会相融合，注入新的元素，推出具有现代审美和市场需求的非遗产品。甘肃省张掖市，地处河西走廊中部，不仅蕴

“如意甘肃·多彩非遗”全省非遗展演（图源：甘肃省文化和旅游厅网站）

含着深厚的历史文化底蕴、丰富的旅游地貌景观、大量的物质文化遗产，而且有凝结着先辈智慧、张掖历史的非物质文化遗产以及丰富多彩的民俗文化。张掖市通过“文化和自然遗产日”对非遗进行集中宣传展示，推出了包括甘肃省非物质文化遗产系统性保护成果展、“如意甘肃·多彩非遗”全省非遗展演主题晚会等一批具有鲜明地方特色、符合时代特征的精品活动。此外，2023年张掖市在民乐县举办“二月二”民俗文化系列活动，舞龙表演、非遗节目展演、剃喜头风俗体验，群众性趣味体育和特色美食展销等活动，进一步使人民群众感受到非遗和民俗的魅力。在张掖市，越来越多的人加入非遗保护行列，让非遗在新时期散发新的魅力。

中国，泱泱文明古国，五千年沧桑绵长的历史淘尽了不尽的文化遗产。从流传至今的儒家文化到雄伟壮观的历史遗址再到富有鲜明中国特色的非物质文化遗产，无一不是我国优秀传统文化的重要组成部分。面对非遗、民俗传承人断档的现实难题，我们要做好非遗文化的传承、弘扬、守护、宣传工作，让非遗文化既留住形，又守住魂。

坚定传承，让非物质文化遗产血脉相传。丰富多彩的非遗文化遗产，记录着传统的生产生活方式，是我们宝贵的精神文化财富。保护好、传承好、利用好非遗，不仅有利于延续历史文脉、坚定文化自信，而且能更好地满足人民的精神文化需求。赓续非遗血脉，不仅要挖掘、保护非遗，走进大街小巷，深入了解非遗文化，而且要加快人才队伍建设，进行研修培训，为传承人提升技能艺能搭建平台提供机会，确保非遗传承“后继有人”。

锐意创新，让非物质文化遗产生生不息。时间沉淀了韵味，光阴打磨出光芒，在现代技术加持下的非遗文化会展现出更加经久不衰的生命活力。运用互联网、大数据、人工智能等前沿技术，让博物馆、展览馆、文物遗址里的非遗项目“动”起来，“活”起来，“热”起来。我们要全力打造非遗体验的新场景，提高人们对非遗文化的认知度、认同感、自信感，增强人民群众对非遗的保护和传承意识，形成人人传承、人人保护的生动局面，共同守护中华民族传统文化瑰宝。

保护好、传承好、利用好非物质文化遗产，以人为本、薪火相传、弦歌不辍，在活态传承中有效保护、在有效保护前提下合理利用，从时光深处走来的非遗定能更好紧跟现代步伐、展现当代价值、走入千家万户，绽放出更加迷人的光彩。

延伸阅读

点草成“金”

齐风悠扬，淄水汤汤。一笔一韵中，是文化的流淌；一轻一重间，是技艺的传承。山东手造中的淄博记忆于历史中传承，于岁月中沉淀，是繁华巷口间的一抹宁静，是城市烟火中的一方情怀，也是手中的根根苇编。

生活在“草编之乡”的田孝宾自小熟读诗经《国风·秦风·蒹葭》，但他从来没想到，自己会与“蒹葭苍苍，白露为霜。所谓伊人，在水一方”的诗句结下现实之缘。2022年是田孝宾与草编结缘的第17年。“家里父母也都会草编手艺，在老一辈人的熏陶中，我自幼耳濡目染，对这门传统手艺也产生了兴趣。”田孝宾说，或许是从小熟悉芦苇的味道和草编文化，草编对他来说，是一种记忆，是一种承载，更是一种情怀。

时间回到2005年。“当时，只有一个念头：把老百姓的老手艺草编推广出去。”那一年，刚毕业的田孝宾回到了家乡，开始学习草编技艺。计算机专业的田孝宾一边学习当地的草编文化，一边利用自己掌握的专业知识把草编放到各大网络平台进行销售。“那时，网上购物的销售方式还未普及，家里人也觉得不靠谱。”田孝宾说，对于他的新型销售模式，身边有许多不认可的声音。尽管如此，敏锐地判断互联网大潮已来的他还是希望借助网络之力把家乡的草编文化带到世界各地。“不要小看我们这小小的草编，它还能实现出口赚取外汇呢。”田孝宾说，用自己的手艺赚钱，用脚丈量乡村振兴的道路，是一件幸福的事情。就这样，靠着这样的技艺传承与创新，田氏草编在链接起上下游产业链的同时，也带动了附近民众就业增收。

（来源：《山东手造·淄博记忆｜桓台草编：坚守17年的80后“守艺人”》，齐鲁壹点2022年7月15日）

后　记

本书是中共山东省委宣传部2023年度重大理论与实践问题研究重点课题，同时列入山东省社科规划重大委托项目。省委常委、宣传部部长白玉刚高度重视，策划本书选题，部署编写任务，并提出明确要求。省委宣传部分管日常工作的副部长袭艳春统筹指导本书编写工作。魏长民、冷兴邦同志主持本书编写工作并审改了书稿。

本书具体由山东大学人文社科研究院郑敬斌、山东师范大学马克思主义学院王增福同志牵头研究撰写，郑玉蝶、陈怩恬、杨倩倩、赵宇璇、吴奇龙、张丽娟、张广汇、孙杰、王伟琳、张家伟、刘若余、夏光毅、付乙然、郭聪、康琪、许蔚、侯孝彩、钟桂华、王英洁、徐艺轩、张慧颖、马会闰、魏向南、杨鑫鑫、袁鑫、赵柔萱、王英兵、杨泽晨等参与具体写作任务。省委宣传部理论一处王小蕾、刘洁等同志负责组织统筹和统稿工作，马鹏、刘儒鹏、李树坡、白光博等参与统稿。

在本书编写过程中吸收借鉴了中央党校（国家行政学院）洪向华教授团队以及有关部门、专家的研究成果。山东社科院韩冰同志提出宝贵意见建议，付出辛勤劳动。同时，本书还引用了新华社、人民日报、光明日报、大众日报、大众网、齐鲁网等媒体的相关报道和图片资料，在此一并表示感谢。因书中所用部分图片的拍摄者信息不详，无法一一联系或确定著作权人，请相关著作权人与山东人民出版社总编室联系，略付薄酬，聊表谢忱。

由于时间仓促、水平有限，如有不足之处，敬请批评指正。

本书编写组

2023年11月